每个人生来就是一个品牌

一生一梦想　一世一追寻

郭海霞　陈帅　主编

乐文城　执行主编

图书在版编目（CIP）数据

艺术教育+：把100个魅力校长的智慧用起来 /

郭海霞，陈帅主编. -- 北京 ：中国文联出版社，2016.11

ISBN 978-7-5190-1975-4

Ⅰ. ①艺… Ⅱ. ①郭… ②陈… Ⅲ. ①艺术学校一校

长一生平事迹一中国 Ⅳ. ①K825.46

中国版本图书馆CIP数据核字(2016)第231355号

艺术教育+ ：把100个魅力校长的智慧用起来

主　　编：郭海霞　陈　帅

出 版 人：朱　庆
终 审 人：奚耀华　　复 审 人：王柏松
责任编辑：李小欧 周劲松　　责任校对：郝鑫博
封面设计：盖国君　　责任印制：陈　晨

出版发行：中国文联出版社
地　　址：北京市朝阳区农展馆南里10号，100125
电　　话：010-85923018（咨询）010-8592300（编务）010-85923020（邮购）
传　　真：010-85923000（总编室），010-85923020（发行部）
网　　址：http://www.clapnet.cn　　http://www.claplus.cn
E - mail：clap@clapnet.cn　　lixo@clapnet.cn

印　　刷：北京久佳印刷有限责任公司
装　　订：北京久佳印刷有限责任公司
法律顾问：北京天驰君泰律师事务所徐波律师
本书如有破损、缺页、装订错误，请与本社联系调换

开　　本：787×1092　　1/16
字　　数：150千字　　印 张：24
版　　次：2016年11月第1版　　印 次：2016年11月第1次印刷
书　　号：ISBN 978-7-5190-1975-4
定　　价：89.00元

致谢

本书的创作出版过程中，曾分主题召开了系列的策划会议及人物专访，向以下贡献智慧、案例的各位隆重致谢！

需要说明的是，列出他们的机构和名字，并不意味着他们对本书的内容负责。

河南艺欣一意教育集团创始人、总校长	李阁琪
北京舞韵童心艺术学校校长	孙　洁
安徽阜阳红舞鞋舞蹈艺术学校	程　艳
杭州华艺艺术学校校长	杜易泽
重庆黄黎音乐工作室创始人、军旅歌唱家	黄　黎
四川贝特尔艺术学校创始人、总校长	周　彦
浙江义乌小舞星艺术学校校长	何丽娜
四川德阳馨艺艺术学校创始人	夏语馨
山西长治新星艺术学校创始人	宋　琴
山东泰安畅想文化创始人	张　艳
福建厦门海燕艺术学校创始人	颜海燕
秦皇岛海星艺术学校创始人	张　冬
南京风之舞艺术学校创始人	袁　枚
深圳舞佳舞艺术培训学校校长	唐　霞

河北唐山启明星舞蹈学校校长	高德凤
徐州紫荆花舞蹈学校校长	宋瑶林
山西黄河少儿艺术团大型活动部部长	吴景屏
温州市龙湾区七色花艺术培训中心	周蝉丹
石家庄舞卓文化传播有限公司	武　卓
北京艾蓓佳艺术培训中心	李文超
江苏盐城春蕾小荧星艺术教育	丁　敦
安徽合肥方兴青少年活动中心	曹大鹏
河北保定多彩泡泡艺术中心	马　华
湖南永州星之源古筝艺术学校	颜朝燕
河南商丘伟雅艺术舞蹈学校	孔庆伟
淮安市爵美舞蹈培训中心	李文刚
重庆金玛琅刘诗昆艺术中心	辛　文
福建七色光艺术舞蹈学校	陈可君
贵州省凯里市木天高端艺术教育	吴时万
江苏新沂一惟舞蹈	王　伟
江苏连云港韵尔舞蹈学校	蒲蓉尔
福建省三明市红苹果舞蹈	廖丽晖
河南天姿少儿艺术团	曹　巧
四川省射洪县艺海艺术学校	段文惺
“魅力校园”国内活动部总监	刘文琪
“魅力校园”行政办公室主任	王会芳

导读

对于各位读者来说，这是一个信息无量无边的时代，也是一个跨界的时代。电影讲究蒙太奇，影视编导有非线性编辑，我们希望给各位提供一本跨界编辑的图书，让大家利用碎片化的时间，进行快速的信息捕捉和灵感的启迪升华。

我们从不奢望眼前的这本书是真理，它可能错误百出，但是，哪怕有一句话，一个观点，一篇文章给您启发或灵感，我们都会感到无比欣慰，因为无论这个灵感加上您的创造将有益多少孩子在艺术教育的星空下快乐成长，我们都终将推动了艺术教育的向前发展，从而影响了这个最好的，也是最坏的时代。

致谢 1

序一 坚持成就梦想 郭海霞 6

序二 你的格局，决定你的未来 郭 琪 9

自序 种子的力量 陈帅 11

圆梦 14

开场 听我的 16

第一幕 归位与还原 28

01 艺术教育的归位与还原 32

02 靠什么熬出伟大 51

03 艺术教育的发展要尊重人的规律 62

第二幕 创始人与合伙人 66

01 艺教机构创始人的九大关键词 70

02 跨界对比 艺教机构创始人与创业家的差距 118

03 好未来张邦鑫 免费试听 随时退费 让我们更强大 121

04 创新工场李开复 五个管理优秀人才的秘诀 131

05 给艺教机构创始人与合伙人的 28 条建议 134

第三幕 教学与跨界 140

01 校长说：时光作证，以教学为先导结出的硕果 146

02 90 后，00 后研究报告——“我世代”的家长和孩子，你了解吗？ 170

03 面对“我世代”的家长和孩子，我们的教学应该怎样跨界 193

艺林花儿魅力口才公开课流程 198

跨界类综合艺术学校——巧克力梦工厂 202

第四幕 营销与活动 212

01 营销一课就够！艺教机构如何做营销 215

02 我是好家长 艺术教育 + 家庭教育的新风潮 224

03 自媒体传播的十五条热议 231

第五幕 活动与案例 240

01 如何打造校园活动？ 244

02 案例解读 艺欣教育 15 周年梦想盛典 257

03 案例解读 最好的未来 全员加速中 267

第六幕　未来学院与访谈录 276
01 纵横未来的爆品 “全能综艺班”上线 282
02 可能的爆点：正在影响行业和创造未来的人 284

第七幕　探索与发现 342
01 失控的时代　我们在恐惧什么 346
02 哈佛大学　幸福课　每个人都需要学习的幸福课 349
03 艺术教育 + 财商教育
艺术校长最缺乏的一门课，也是未来最具竞争力的能力 360
04 正在改变　创业的金句 365
尾声　致管理者和员工 371
后记 377

序一 坚持成就梦想

——用16年创办“魅力校园”的经验致创业者

郭海霞

有句至理名言：伟大的作品，不是靠力量而是靠坚持才完成的。大家都知道，不经历风雨，怎能见彩虹？不管是成就一番学业还是事业，都需要坚持才能够取得成功。在“大众创业，万众创新”的时代，面对许多有梦想的年轻人投身教育事业，我想说：无论什么时代，坚持成就梦想永远是颠扑不破的真理！

记得一次媒体采访的时候，我讲到：魅力校园的成功基石是热爱与坚持！从2001年魅力校园创立至今已不知不觉地过去了15年，只有坚持着最初的梦想，执着于心底那份对艺术教育最深的爱，才会有今天精彩的活着。因为一切过程中的磨砺和经验都是宝贵的人生财富。

每个人坚持做一件事都有一个理由或者一个情怀，我是9月1日出生的，生长在一个教育世家。可能从一出生开始就与“教育”结下了不解之缘。我有幸选择了一份真心热爱、可以付出一切、奉献终身的事业。

力量之源，就是来自热爱和坚持。记得2014年在第15届校园春节大联欢的开幕式上，当我和几个青少年一起推出魅力校园15

岁生日蛋糕，鞠萍姐姐问我，你此时此刻的心愿是什么？“立大志，许大愿，一辈子，一件事，帮助热爱艺术的师生圆艺术梦想！”这句话仿佛从心里流出来一样脱口而出。

回首一路走来，很幸运的是，我们算是校园活动行业中起步最早的，2007 年以前都还算过得去。到 2008 年，行业开始井喷，越来越多的活动纷至沓来，大有形成包围之势。一时间，特别迷茫，想不明白为什么大家都纷纷涌入，难道他们发现艺术教育行业金矿了吗？从那时候起直到现在每一天都如履薄冰。

很快，我就开始从自身找原因，要么等死，要么就做到最好！面临的第一次大波折是来源于团队内部，团队大部分人员的创新能力、学习力都跟不上，不能满足当时发展所需；新生力量也很难融合到当时的环境中，每一天就像“救火队员”一样到处灭火，上要担得起领导的信任、中间要扛得起团队的生计，下面要对得起师生的交付，两边还有来自同行的诋毁，竞争的残酷……当时，连我女儿想我回家陪她吃一顿饭我都做不到，她不止一次的跟我说：“我不是你的女儿，魅力校园才是你的女儿……”

家人的不理解，团队的不给力，学校的各种需求都会让你每一天忙得没有时间去思考，很多个不眠之夜伴着疲惫的泪水吞噬着我的希望，我感觉到我的能量快要耗尽了，痛苦挣扎不亚于受一次身心的酷刑。连我爱人也质问我：“有必要吗？没必要吧？”

很多次我也劝自己放弃，但就是靠着那么一种不服输的劲头，一种要帮助艺术师生成就梦想的决心，一种再坚持一下就成功的信念，死扛着、硬挺着熬过来了，一熬就没有了尽头。到现在，就变成了一种享受。

其实，我们每个人做事情都有坚持下来的心愿，但是为什么有的人坚持下来了，有的人坚持不下来？就是因为在前行的道路上，有各种挫折接踵而至，没有整体布局，没有科学方法，没有坚定信念。比如爬山，有的人刚刚爬了 1000 米，由于平时不锻炼体力不支，放弃了；有的人爬到2000米，因为别人嘲笑他攀爬的动作难看，也放弃了；有的人爬到3000米，因为天公不作美打雷下雨，不知如何面对突如其来的天气变化，也中途放弃了；有的人爬到4000米，因为前面一起攀爬的同行者不小心摔了下来，由于内心的恐惧也放弃了；有的人爬到5000米，因为各种干扰，不知道保存实力，合理安排补给，干粮和水都没有了，只能选择放弃……事实上，只要再坚持一下就可以爬到山顶，但是因为各种理由不能坚持，没有攀登到高峰，自然领略不到6000米以上的白雪皑皑……

《艺术教育+》会带给从业者很多思考和启发，而我特别想给那些即将毕业，希望投身教育行业的大学生们一些建议：第一，要分析自己的优势，找到自己的优势，确定未来发展方向；第二，当你做好准备要创业的时候，一定不要害怕失败，害怕失败就不要创业；第三，在选择创业项目时，一定要考虑几个因素：市场的需求，可以帮助客户解决什么问题，项目的可持续性，未来发展的趋势和前景，市场的潜力。第四，在设计商业模式上，要考虑客户、价值、营销、渠道、主要的任务、资源整合、合作伙伴、产品线、成本结构等因素，尤其在资源的认识上，要明白资源在于整合而不在于拥有，整合资源的能力决定竞争力！

只要不忘初心，坚持始终，一定会实现自己的梦想！

下一个因为坚持成就梦想的传奇，由你开启！

（作者系中国最具影响力校园活动品牌创始人、总制片人 郭海霞）

序二 你的格局，决定你的未来

——用 20 年沉淀的教育思考致从业者

郭 琪

艺术素养的培养与熏陶越来越被全社会认可并尊重，于是艺术机构满地开花。目前全国从事艺术教育的机构几十万家，从业人员远逾百万，参加艺术特长培训的学员何止千万？可是大多办学者总在纠结、烦恼、计较与野蛮竞争中缓慢煎熬，能从红海的恶斗中坚守教育品质，引领行业标准，实现名利双赢的机构实属凤毛麟角。就是为了全国同行能迅速突破瓶颈、实现超越，也能经常获得更多立体、全面、前卫、科学的经营、教学、活动、服务的理念、方法与系统思维，在“魅力校园”大品牌的牵引下，五年前组建了“中国艺术教育联盟”，年年组织艺术教育界实战峰会，我们也欣慰地看到一批批机构在几年中脱颖而出，稳健发展，一个个校长格局提升、能量倍增，全国艺术校长朋友聚到哪里，那里马上就是流动的家，温馨而亲切，热烈而激动，甚至总是彻夜不眠，促膝长聊；艺术教育界由此开启了一股好学的潮流……

大鹏一日同风起，扶摇直上九万里！

然而，瞬息万变的时代，怎么才能继续引领全国艺术机构快速与高新科技与理念有机融合，借势升级呢？升级版的“星际穿越”

便横空出世，以星星之火，可以燎原的气势，在无边界的互联网的玩法中，穿越过去、现在和未来，点亮着一个个艺术教育机构的新希望。

在多次聚会中，全国精英校长们一直强烈呼吁一件大事，能否专门为民办艺术教育机构出版一本图书，让更多的朋友受益呢？这是一件举功至伟的大事呀！于是“星际穿越”这支年轻的团队开始了死磕自己的挑战之旅。

在目前搜集的机构与校长实例中，有的可能还谈不上常人眼里的成功，他们的作品也许不是多么有分量的巨作与宏论，然而出品团队的真义就是要以小见大，记录为民办艺术教育贡献力量的中小机构，从中窥见到一个艺术教育时代从小到大的历史与未来。

教育就是解放心灵。艺术教育就是绽放人性之美。

尤其在2015年两会中，舞蹈教育纳入义务教育，教育部全面推进学校美育教育。在互联网+艺术教育的新案例层出不穷的今天，机遇与挑战并存，跨界融合之路已经开始，给自己的思维升级，就像你每年都要换一个手机一样，你也需要迭代了！

“长风破浪会有时，直挂云帆济沧海。”这句享誉千古的佳句最近频繁出现在媒体活动中，也投射出一个伟大时代的壮志雄心。无论时代如何发展，强烈呼吁全国艺术校长与教师们不要让功利、浮躁、虚荣与贪欲燃烧了良心与博爱，一定要坚守德艺双馨，以大格局拥抱更精彩的未来！

（作者系中国艺术教育联盟主席 山西黄河少儿艺术团总团长郭琪）

自序 种子的力量

陈帅

2015年度社会氛围如同席卷大半个中国的雾霾一样令人浮躁不安，不管你是否愿意面对，当今社会处于前所未有的大变局中，整个教育的形态已经在悄然裂变和重组。在此背景下，我们特别珍视人和时间的力量。

2009年，我从媒体人的角色转换成艺术教育的筑梦者，角色的转换让我对这个行业的感受从不屑一顾、习以为常，到深情致敬。2014年，在“魅力校园”15周年之际，原本希望通过出版一本记录“魅力校园”15年创业故事及如何打造大型活动的书籍，承担起“魅力校园”校园活动领军者的职责与使命的时候，我认识了中国好声音平安，他演唱的歌曲《圆梦》中有这样几句歌词：“小小的种子，有蓬勃的力量，每个有梦的地方，都盛开着希望……”正是这首歌的机缘，启发我举办了——魅力校园粉丝学院赢在互联网盛典，开创了艺术教育行业免费培训、众筹、真人秀模式的先河。这首《圆梦》几乎成为了行业集结的号角和情感抒发的主题曲，从粉丝学院，到千人盛典，再到《我是好家长》全国百校巡讲，这首歌都激励着如你我一样的普通人为梦想加油，这首《圆梦》甚至成为一种流行，很多学校的节庆晚会及周年盛典都以这首歌作为压轴。

因为这首歌，我和全国成百上千名校长结缘，与其中近百名校长共同经历了许多难忘的故事，不是亲人，胜似亲人。他们大多专业出身，有较好的形象气质，简单、善良、直接，对自己从事的艺术教育事业有一种令人尊敬的热爱。他们几年、十几年、几十年坚守一线，教孩子们学习艺术好像成为他们今生唯一的乐趣所在。直到近几年，时代的迅猛发展让此前好似独立的艺术教育行业开始酝酿着一场史无前例的变革，校长们渐渐的感受到压力和迷茫，开始走出来学习，2015年发展至近乎疯狂的地步，打开朋友圈，看见校长们如赶场般到处学习，不是被邀请点赞，就是被相似的学习场景刷屏，无有好坏之分，大有列国争雄之势。

校长们是真着急了、迷茫了，很多校长不知道该如何选择，忙得不可开交，成果也没有太多的不同。我的心中涌出了一个念头，把这些平凡普通校长们的创业故事、办学思路、个性魅力整理成书，集结出版，帮助更多普通却令人尊敬的校长们圆梦，也给那些有意涉足艺术教育行业的创业者一些借鉴，是一件多么振奋人心的事儿。

第一个吃螃蟹的人除了需要勇气，还需要智慧。出书历来被看成一件严谨权威的事儿，收录哪些校长，选取哪些学科和素材，是否能够经得起学者专家的验证，还没开始，感觉就被几个常规问题宣判结束了。

站在时代风口，互联网行业的很多书籍尚未出版，就能吸引多位企业领袖、投资大佬、媒体明星参与众筹，仅在朋友圈传播就能创造几天几百万的众筹纪录。因此，我们选了60名艺术教育家社群会员在北京集结，就以“小小的种子，有蓬勃的力量，每个有梦的地方，都盛开着希望”为本书的立意，书名、结构、什么时候出版都未定，半小时之内现场众筹了近20万，虽说不上创纪录，也是行业内一个成功的先例。

纵观古今，能够长久影响人类走向的都是最基本、最朴素的东西。我们不缺乏对当红人气品牌及大型机构的赞美，媒体的聚光灯及社会舆论几乎一边倒地投向了精英和所谓的成功者。而教育的进步也的确需要领军者领航，但终究要靠坚守一线的平凡师者的努力与创造，孕育出一个国家未来公民的灵魂，锻造出一个正在崛起的世界大国的精气神。

从事教育的人本来就具有无量功德，本书希望以白描的方式展示这些个性独特、平凡高贵的艺术校长。也许，他们不够完美，也许，他们并不能代表当前艺术教育蓬勃发展的全貌。然而，我们就是希望通过这一个侧面探索出一些能够适应未来的竞争力。正如《中国新闻周刊》所报道的："当故宫里人满为患争睹昔日《清明上河图》时，画卷铭刻着的此消和彼长，正在告诫人们，什么是长久的，什么是昙花一现。"

我们相信，善良、求真、宽容、勤勉可以自成道场，我们相信，"人和时间"会成为艺术教育新的坐标，愿种子的力量继续滋养我们的生活。

最后，向所有过去、现在、未来推动艺术教育不断前进的人们致敬，向《艺术教育+》呈现的魅力校长以及团队滚烫的灵魂致敬。

小小的种子，有蓬勃的力量，每个有梦的地方，都盛开着希望……

（作者系"魅力校园"艺术总监，星际穿越CEO，《艺术教育家》《我是好家长》创始人、主讲人）

小编补充：

多少年后，你会忘记这本书，但是绝不会忘记这本书激发你做更好的自己的那个瞬间和行动。

作词：韩兵

作曲：张江

演唱：平安

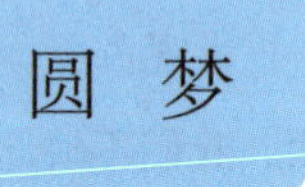

圆梦

每一棵 树苗的茁壮
都需要 更接近太阳
千万个手掌 呵护的成长
一定会延伸爱的信仰
每一双 最初的翅膀
在一起 是心的形状
千万个目光 注视着坚强
一定会穿越过风雨阻挡
骄傲的飞翔
所有渴望 圆成梦想
心愿会在明天满分绽放
小小的种子 有蓬勃的力量
每个有梦的地方 都盛开着希望

每一双 最初的翅膀
在一起 是心的形状
千万个目光 注视着坚强
一定会穿越过风雨阻挡
骄傲的飞翔
所有渴望 圆成梦想
心愿会在明天满分绽放
小小的种子 有蓬勃的力量
每个有梦的地方 都盛开着希望
所有等待 连成向往
未来会在手中紧紧闪亮
小小的笑容 有坚强的光芒
每个有梦的地方 都盛开着希望

所有捷径，都是弯路！

开场 听我的

智能手机加上移动互联网的高速发展导致了每个人时间的碎片化，现在的人已经很难连续一小时看书阅读了，甚至在电影院看美剧都没办法一气呵成，中间总会跑神，打开手机看看微信刷下微博。这样的生活方式导致大家越来越不耐烦！

考虑读者的时间和这个无时无刻不在生产内容的时代，本书努力以“碎片化”的编辑方式结构呈现，以“简约、多元”的方式让广大读者在付出较少时间的情况下，明晰当前民办艺术教育面临的问题以及解决方案。尤其是在创始人、合伙人、激活个体、活动创新、自媒体传播这几个热词上探索出一条能够观照当下，适应未来的能量。

透视当前全国民办艺术教育机构出现的诸多问题（主要样本是以舞蹈、语言、声乐、综合类机构为主），**究其核心原因是创始人、总校长思维和习惯的惯性导致的，尽管他们付出的最多，遭受了许多痛苦、委屈和折磨。客观讲，根本问题的确出在了创始人（总校长）身上。**

我们来看看当前中小型艺术机构普遍存在的几种表象：

第一，**忙！以前很忙！最近也太忙！未来好像更忙！**看上去的确很忙，但是忙的结果并没有突破性的进展，没有与同类机构拉开明显距离。

第二，**过分依赖校长技能。校长很累，少数精英骨干累，更多的人的能量未被激活。**看似基层员工跟不上学校发展步伐，其实是校长及少数精英们想得太多，干得太多，以至于浪费了太多的时间在重复、低效的事情上，加速了内耗，吞噬了员工的激情。校长离开一段时间或者不推进项目，就会出现低效，执行力差等诸多的现象。

第三，由于前两点必然导致校长及高管**惶恐不安，以至于失眠、焦虑、烦恼，家庭不和，身体亚健康，失去了方向**。

第四，**盲目跟风学习**。学习本来是一件非常值得推崇的事情，但是当前艺术校长的学习呈现出盲目跟风、学习内容主要集中在别人成功的经验，类成功学，以招生营销为导向的各式短期见效的课程。学习花费不少，但是也没有让学校进入一个良性的、高速的发展期，革命性的进展几乎没有。

第五，**家长满意度、体验感和收费、招生承诺不匹配**。家长总在反复比较，续费时犹豫不决。由于没有在家长心目中形成压倒性优势，或者过分依附于某个老师的个人能力，渐渐出现退费及转学的情况。（此问题将着重在本书第四幕详细解读）

除了以上几条表象、更重要的是缺乏系统性、专业化的流程及

人才，除了教学专业的师资外，财务、品牌、传媒、管理、互联网方面人才奇缺，员工男女比例搭配严重失调。造成艺术机构可复制性差，比较难获得投资及革命性成长。

我们并不否认，对于广大中小机构而言，生存与发展的确是每个校长要考虑的首要问题。然而“头痛医头，脚痛医脚”并不能解决现实问题。忙着招生，留不住人，招生困难，很难建立信任这些现实总在眼前，并不是某种秘诀和经验就能解决。中国地大物博，人文风情和家长消费习惯就如同中国方言一样，五里不同音，十里不同调。一种方法的成功，往往并不是由于方案本身的魅力，它需要综合天时、地利、人和以及执行本身中的各种运数，仅仅复制方案本身意义不大，我们需要考究的是成功背后的成因，这一点，本书会系统解读。

开篇，我们已经感受到，目前很多艺术机构仍然没有形成产品的核心优势，运营优势，平台优势。**这一切最难突破的是校长本人的眼界、魄力及整合资源的能力、选择的能力。**

因此，广大机构目前的系统需要升级，需要更换整套的操作系统，而不是到处打补丁，盲目救火，出现什么问题解决什么问题是很难有作为的。

我们需要对自己的思维及眼界做一次升级，更换成与时代同步，甚至先于时代的操作系统，重启电脑，进入快速发展的时代。

相关链接：

马云如是说："一夜暴富成名的事基本上是电视剧里的故事，好生意都需要时间和心血来积聚打造。"

浮躁的时代，全民创业的大潮，商业模式的颠覆，家长消费习惯的改变令许多校长不安，纷纷投入各地学习、观摩、交流。各种盛典峰会纷至沓来，在全行业焦躁不安的狂热和迷失之中，我们需要来一桶冰。

冷静的思考一下，如人饮水，冷暖自知。当下承诺几乎全能的培训为什么没有让你变得更好，那些被神话的案例分享出来时，你从中一定找到了某种借鉴，为什么你总是觉得缺少点什么呢？计划做的再完美，变化却不断挑战你的底线，纵然你练就了一身武功，把品牌擦得再光鲜亮丽，夜深人静的时候也难掩内心的孤独，忙碌得疲惫不堪。

没有人能数得清中国目前到底有多少名艺术教育的创业者或者多少家创业团队，因为每一天都有前赴后继者，有人正在死去，有人正在重生！

因此，**"你要学会相处的不是生意，是未来，是明天的生活方式；你要经营的不是生意，而是更好的自己。"**

更换操作系统，重启

校长的思维及格局升级的程度将决定你能走多远：

1. 选择的眼光一定要高于现在做的事情，格局要拉到很高，最后获取胜利的是一个很小的武器；

2. 移动互联网的焦点思维：不做什么，比做什么更重要！

3. 任何一阶段的出发都要反复问自己：你现在有什么？你到底

要什么？你需要放弃什么？

4. 从追求自己成功，转向支持别人成功；激活个体，从只关注自己能力的提升到每个人都是无价之宝，都是学校发展不可替代的“小宇宙”；不是追求对人的控制，而是追求对人的成就，尽可能为合伙人和员工的成功创造一切条件。

5. 不懂青年文化，就不要谈创新。除了了解儿童心理及文化，更重要的是了解18–35岁这个群体的思维、生活方式，因为他们是我们的主要目标人群，让自己年轻得久一点。

6. 忘记自己通过做事情能得到什么回报。无所求的时候，你想要的，也自然而然的实现。

每一个人都能在这个时代找到不同的角色，未来，甚至是很近的眼前，人们越来越会淡化一个词叫公司或者组织，越来越强调个体和平台。互联网打破了时间和空间的限制，这样的一个时代，是可以创造奇迹的时代。在未来3–5年内，艺术教育机构会因为时代的发展和市场的洗牌发生如下革命性的变化。

第一层：行业的整体变革，大平台与小而美友好混居

当前，各行各业充满着跨界之战，艺术教育行业由于行业特殊性及体量等诸多因素，一直未出现特别典型、影响力极强的跨界颠覆案例。被其他行业跨界打劫颠覆艺术机构的案例一定会发生，并且正在酝酿，这是时代的必然，不以任何人及机构的意志为转移。

3年内，少儿民办艺术机构的主要发展会朝着如下三种类型发展。

综合类：会诞生一部分经过重组、合并、升级的区域性的大品牌以及平台型的企业。主要会从如下三类中诞生。

第一类：目前区域领衔的综合类艺术机构，通过商业模式创新，和资本融合，快速复制，成为对行业贡献较大的领军品牌。

第二类：文化课转型艺术教育。目前有许多在文化课红海厮杀多年的品牌机构转型或引入艺术教育，并与多机构联手作战，会成为一个新的看点。

第三类：如有很强资源及背景的新东方百学汇这类的平台型的机构。尽管他们目前还是用较多的文化课思维去运营，一旦决策层意识到这个问题，也不是太费劲的事情。

小而美：有一项压倒性优势“一针捅破天”，场地及规模虽然不大，但是有品牌文化及极强的设计感、人文关怀以及不可替代的便利性。（详见本书北京舞韵童心案例）

跨界类：如“巧克力梦工厂”这类由 90 后及新人类创造的有明显互联网思维、技术及个性的新品牌。（本书第三幕详细解读）

第二层：组织方式的变革，从“钟”到“云”

“钟”：分工协作、可以画出蓝图不断复制、内部和外部可以明显区分。（现在的很多学校都是“钟”的形态，但是没有做到“钟”的最佳状态。而这种工业时代的生产方式将慢慢的被新的方式替代。）

“云”：没有一模一样的两朵云，和人一样，找不出两个一模一样的人，双胞胎的思维及情感还有着差别。

每朵云都有自己存在的独特价值。

“云”的内部和外部没有界限，内外一致，没有分工，没有办法复制。

从“钟”到“云”的三步

1. 我们不要把每一个员工看成一个固定功能的承载者，而是要变成一模一样、活生生、有未来、可变形的人。

2. 永远不要说谁比谁优秀，谁比谁好，我们一定要向谁学习，让每一个人呈现出自己天赋的自然释放，找到他最精彩的方式。让人格本身放射商业光华。

3. 永远不要强调内部和外部。整合资源一定不是在一个组织内、一个办公室内才能完成协作，而是用互联网的力量，进行任一组跨组织边界的横向协作。

第三层：教学方式的变革

形式创新：教学的环境从老师的单向传输，转向融合多媒体互动、互联网新技术的融合，跨越时空的多场景教学体验将成为可能，虚拟和现实的结合将逐步融入。

内容创新：从单一学科的内容到跨学科的融合。并且还会尽可能多的融入现实生活。“生活就是舞台”的理念会越来越多的被应用到教学场景。家长参与课程的设计互动将会成为一种趋势。跨地区的艺术校长组合成备课联盟，课件共享，通过互联网进行跨时空的互动教学成为亮点。

传播创新：每一节课都是一期综艺节目，每一期节目都是孩子的成长大片。以往的艺术课都是封闭的，家长参与课堂及互动的少。而未来，课堂会延伸至家庭，户外等多个场景，最重要的是每一节课都会融入媒体属性，都有可传播的点，在日常中就将品牌传播通过家长完成了。而且，每一个孩子的家长和粉丝都将成为你学校的记者。

（本书的第三幕将详细解读）

延伸阅读：

《少儿艺术培训市场发展趋势与投资建议》 来源：中国网

在中国中小学教育中，艺术教育正日渐受社会所重视。因少儿艺术对儿童性格的塑造，综合能力的培养以及艺术熏陶，使少儿一生发展都将受益。少儿艺术培训市场在中国教育培训市场一片火热的背景下日渐繁荣。同时，由于市场准入门槛低，行业发展各类培训机构大小不一，软硬件实力水平不一，目前市场上主要是经教育主管部门批准设立的民办教育机构，另一类是工商管理部门设立的经营性企业，而小型经营性机构由于经营能力较弱、投资能力较低、管理不足，从而导致市场相对混乱。而近年来国内一些大中型城市品牌化、规模化的艺术培训机构也已异军突起！

然而，就少儿艺术培训市场的发展趋势来讲，由于学校教育对少儿艺术教育的分配不足，校外艺术教育市场仍然是少儿艺术教育的主要市场。随着中国计划生育政策的放开，城市化水平的提高，以及人们收入水平的提高，对少儿教育支出仍呈相对上涨趋势，少儿艺术培训市场可期。此外，随着行业日渐发展成熟，少儿艺术培训市场的规范化和品牌化趋势日渐加强，行业的准入门槛也有所提高。就前瞻产业研究院《2015—2020年中国少儿艺术培训行业市场前瞻与投资战略规划分析报告》分析，未来少儿艺术培训市场发展领域主要集中在少儿音乐、模特舞蹈、美术等，少儿投资重点也将集中在少儿艺术品牌、偏远地区、新型领域。

少儿音乐和少儿舞蹈仍将是主要市场

“望子成龙”、“望女成凤”，随着国内经济水平的提高，城市和农村家庭收入的提高，少儿教育支出也在家长们的此种心态中逐渐增长，少儿的发展成为家长们关心的主要问题。而随着国内少儿电视节目的热播及少儿选秀节目的播出，少儿在音乐、模特舞蹈等方面的学习热情也大幅增加，家长在少儿参加演出活动也多持赞同态度，希望孩子可以在演出方面提高胆量，增强自信，加强自我修养，培养良好的气质。在这种市场趋势推动下，少儿音乐、少儿舞蹈、形体礼仪模特等市场规模仍将有扩大趋势，但未来的发展趋势则是规模化、系统化和品牌化的少儿艺术培训将成为主要的发展方向。

少儿艺术品牌投资品牌化

就经营机构的少儿艺术品牌来讲，目前市场上发展较好的少儿培训品牌美术类的品牌知名度以及运营规范性较大于音乐舞蹈类的艺术培训市场和机构。市场上知名度较高的有番茄田艺术（中国）、希望美术教育、杨梅红艺术教育、童画等，而音乐舞蹈形体模特类的艺术品牌则为上海小荧星艺术团、星方向少儿艺术团、深圳七彩果艺术培训、华夏未来等。随着少儿艺术培训市场的快速发展，各类培训机构充斥市场，品牌知名度以及品牌信誉度为家长选择少儿培训机构的重要标准之一。而企业的未来竞争也是品牌竞争，从投资者的角度来讲，通过投资重视品牌建设的少儿培训机构或市场品牌形象较好的机构，可成为投资方式之一。此外，在鱼龙混杂的少儿培训市场，企业也需要加强品牌形象塑造。

少儿美术市场容量大

目前全国3—15岁少儿美术入学率不足15%，市场规模不足100亿，待开发市场潜力巨大。未来的20年将是少儿美术教育高度发展的阶段，每年将有近千亿的市场规模，目前少儿美术培训行业发展较差，大品牌很少，只有目前的不到5家的区域品牌，全国90%的城市还没有什么所谓的美术品牌，90%的城市甚至没有过千人的美术学校，所以说目前少儿美术教育领域有着巨大的发展潜力。

3—15 岁少儿美术教育在一线城市覆盖率仅为 15%，北京、上海等特大城市均未超过 20%。未来 10 年 3—15 岁美术教育将在我国除一线城市外的二三线城市呈现快速发展态势，并延伸至乡村，增长速度定会大幅提高。

国学艺术教育兴起

随着国家对语文国学的重视，少儿艺术培训在国学教育方面的关注度将会增加，比如说戏曲、古筝、琵琶、围棋等一些国学传统艺术，也将成为少儿提高国学修养的主要领域。就目前来看，少儿国学艺术教育市场不大，但加盟连锁性质成为国学艺术的主要方式。

少儿艺术游学亟待规范

从目前的少儿艺术游学市场来讲，更多的流于形式，功利性和目的性强。从部分网络报道来看，少儿艺术游学行程安排多随意杂乱，走马观花，尚未达到游学的目的。从市场规范化和少儿游学的根本目的来讲，游学市场的低龄化、个性化，使得少儿艺术游学深度交流在经济条件允许的市场中将有所发展，而真正的寓教于乐，对少儿的发展将有所帮助。

少儿体验实践深受欢迎

从暑假各大科技体验馆的火爆程度来看，少儿科技参观、体验以及实践正受到市场的欢迎。随着各科技类竞赛，素质教育的学习，少儿的科技动手实践及探索能力正受到社会的重视。

农村少儿艺术培训连锁或加盟投资

从目前来看，大型的少儿艺术培训机构多采用直接连锁经营再加上加盟的方式快速占领市场份额。通过在区域范围内的连锁投资迅速占领区域市场，提高机构在区域范围内的影响力和品牌知名度，然后再迅速在国内其他各个地方展开设点投资。从中国城乡、东西部中国少儿艺术培训市场来看，经济发展地区和城市地区的少儿培训机构数不胜数，大型的少儿培训机构也相对丰富。从农村的少儿培训机构来看，师资、设施、场地、生源等都有巨大的差距，农村的少儿艺术培训规模小、场地不规范。未来的投资发展在于规范建设农村少儿艺术培训市场，通过连锁或加盟知名品牌的少儿培训机构，学习相关经验，以此进一步开拓农村少儿艺术培训市场。

少儿艺术培训新兴领域投资

在少儿音乐、少儿舞蹈市场相对饱和的背景下，少儿美术、少儿科技、少儿游学以及大型的少儿艺术基地成为行业新兴的投资热点。就未来发展趋势来看，翻转教学理念的体验式少儿美术、少儿科技成为少儿培训中比较受欢迎的市场。

在童星、亲子、才艺竞赛日益火热的背景下，少儿表演、主持、模特，亲子游学等同样也成为少儿艺术培训机构专业深耕的领域，尤其是近年来童星、少儿国外游学等成为少儿艺术领域快速兴起的板块。

少儿艺术培训在在线教育领域的发展

在线教育的兴起以及电商的发展，使得部分针对少儿艺术培训市场机构师资选择的机构开始发展。

未来少儿艺术培训机构与少儿教育理念的更新、课程内容的创新等密切相关。

目前来看，近年少儿出版领域的快速发展，少儿艺术出版领域的需求仍将有所增加。少儿艺术培训相关的教学器材，如陶艺所需的黏土，少儿绘画用的无害颜料，少儿器乐学习的乐器，少儿舞蹈所需的服装等，都可成为未来市场发展的切入点。比如说，钢琴领域的珠江钢琴和海伦钢琴，随着少儿艺术培训市场的快速发展，已经进入少儿钢琴培训市场。由于钢琴良好的品牌知名度，在市场上获得了较好的口碑。

相关连接：

中国产业调研网发布的《中国少儿艺术培训行业现状研究分析及发展趋势预测报告（2015 年）》显示，未来 5 年至 10 年，国内少儿艺术教育培训市场潜在规模将达到 5000 亿元，其中，中小学少儿艺术教育培训市场的规模将超出 3000 亿元，并以每年增长 30% 的速度持续扩张。预计我国每年参加各类艺术培训的青少年儿童将超过 1 亿人次。这一数据意味着艺术培训行业可挖掘的市场潜力还很大。

第一幕

归位与还原

01 艺术教育的归位与还原

02 靠什么熬出伟大

田培培：当代少儿舞蹈作品原创缺乏的根源

朱东黎：爱心点亮的舞彩人生

曹尔瑞：真正站在孩子的立场你能领悟多少

周旭光：孩子是最好的编导

03 艺术教育的发展要尊重人的规律

在教育世界里，信用是太阳，诚实是月亮，教学质量才是星星

第一幕 归位与还原

谈艺术教育，首先要理解什么是艺术教育。狭义地讲，艺术教育是指“对培养艺术家或专业艺术人才所进行的各种理论和实践教育”，现如今的专业艺术院校即是如此。广义地讲，艺术教育不再是教授某种艺术技能，而是“提高人们对美的感受和理解，培养对艺术的表现力和创造力”。我们这里谈的艺术教育，更偏重于后一块的少儿艺术教育。

艺术的重要性不言而喻，儒家的“六艺”中，音乐就是其中的一项，并且孔子认为，音乐有着不可替代的重要性。孔子本身非常喜欢音乐，他不仅是个伟大的思想家、政治家和教育家，可以说，还是一个当之无愧的音乐家。他会唱歌，会弹琴，还给《雅》、《颂》配上了合适的乐曲。

读《论语》，我们能够明显地感觉到，孔子的话语中所透出的一种风度和儒雅，哪怕遭遇窘境，他也能够不急不躁。他的文化修养是一方面，另一方面，艺术修养显然也是其中的重要原因。

孔子认为，好的音乐有宣泄情感和协调人际关系的作用，对社会的治理能够起到很好的帮助。并且他觉得，用音乐来治理社会，是一种最高的手段，所以当他看到学生子游在武城这个小地方也用音乐来治理，就忍不住戏称这是杀鸡用牛刀。

尽管儒家提倡音乐，后来的孟子和荀子，也都对此有过自己的理念和推崇，但两千多年的封建社会，艺术教育一直是小众化和精英化的，没有真正普及社会大众。

直到近20年来，艺术教育才真正开始得到发展。稳定的环境，加上国家的重视，让艺术教育有了一个相对良好的成长环境。艺术是人本性的诉求，如荀子所说，是“人之情所必不免也”，因此，得到艺术的滋养，无疑能够增长我们的幸福指数。

近年来艺术教育的发展，远不如文化课教育的发展来得迅猛。以培训机构来说，文化课培训已经成为了一片红海，在刚性需求的驱动下，文化课的竞争已经达到了顶峰，尽管竞争的趋势也在日渐明显，但一切都还只是初级阶段。

筹备《艺术教育 +》期间走访了几百家艺术培训学校，不难发现，很多学校的校长，几乎都是专业出身。他们以前学过舞蹈、学过音乐、学过主持，毕业后，选择了开设一家艺术培训学校，或者从媒体等相关行业跨界过来也比较普遍。

他们专业性较好，对艺术的热爱可能无可挑剔，但是，在这种情况下，他们的管理能力就相对比较薄弱，对自己机构的未来发展，往往也充满着诸多困惑。

总的来说，有一些问题是当前很多艺术培训学校的校长普遍遇到的：管理薄弱，竞争性弱，升级换代束缚较大，课程体系不落地，经验主义太强，小富即安思想太重，危机感不强，等等。

事实上，如今的互联网教育已经是一片如火如荼之景了，从全球来看，互联网教育市场保持着平均23%的年复合增长率，在2012年，全球市场规模已经达到900亿美元。到2017年，预计会达到2500亿到2600亿美元。从中国的角度来看，中国互联网教育市场的规模在2013年就达到了839.7亿元人民币，同比增长19.9%，到2017年，中国互联网教育市场的规模比2013年将翻一倍，达到1733.9亿元人民币。百度、腾讯、阿里巴巴等巨头已经全部打入了教育行业，尽管互联网教育也并非畅通无阻，好比世纪佳缘网创始人龚海燕，投巨资进入，却惨遭失败，但互联网与教育的结合，定然是未来的趋势。

在这样的时代大背景下，艺术教育的培训机构，必然要经历蜕变和重生，只有把握住时代的脉搏，才能长久生存创造辉煌。

在这个呼唤创新的时代，少儿艺术教育的第一步该如何走？什么才是艺术教育机构的重要导向和价值观呢？

01 艺术教育的归位与还原

周荫昌

音乐评论家
连任多届教育部艺术教育委员会副主任
解放军艺术学院教授
中宣部“五个一工程奖”评委
全国教育科学规划领导组体育卫生与美育学科规划组组长

对于教育一定要实事求是地来看，有的是创新，有的是还原，不是所有的创新都叫创新。节目需要创新，但是其中很多重要的东西，很多重要的原则，却要恢复成原来的样子。雾霾现在如此严重，难道我们能把还原一个晴天改成创新一个晴天吗？

现在我们把学校艺术教育摆在了教育主体的重要位置，这是当前大的形势，对我们提出了更高的要求，这个要求有三个标志。

第一个标志，是十八届三中全会提出的《关于进一步深化改革发展的若干重大问题的决定》，我们面临的形势和任务都写在这个决定里面。关于社会改革，第一条就是教育，而教育里面讲了十八个问题，十八个问题里第二个问题是体育，第三个问题是艺术，这是从来没有过的。关于教育改革里面第一条讲的是立德树人，全面贯彻党的教育方针；第二条讲的是提高学生的品质，这里讲的都是有非常具体和很强的针对性的内容。现在学生的身体体质已经

下降到了十分严重的地步，学生完成素质达标已经很困难，强大的中国首先需要人强大，身心都要强大。第三条讲艺术：“加强美育教学，提高学生的审美人文素养”。这里说的美育教学，不能在这儿称为艺术课程教学，而在我们学校里美育的主要途径和内容就是艺术教育，这是第一个标志，写在十八届三中全会的重大问题的决定里面。

第二个标志，来自 2014 年教育部的 1 号文件《关于推进学校艺术教育发展的若干意见》。这里面遵照十八大的精神和三中全会决定的精神，提出了四个大问题：第一个叫作明确目标，落实立德树人的根本任务，立德树人不是单指艺术，整体的教育都应该立德树人，艺术教育里面要落实立德树人的任务。第二个是要抓住重要环节，统筹推进学校艺术教育。第三个是建立评价制度，促进艺术教育的规范发展。第四个是加强组织领导，完善艺术教育的保障体制。

第三个标志，来自 10 月 15 日习总书记召开的全国文艺座谈会，习总书记在会上做了重要讲话，主要内容是端正方向，以人民为中

心的创作导向，不要做市场的奴隶，要有高原还要有高峰。

这三个标志之间存在什么关系呢？艺术教育作为学校里的一项重要工作已经被重视起来。学校开课、配备老师和教学设备、纳入整体的教学评价和学校管理者的政绩评估体系里面等一系列配套措施已经有了，所以现在要解决的问题是如何提升它的质量，如何完成它自己本来应该有的任务——立德树人。学校已经知道了要进行怎样的艺术教育和怎样进行艺术教育，但是离它自身应该做的事情还有很大的距离，这一点大家一定要清楚地知道。

德育、美育有着密切的关系，但是德育不能完全代替美育，反过来说美育也不可以完全代替德育。美育和德育是并行不悖的，是通过不同的途径、不同的内容来解决人整体素养中不同层面、不同方面的问题。而一个人是一个整体，我们所说的层面都是就一个整体而言的。举个例子，知道的东西未必认识，认识的东西未必认同，认同就把自己的情感因素代入，不仅要理性认识这个因素，而且必须要有情感因素。认同的东西未必去实践，实践了的东西未必就能坚持，特别是坚持其中正确的。实践的过程中，未必就能清醒地去看我有哪些不足，我还有哪些缺陷，我应当如何匡正自我，而无论怎样的实践，都对人形成素质具有决定性的意义。好的实践有好的素质，不好的实践影响人成为一种坏的素质。今天一些不好的人在我们学校里并没有开展一些不好的课程；今天品德堕落的人在我们学校的课里并没教过他们你要堕落；今天的贪官，中央党校并没给他们说过你们可以贪污，并且教给他们贪污的技巧，给他们贪污的勇气，这些都没有，那都是实践给他们的。而这个实践未必都是明确告诉你贪官应该怎么贪，到那时候你们去看一看所有堕落的东西，都不是讲课的，也不是讲理论的，所有堕落的东西都是引诱的。

为什么？那里没有一个课堂，但那里是实践的场所，那里没有谁去给他讲你要怎样，而是引诱他，从感性入手，结合人的

天性。而我们的教育，真正诱导人的东西不多，真正结合孩子们天性的教育、深入的教育、能入脑入心入情入理，真正进入他灵魂的东西不多。心灵是需要涵养的，性情是需要熏陶的，给心灵讲道理，那就不叫解决心灵问题了，那只能够解决头脑的问题。给性情讲道理，那人家就不听，你的话放在他那里就是两张皮了，就人格背离了。

人的这种深层的东西，都是理性与感性相结合的。好的行为习惯，好的行为方式、思维方式，都是理性和感性相结合的。而当他们成为了一种方式的时候，也就不需要理性地提醒了。一个人能够见义勇为，在见义勇为的当时表现得是很自然的，这个自然不是我无所谓的自然，而是此时此刻我看到了这个东西，我觉得不可以这样做，我觉得不可以这样以强凌弱，这样以坏欺好，不能这样不正义，因此我挺身而出。而此时此刻起决定性作用的并非理论，并非知识，而是他的一腔热情，而是他的一种正义的冲动，这种正义的冲动和感性的东西占有决定性的作用。一个人为国捐躯走上战场，能够跟敌人死战，能够献身、捐躯，不是重新去考虑理念，而是把爱国变成了我自己的责任，变成了我的一腔热情，变成了我的一腔热血，这个时候我要洒热血。

反观教育，相当长的一段时间以来，我们重视理性内容和理论方面的教育，**却忽视了感性内容和感情方面的教育。我们重视了知识的教育，却忘了行为的教育、能力的教育，我们重视了学科的发展，学科性知识的教育，却淡化甚至排斥了综合实践的教育。我们重视了浅层的显性的教育，能够看得见的，却忘记了隐性的一时看不见的教育。我们重视了表达性的教育，可以表达，无论口头表达还是书面表达，表达的教育我们都重视，但是人表达未必就是他的表现。**

今天看来，人的两张皮是多么严重，人格背离是多么普遍，我们国家所面临的问题是多么深刻，没有人不会讲爱国主义，但是都

爱国吗？没有人不会讲四项基本原则，但是真正讲起他的行为都符合吗？人的全面发展，不能只看横向，还必须讲纵向的层面，才能够说是全面发展。所以德智体美要很好地去认识它，德智体美是党的教育工作的方针，不是人素质的科学研究成果，要按照人的素质结构去解决人的问题。我们需要解决的问题更加深入了，那么在这时候我们要把握一些什么样的特质呢？

艺术教育的特质有四条：

第一条，育人的。尽管艺术有一种功能就是娱乐的功能，有愉悦的功能，但是我们学校艺术教育不是以娱乐为目的的，它是以育人为目的的。虽然校园活动有活跃校园氛围，使人们得到休息的功能，但是就是这样的东西也是育人的。我觉得一个学校办得好，学校里的一切活动在校长那里来看都应当是一个自觉的育人的活动，无论干什么，包括老师的一举一动、一言一行，都是育人的。

第二条，面向全体学生的。没有什么东西还能再像义务教育阶段一样对所有的人一个不落地来进行一样的教育，因此义务教育就是一个国民必需的素质，必须在这儿解决，该解决什么就解决什么。从这个意义上讲大家回想一下我们今天学校强调了什么东西、疏漏了什么东西，我们过分地强调了什么东西，过分地疏漏了什么东西，为什么今天的孩子出现这样的状况？

我常说念了书的人当然聪明，但是没念书的人聪明的也有大把，没念书的人可能糊涂，念书了以后糊涂的也是大把的。一个人没念书可能坏，念了书的人坏起来比没念书的人更坏，必须看到这些问题，不能认为念了书就什么都有了。而且在这个阶段没有解决这个问题，用一辈子再去解决就很困难，要这样去理解我们的教育，面向全体学生。

第三条，必须是优质的。既然它是育人的，既然是面向全体学生的，就必须是优质的。难道我们给孩子吃地沟油吗？难道我们给

孩子喝受污染的水吗？我们看看我们所进行的艺术教育里是不是都是好的？未必是好的，可能你讲的道理是好的，但实际不是好的。

第四条，艺术教育必须是艺术的教育。

这四条是我对全国教育厅局长讲的内容，当时我定的题目就叫作学校艺术教育的归位与还原，别说创新发展，我开始就说慢点，不要又说创新发展了。归位，先归到育人这个位置上来，你以前偏离了这个位置，不要再先说发展，你先还原，先说艺术教育。

进一步来说我们校外艺术教育活动，不一定面面俱到，更不一定是所有学生都来参加，但是它的指导思想**必须坚持育人为本**，他所学的东西要比一般的学校课程长一些。他有这方面的爱好，他有这方面的天分，但是他是非专业的，不是音乐院校和文艺团体的娱乐班，这个一定要清楚。还一定要按着学校艺术教育的基本规律，不要搞专业化，搞了专业的就出毛病了，这么小的孩子去通关把腰搞坏了就不行了。那么多的孩子把竞争钻到那个程度，你就把他的眼光遮住了，就看不到更宽的人生了。那么小的孩子你给他那么难的东西，就不会把自己融入那个作品了，他融不进去了，那个作品太深了。

优质，包括三个内容：

第一，必须是适合孩子们的优秀的作品；

第二，必须是优秀的编导老师；

第三，必须是优秀的教学过程和排练过程。

这三个对我们来说我觉得都有重要的意义。习总书记开文艺座谈会，他就讲了坚持以人民为中心的创作导向，创作更多无愧于时代的优秀作品，然后召开文艺工作座谈会并发表重要讲话，12 个主要问题讲的是这个。当然优化的问题，主要讲的是创作，这就给

我们的创作提出了很高的要求。

第一条就必须是优秀的作品，不是要你一向优秀，但是你要朝着优秀作品来努力，自己定一个标准。

第二是优秀的编导，艺术的东西需要二度创作，音乐、舞蹈不需要二度创作，不是所有的艺术都需要二度创作，过程艺术都需要二度创作，因此必须要有好的编导。我这里说的这些，都是要大家立一个标杆，然后回忆我们十几年的"校园春晚"，我们取得了很大的成绩，但是用这个标杆说，我为什么说我们还有很长的路要走？我们还有很多很有挑战性的问题需要解决呢？还有很多不足呢？就是看你把标杆放在哪里。

第三就是排练的过程、教学的过程，这个过程就是育人的，你这个老师就是单纯的，咱就弄好了，把艺术的东西在孩子身上异化掉了，他参加这个活动不是享受这个活动，就不是在这中间去吸引每个东西，去受到情操的熏染，而是要求他拿第一。你要求他的东西就不是全身心投入表演，因此我们就看到了孩子们在台上表演做了一个笑的样子，回到侧幕那就像幕落下来一样笑脸就没有了，你培养什么呢？你以为这个过程就是美育了吗？

难道我们真喜欢皮笑肉不笑的孩子吗？难道皮笑肉不笑的孩子做个样子给你看，真是个好孩子吗？我们真希望他那样吗？我们却把它纳入教学中，强制地去培养，很残忍。我说的这些问题很普遍而不是指责，我们今天必须要来审视这些问题，必须有好的过程。如果你把这个过程就看作夺取锦标的过程，如果你把排练看成我的业绩的过程，那你就偏离了艺术育人的方向。所以老师很不容易，真的大公无私，真的要把它搞好。

下面我说艺术教育必须是艺术的教育，音乐教育必须是音乐的教育，美术教育必须是美术的教育，什么是音乐？那个作品、那个

表演的过程呈现在人们面前的这个音乐的过程，这就是音乐。一首歌曲当然有歌词和音乐，但是真正给人以影响最深的不是那个歌词，而是音乐。更何况有二度创作的作品和艺术形式，我可以把歌词完全放在一边，我可以把歌词完全异化掉，我可以唱完全相反的东西。

“夜半三更哟，盼天明，寒冬腊月哟，盼春风，若要盼得哟红军来，岭上开遍哟映山红”，我唱这个就说明一个意思，你对红军的那份崇敬，你对这个崇高事物的那一份敬仰，你对我们亲人的那一份情感，都在歌声里面。如果我讲了一通一定要把这个歌唱得亲切，一定要把它唱得抒情，一定要唱得柔和，老师带着学生唱，那就糟了。这就是我所说的艺术教育必须是艺术的教育，你以为歌词叫映山红就真的是映山红了？现在这个调子还少吗？映山红在所有中学课堂里面都有，我看在课堂里教好了的实在是寥寥无几。我刚才说这个不是我编的，他唱得比我还要糟糕，就是拿了舞台上贴着话筒那一套，孩子们都不懂。这哪是什么美育？

舞蹈到底是什么？你要表现的到底是什么？因为这个舞蹈、音乐都是表现的艺术，不是再现的东西，是从心灵里那点东西在这表现出来、流露出来。还记得刚才我说的，凡是表达的教育我们都重视，音乐考试在那，像考语文一样出题，判断题、连线体，把艺术内容都去掉，把艺术的灵魂都没有了，把艺术的本质全部抹杀，你变成这个，我在教育部和北京的时候说你这样考试是重视艺术教育还是不重视艺术教育？如果艺术教育可以这样考试，哪个学校还需要艺术教师？你把艺术教育的考试变成了一种知识题目，给了他50道，然后让孩子背下来，都有标准答案，还需要音乐教师干什么？哪个老师不比你教得好？哪个不比你这个音乐老师权威性高？但是真正教这个东西很难。

我举一个很鲜明的例子，“我们是共产主义接班人，继承革命先烈的光荣传统”，这样唱，整齐是很整齐，优质吗？你为什么这

么唱？好吗？本来这首歌曲应该这样唱，这里断开是为了强调坚定，孩子们穿着很漂亮的衣服，唱出来的都不着调。我曾经讲过，共产主义什么样都讲不清楚，共产主义接班人是什么样子我也说不明白，但是我相信我和你们都有一个共同的认识，一个人想干点事情得有点情怀，想干点大事情得用大情怀，想干小事情自然就是小情怀，你干一个很崇高的事，就需要有那种浑厚的充满了崇高之情的情怀。这两个唱的哪个大鼻子大眼睛大模样大情怀？别管唱得准不准，你看看今天我们的孩子们为什么如此弱化？

艺术教育必须是优质的教育，不仅作品优质，表演也要优质，过程还要优质，才叫作育人，让他回归到艺术教育的育人功能，各位才叫作灵魂工程师，因为你涵养了他的心灵，铸造了他的灵魂，给他性情以陶冶。所以各位的工作非常神圣，不要把它看轻了。我说这点不叫创新，这叫还原，这叫归位。

说到这里大家会想：你说它好就好吗？难道就不可以唱成这样吗？的确艺术有多样化的问题，的确艺术有个人偏爱的问题，的确艺术有角度和评价不同的问题，所有的这些问题都高不过康德所讲的二律悖反，艺术欣赏有这样的方法。康德是大哲学家，艺术鉴赏是不基于理性判断的，如果只基于理性的判断就应该有一个标准答案。反过来说，艺术鉴赏又是基于一个理性判断的，因为如果不基于理性判断我们就不会因为艺术鉴赏而争论不休，争论不休的目的就是我让你同意我的，这就叫作二律悖反。通俗地讲，康德的这个方法是说明艺术欣赏的现象，但是并不是因此说艺术欣赏就没有客观的标准。艺术标准是客观的标准，而且这个客观标准一定要看到它是社会性的共鸣，共同的社会性的标准，而正在这个意义上我来讲，不要把核心价值观硬套到艺术这里，你讲它是什么核心价值观，很难说什么价值核心。因为核心价值观是我们精神境界的一个最高的核心的带理论性的总结，而人的很多活动都不能拿出价值观来。通过我今天讲的内容，你可以讲我的价值观，低层次就谈不到价值观，但是并不等于这里面没有价值观的内容，需要用一个更普遍的理论去作为我们判断的基础，这个判断的基础就是内容是有形式的。形式是一定表现一定内容的，内容与形式要统一，如果这个形式是一个活动的形式，这个形式就可以叫作形态，它是活动的东西。如果这个形式和这个形态是充满了感情的一种形态，那就可以叫作情态。这样说来，形式、形态、情态都是表现一定内容的，内容都必然要通过一定的形式、形态或者情态表现出来，这是一个普遍的规律，没有这套规律，人就构不成一个社会。所以托尔斯泰才讲体验上分得出奔驰的骏马，眼睛里看得到恋爱的经验，否则你无法观察一个人。我们两个人心胸坦荡，我们很好，我们很久没见见面拥抱一下，很自然、很亲切，一个人灵魂肮脏、品位低下，你跟他拉手就往回缩，女孩没有这样的经验吗？上来那手就摸着不对，还用得着你说吗？所以我为什么说那么尖锐的话？很多是我们强加给孩子的东西，大人没有审美判断，没有鉴别好坏的能力，以为是个好的给他了，给他的是个糟糕的东西，这个东西是可以判断的。不要认为这个就不能判断，我说的话是有内容的。

当前我们校外艺术活动里面，或者叫作学校艺术教育都可以，到底存在着哪些具体的问题？我这里很不全面，但是我也是从观察中间得来的，供大家参考的东西。

受到专业文艺工作者的影响，使得我们校园的艺术活动出现了追求专业化。这点大家必须要清晰，其实我说这个话已经说了很多年了，我在教育部大学、中学的文艺展演上都讲，记得最突出的就是教育部在杭州中小学生文艺展演的时候，我专门讲了一个，专家们、各位艺术老师们对于我们学校艺术教育、校外艺术教育的活动所做的贡献是非常了不起的，不要因为今天我们提出要求高了，就说过去大家都错了。上次杭州那些中小学的器乐表演，那个难，一个中学在这里演奏交响曲，拉第二交响曲，太难了。拉一个还不够，还得再拉。你演奏得好吗？拉第二交响曲因为时间太长超过规定时间砍去了一段。不能说这些原来的问题，没有那些专家，没有我们今天，没有各位专业上的基本功，没有校园文化，学生学的本领是专业的人教的，一定要看到这个，不要否定过去，但是反过头来今天看有一些专家，他们为什么呢？因为他们那一段时间很多人提前就退休了，人家还能发挥作用，还有一番成绩可以发展，那批人已经退休了，再说你提前退了还可以腾个位置给别人，于是就退了一部分这样的专家。艺术上的创作几乎停顿了，演出节目没有了，因此他们就把自己的热情投到学校里面来，很难免提到这儿，我是一个乐队的指挥，我希望我这个乐队指挥得好，跟专业一样，听到什么话最高兴？在过去，你这个乐队真好，比我们省级专业乐队还好，听这个话就高兴。话分两半说，说你培养得有成绩是好的，但是说你比专业团不差你得清醒一点，你这不是专业团。

第二个，咱们舞蹈家在这儿我得说一下，受到传媒的影响而过度包装，甚至搞虚假的东西、假唱、假演、造势，造势就是你看那个灯光，看那个服装，珠光宝气，你看那个化妆，浓妆重彩，用得着吗？现在中小学生文艺展演，教育部艺术教育委员会提出来，只要是对口型和对样子的，去两次就别参加了。我们请那些评委也确实厉害，上次在杭州的展演，大家一看开始对口型都是教育部他们找了些人做了，最后评委提出这不是这个乐队演奏的，听了两个，一个就是说这个乐队奏不出那声，就那弓子往上一搭搭不出这声，教育部非常认真，这个声音是你们拉的吗？没问题，我都知道。又返回到评委上这来，评委说肯定不是，我们去实地考察一下行不行？马上把这个挂起来，我们实地考察以后再说。说到这儿了，省教育厅的就找到教育部说非常抱歉，我们撤销。为什么搞这个？上次学习习主席的文艺座谈会上的讲话，小范围的学习我就说这个，我说连唱歌这么美的事业，这么高雅的一个活动都是假的，这个社会还有没有真的？让那些孩子搞的什么样的美育？告诉他假的就能糊弄人，假的东西能够得什么？“校园春晚”都是真唱，好坏无所谓，孩子们参与，他当时实现了自我的那种自豪的心情，那种成就感谁能代表呢？社会上是多么憎恶这个东西，你们知道现在大家看电视的时候最讨厌的是什么？就是没有笑声加笑声的，加那个笑声远远超过了这件事情的可笑程度，完全在那搞笑，就觉得老百姓太不值钱了，其实不是有人在那起哄，是卖的一个音效效果。所以第二个我觉得就是受传媒的一些过度的包装，虚假。

第三个，受到社会风气的不良影响，娱乐化，什么东西都娱乐化，什么题材都娱乐化，当然少年儿童里没有那么严肃的东西去娱乐化，但是有一些也存在着问题。挺严肃的一个题目娱乐了，功利化，甚至于涉及有矫揉造作，甚至有点低俗化。这里我说一句，音乐和舞蹈里的低俗化不要拿小品的低俗化来衡量，小品的低俗化是有人物、有表演、有台词的，音乐不是。音乐里的低俗化就是倒换了你的感情的内容，该是这个的不是，刚才把《映山红》唱成那样，在音乐上就叫作低俗化，因为你倒换了感情内容，你巧借一个东西是“盼”，你盼的不是这个东西，这是一语双关倒换感情内容和艺术的实质，庸俗。还有一些是其他表演上的东西，表演上不能用手势去专门笔划内容。用手势简单地去比画你那个歌词内容，很庸俗。我上次举的最突出的例子，把《小红花》唱得不怎么样，表演很庸俗，很浮彩。这是不好的东西，大家想想这个东西在我们这儿少吗？表现的艺术，音乐是可以动作的。

第四个，成人化严重。这么多年，我跟随教育部的调研组到过全国很多地方调研，发现一个共同的问题，艺术教育成人化倾向过分严重。我们的孩子从幼儿园开始，一个个被教育得丧失了个性，很拘谨，太多的艺术教育是我们成人在塑造，强加给孩子们，体现的都是成人的意愿，失去了儿童应有的纯真和美好。 举一个很简单的例子，我在给艺术教师上课的时候放了一首现在孩子们合唱的《我们是共产主义接班人》，一流的录音，一流的制作，唱的非常整齐，却都唱成了断的音——我 / 们 / 是 / 共 / 产 / 主 / 义 / 接 / 班 / 人……当时我问在座的舞蹈编导，这首歌如果要给孩子们编个舞蹈，你们会编什么动作？结果全班所有编导不约而同的跟着节奏点头。这不是一件很可笑的事情吗，我们的孩子从幼儿园开始被要求趴在地上点头、小学点头、中学点头、合唱团点头、舞蹈队点头，本来把很深的情怀，外化成一种庸俗的表演，完全丧失了个性；艺术失去了艺术的魅力，艺术失去了陶冶人心灵的功能。做大事情的人，必须有大情怀。有大视野的孩子，一定有大的气质。实现中华民族的伟大复兴，不能培养柔弱的一代，不能培养小小气气的一代，必须培养具有中华民族大情怀的一代。今天研讨会的举办地厦门如果没有面向海洋的精神，福建不是福建，厦门不是厦门；如果一个世纪以前，厦门的孩子都被培养成现在这样，我想陈嘉庚也走不出国门。这种情怀，不是讲出来的，是熏陶出来的，也恰恰是艺术能够给予的。

如果现在艺术教育中存在的问题都是我们不知道的反而很好解决，问题是大家都知道，晓之以理很明白，动之以情却不重视。现在真正缺乏的就是晓之以理，动之以情，特别是动之以真情。全国几乎所有晚会音响声音过大，普遍 KTV 化，作为校园晚会来说，对于处于成长期的青少年来说，超过 80 分贝就变成噪音，伤害了他们审美的耳朵。越来越多的晚会不注重节目本身的感染力，过度强化声光电的包装，过度追求舞台的视觉效果，这对艺术本身的发展都是一种伤害，更别谈青少年的健康成长。因此，我建议在我们“魅力校园”的舞台上首先要做到的就是净化我们的舞台，挖掘一些真的情感，创编一些亲切的，生动的，符合青少年自身特点的节目，让孩子们真正受到熏陶。在“魅力校园”这个舞台上，孩子们自己

表现自己就足够了，这个舞台能真正展现他们纯真的地方已经足够美好。

如果说过去媒体过分追求外在的形式，那么今天的指引将会引领我们去追求高雅，追求纯真，追求朴实，追求社会主义核心价值观。核心价值观不要把它说成一句空话，要把它变成艺术的语言。不要因为文件精神就在我们的节目里加入很多标签，有那么一点情怀，一点直入心灵的情感就足够了。艺术教育必须是艺术的教育，我们必须要用最好的作品，最好的艺术表演，最好的艺术活动的过程去育人，而且是深层育人。他爱了活动，就爱了家乡，爱了这里的土地，爱了这里的山水，也就等于爱国了。我们只要做到体现青少年应有的情怀，纯真的追求，高尚的志趣就已经很难得了！

不要把做出快乐的样子，误当作孩子真正的快乐，或者叫作做出快乐的样子不等于表现了孩子真正的快乐。外在的喧闹不等于孩子的活泼和活力，华丽的包装不等于丰富多彩，更不等于质地优秀。

我的建议：

第一，大家在创作的时候分开三个东西，什么叫主题，什么叫题材，什么叫体裁这三个东西要分开。

主题是表现一个核心的思想和境界，思想主题，但是艺术里面不是思想用文字说了就是思想，部分用一个生活的题材把它表现出来，就是用一定生活的生动内容、一定的情景活动、一定的人物把这个主题凸显出来。但是我们很多作品缺少题材，有主题，没多少题材，甚至没什么题材，习总书记提出了中国梦，“五个一工程”奖全国各地交上来带有“中国梦”字的作品34首，最后评上了6首。你能说这个东西不好吗？但是我可以这么说，这34首大多没有题材，大多是主题“中国梦”，用习总书记说中国梦的几句话，用文件上说中国梦的几个简单，解读里面说中国梦的实践性，那就是没有题材，所以34个只选了6个。老实讲6个里面一个也流传不了，因为你没有真正用丰富的人民生活的题材，没有题材的东西就没有生命力，一定要把题材、体裁适合的形式，适合这个题材的形式叫作体裁，体裁解释多种多样的形式，我建议大家了解下。

第二，艺术一定要提炼、一定要集中，作为舞蹈来讲，不仅内容要集中，不仅思想主题要提炼，而且你还必须得提炼出动作来，

知识百科

体裁：

指一切艺术作品的种类和样式，其艺术结构在历史上具有某种稳定的形式，这种形式是随着艺术反映现实的多样性以及艺术家在作品中所提出的审美任务而产生发展起来的。

体裁的门类众多，一般包括文章体裁：记叙文、说明文、议论文、应用文，诗歌、散文、小说、戏剧；绘画体裁：风景画、肖像画、静物画、风俗画、战事画、主题画等；雕塑体裁：肖像、动物像、风俗、历史、花纹图案、纪念性雕塑等；舞蹈体裁：民间舞、古典舞、民族舞、技巧运动舞、节奏造型舞等；电影体裁：故事片、新闻片、戏剧片、喜剧片、音乐戏剧片、艺术文献片等；音乐体裁：交响乐、奏鸣曲、颂歌、浪漫曲、歌曲等；建筑体裁：宫殿、文化设施、住宅、厂房等。狭义的“体裁”，有时是文体的同义词。

题材：

有广义和狭义的概念。广义的“题材”，指的是文艺作品所反映的社会生活的某些领域、社会现象的某些方面。狭义的“题材”。是指构成一篇或一部“叙事性”文学作品内容的一组完整的生活现象，它一般由人物、环境、情节这“三个要素”组成。

主题：

主题是作者对现实的观察、体验、分析、研究以及对材料的处理、提炼而得出的思想结晶。它既包含所反映的现实生活本身所蕴含的客观意义，又集中体现了作者对客观事物的主观认识、理解和评价。

你提炼一点基本的动作，现在我们有些舞蹈，跳得是不错的，但是它缺少自己提炼的动作，那个动作是别人的，这也就是说你基本的舞蹈语言是别人的，比如这个孩子往这儿一跳，脚就在那动，这种已经很多了。你要从生活当中去提炼一点，这是很难的。但是你只要搞了这个，人家就知道你是有创新的，你这个是有价值的，一定要去做点这样的工作。比如说现在我们用的很多陈旧的语言，不是说新的东西，比如说孩子一来就拿灯把脸捂住了，前几年是很好的，现在你再用这个就没有你的提炼了，这个提炼从生活里面。比如说孩子一边走一边扭的东西，过去提炼的东西，大家现在不是不可以学，但是你自己总要有一点是从生活里提炼的东西，这样你就优秀，否则的话你就缺少自己的特点。

第三，我们写儿童的东西真正深入生活，恐怕是不够的，我们都带领儿童比较多，我们教儿童比较多，我们编一个让儿童去演比较多，真正从儿童的生活里面提取的东西不够，我看了很多东西是大人的东西，不是孩子的东西。所以一定要尊重孩子，尊重孩子的生活。

第四，请大家多注意点儿童的基本行为、良好习惯，比如劳动，比如守信，比如责任与担当，这些在我们的舞蹈里面，在我们的节目里面，涉及得是比较少的，而这个是很有时代的特点的。在讲文化传承里面要真有传承，传承就是学习，在我们一些节目里面，好像是有传承的，但是又没有传承，因为你把它完全当作一个东西在表演了，没有学习的过程。

我的几点希望：

第一，希望大家不仅为孩子服务，而且一定要尊重孩子的童年生活，尊重孩子的身心健康，尊重孩子的创造精神，孩子其实是最没有框框的，从他们那个创造东西里面拿一点东西来，我觉得将是非常好的。因此我们就不仅是为孩子服务，而且要有一种在孩子身上发现和培植他们的好的东西的精神。

第二，降低技术难度，提升艺术品质，崇尚真纯自然，注重以美育人。不论活动还是过程都要以美育人。美、纯，真则纯，善则美，反过来在我们节目里，又要以美引真，以美导善，在创造和反映，有一个互推作用的关系。

第三，不要怕你的节目在演出的时候有点纰漏，有点不整齐，演节目不是军训，它就是演节目，就是自由的心灵的飞翔，有一点粗陋的东西都不怕。要注重精彩，不要过多地顾虑有没有缺陷和纰漏，精彩就是纯真的绽放，就是他自己创造的闪光，一定要爱护孩

子的这点东西。

第四，“魅力校园”办到第15届，将来我们要评选一些优秀的作品，不仅要评一般的奖，而且我们要出版，不仅是出版音像，还要出版文本。出一个舞蹈的文本，大家学习一下舞谱，你的舞谱怎么记，跟乐谱一样要出这个要给图片、叙述、调动、位置，都是要有一套的，把这个留下来，将来推广全国。咱们有很多优秀的节目，但是还没有提炼到很精的程度，因此全国推广里面我们还不够。咱们“校园春晚”也好，“魅力校园”也好，真想留下各位老师辛勤劳动的自己的足迹，要拿这个来留。我们将来可以专门征集优秀的创作，不仅是舞蹈的创作，还有音乐的创作，不仅有歌曲的还有剧目的，那时候就有大量优秀的作品支撑我们更繁荣的表演，出现了更多的精品，留下了更深的足迹。那个时候我们时代的足迹就在这些作品中间留下，不要单纯讲时代性，你肯定在这里留下了。

（内容整理来源于周荫昌教授多年在“魅力校园”全国校园春节联欢晚会研讨会上的发言。）

主编补充：

周荫昌教授是艺术教育界德高望重、学识渊博、为人低调、见解独特的实干家。深耕艺体教育几十年，对中国的艺术教育的健康发展有举足轻重的重要地位。

周教授一针见血地指出了当前少儿艺术教育存在的问题以及解决方案。有许多普遍性的问题的确由于各种复杂的原因比较难做到，但是并不是不能做到。其实，这需要广大校长高度重视，我们之所以在第一幕编入《艺术教育的归位与还原》，最重要的原因就是因为这才是真正能够持久引领艺术教育方向的价值导向。

建议广大艺术教育机构，尤其是教研组要深度研讨这篇文章，举办分享会，融入教学实践和编创、表演实践。你学校的每一个孩子都将是一张最好的名片，展示着你的与众不同。少儿艺术教育的发展有千万条路，但是永远不变的道一定是回归艺术本体、教育本质、儿童本源。

教学表演、教研实践是艺术学校的生命线，既是底线又是制高点。一个没有匠心精神和人文情怀的艺术教师，是不被人尊敬的。一个没有原创作品的艺术学校，是没有在存活着的。无论时代如何发展，无论技术如何变迁，教学的本体一定是不可撼动的。

冯双白

舞蹈评论家
中国舞蹈家协会主席
中国文学艺术基金会副理事长兼秘书长

相关链接：

艺术教育是审美的教育，情感的教育。培养广大青少年梳理起“文化自省、文化自觉、文化自信”的信仰，对文化的传承和复兴都有相当重要的贡献。广大的艺术教育工作者应该用文化重建，确立自身的目标，承担起“文化强国”的使命和责任，通过一种情感传承的方式去感召广大青少年学习优秀的民族文化，以一种潜移默化的方式提升整个国家的文化品格和形象。

社会变化日新月异，新鲜事物太多，在风起云涌的社会现象和思潮面前，应该有一些东西是恒定的，是永远有价值的，我们应该将这些东西传递给孩子们。

王洗平

中央电视台高级编辑、著名导演
央视2001年春晚、北大、清华百年校庆总导演
中国传媒大学、清华大学客座教授

我们拥有五千年的文化积淀，用地质学家的剖面图来解读，其实最丰厚的应该是油层，油层中间会有沙层，其次是浅表层；我们的文化其实是把中间的沙层放大了，充斥了油层的含量，油层变浅了。油层其实是真正的含金量，是文化的含量。因此导致了中国文化有时沙漠化、边缘化和中国文化的缺失。这些需要从哪里补回来呢，这就是我们的校园文化。所以我认为“文化强国”的根在校园文化。任何一个学生走出去，就是这个学校校园文化的一张名片，我们用什么样的校园文化去熏陶我们的学生，应该重视以下三点：

第一，将校园文化和本土文化融合；

第二，将传统文化和原生文化结合；

第三，提升校园文化的精神和文化含量。

02 靠什么熬出伟大

有一种伟大源于始终如一，有一种使命名叫默默耕耘。少儿艺术教育有一个持久的福利就是它拓宽了我们的心胸。在我的职业生涯中，采访到几位活跃在当前少儿舞蹈教育、编导界的领军人物和一线编导教师。当我在与他们谈话时，我常常被莫名的感动。当汲取他们的灵感的时候，我感受到的是相同的爱。源于对孩子，对这份职业深深的爱。教育根植于爱，这是他们的信念和成功的相同法门。这些不一定能够帮助你编创出更好的作品，但它是我们这份职业的重要体验和升华，它一定可以让我们成为更好的少儿教师，更好的自己。

田培培

教授、博士生导师
首都师范大学音乐舞蹈学院副院长
首都师范大学科德演艺学院院长
中国舞蹈家协会理事

田培培：当代少儿舞蹈作品原创缺乏的根源

陈　帅：教育部2014年1号文件对艺术教育机构来说有哪些发展契机？

田培培：这么多年，我一直在呼吁，舞蹈此前没有纳入九年义务教育是一种缺失。《教育部关于推进学校艺术教育发展的若干意见》下发后，舞蹈肯定纳入中小学艺术课程。这对于提升国民

的综合素质，对于很多校外培训机构来说也是一个相互促进的事儿，也必将引起家长更广泛的关注。因为现阶段更多的家长还是在对孩子进行文化课的补习，1号文件的下发毕竟带有一定的强制性，所以会带动艺术课程的普及和发展。

陈　帅：很多人都在说，现在看少儿舞蹈几乎都一个样，缺乏个性。您认为根源在哪里？

田培培：根源在于我们对舞蹈人才的培养都是沿用学院派的套路化、组合化、定式化的套路。我们现在的舞蹈老师主要都是毕业于专业院校，他在学校学习的就是十几个组合，激发不了他们的创想力，即使是专业演员也不一定会跳舞，所以他们也是用在学校学习的模式教孩子们，所以我们看到的表演就全部是程式化的单一的组合。

陈　帅：有什么办法改变这种现状呢？

田培培：关键是解决教师的能力问题，需要时间，更需要国家教育体制的改革。我建议广大的舞蹈老师不能坐以待毙，应该积极的通过各种媒介及培训的机会进行创新性的探索，对自我进行突破。同时我呼吁教育部门应该按照不同院校、不同类别调整培养模式。专业类院校可以按照专业化模式培养，师范大学更应该能培养出好的老师。

陈　帅：跟我们分享一下您印象深刻的少儿舞蹈作品？

田培培：我觉得周旭光编导的《乐在天边》就非常美好。首先音乐选得非常好，选取了《欢乐颂》的曲调，也特别适合一群动物的身心释放。舞蹈的结构也处理得很好，情绪起伏、起承转合很舒服，舞台调度、构图手段很整齐。编导并没有让孩子们跳完全一致的动作，而是根据自己身体的能力漂亮地舞动，完全让孩子们在一个天然的、充满乐趣的空间里释放。那个看似掉队的小企鹅表演得惟妙惟肖，也起到了画龙点睛的作用。另外，它的动作语言看似简单，其实有丰富的变化，比如转圈、滑冲，把乐趣融入了技术中就能展开孩子们丰富的情绪和快乐。并且这个作品很少有 S 形动作，都是直角动作，这样很符合孩子的特征。并且它移动的速度不赶，是按照企鹅的习性以一种淡定的速度表现。

陈　帅：您如何看待跨界创作对少儿舞蹈的作用?

田培培：对于舞蹈编导而言，通过跨界创作，比如动画片形象、电影形象，去借鉴情节式结构不失为一个好的办法。各种艺术形式创作呈现出的是不同的状态，这些不同媒介、不同表现形式做出来的艺术，是带有启发性和新鲜感的。有利于创作人积累素材、拓宽视野，扬长避短。但是，随之而来的，也有一些要规避的东西。要切忌同类型的东西过多，盲目跟风堆砌市场受欢迎的元素，这样的作品就不那么好看了。

陈　帅：对少儿舞蹈老师您有什么寄语?

田培培：教孩子跳舞是一件相当严肃同时又充满乐趣的事情，我希望所有老师都能以负责任的态度提高自己的专业能力，花心思去研究儿童心理，更畅通无阻地与孩子们心贴心地交流。在孩子天真的眼里，舞蹈艺术很可能就成为他们人生中真善美的启蒙和打开艺术大门的钥匙，舞蹈老师会直接或间接地影响着孩子的一生，所以责任感显得非常重要。肩负对孩子负责的使命感，将无形压力化为有形动力，以饱满的激情教学，以丰富的阅历和积极的能量引导孩子跳舞。

陈　帅：您认为一个好的少儿舞蹈老师应该具备哪些特质?

田培培：一个好的少儿舞蹈老师的特质，一是灵性，这是入门前提；二是深入生活，将专业知识转换成儿童艺术语言，站在孩子们容易接收信息的角度去讲解和引导，了解孩子们的生活。三是面对不同人群，要学习运用新组合，创新性的传授，启发式的教学能有效培养孩子们独立思考、感知的能力。

陈　帅：对于目前有些标榜着少儿舞蹈却给孩子们跳成人舞蹈的现象，你怎么看？

田培培：首先应该是题材方面的甄选，选择符合孩子跳的；其次是舞蹈形象的定位应该适合孩子，包括服装、表达的主题、音乐的美感，以及包装出来的一切形象；最后是动作技术符合孩子的生理和心理年龄。只要解决了上面几个问题，孩子跳经典的成人舞蹈也没有什么不好，只要方法对，他一样会感到快乐。

朱东黎

中国舞蹈家协会会员，电子科技大学中山学院艺术中心主任，教授。多次获得文化部“群星奖”、教育部“中小学生艺术展演”、“小荷风采”、央视舞蹈大赛作品金奖。广东省中山市委宣传部、市文联等单位为此还展开了专题研讨会。央视三套《舞蹈世界》栏目播出了朱东黎创作的《流动娃》、《选村官》、《“哭”嫁歌新唱》、《爸妈我想你》4个代表作品。

朱东黎：爱心点亮的舞彩人生

陈　帅：第七届央视舞蹈大赛您又有两部作品获奖，我们分析下金奖作品《小小冠军梦》？

朱东黎：这个作品我酝酿了很多年。2008年奥运会，邹市明为中国拿到了第一块拳击金牌，2012年又蝉联了伦敦奥运会冠军，这个喜讯一下子就使我产生了创作的冲动，以小男孩们天性喜欢打打闹闹为切入点，创作一个小孩拳击的舞蹈的想法，就慢慢地在我的心中发芽、生长、发酵……舞蹈运用“直拳、摆拳、勾拳”的主题动作，从孩子生活中自发的打闹、无意的冲撞、自然地玩耍中，提炼出属于孩子们这个年龄所特有的充满童真的、童趣的、童心的、童律的、童智的、童情的、童理的动作元素，使这些动作元素节奏化、力度化、律动化。随后又把这些元素和童年的冠军梦链接在一起，使之故事化、结构化。从而把孩子们从小就想当拳击冠军这一个梦想，生动地演绎，无限地放大……《小小冠军梦》这个少儿舞蹈就这样呼之欲出了！

这个舞蹈作品在东莞市长安镇中心幼儿园一经出炉，立刻受到这个幼儿园的五百多个孩子发自内心的喜爱，当你在这个幼儿园里漫步，随时随地都可以听到奶声奶气的“直拳、摆拳、勾拳”的呐喊，随时随地都可以看到小胳膊小腿舞动的“直拳、摆拳、勾拳”的身影。

陈　帅：您跟全国少儿舞蹈编导分享下您的成功经验?

朱东黎：我认为少儿舞蹈编导一定要从心底爱孩子，和孩子成为朋友。我是大学老师，平时和孩子在一起的时间很少，只能利用自己节假日和休息时间去给孩子们编舞排舞，可是不管我什么时候去，孩子们见到我就像是见到了他们的好伙伴、好朋友一样，抱着我，又亲又跳又笑，有一次都笑咳嗽了。在这样的氛围中，孩子们的欢乐不是强加给他们的，而是发自内心的……

最关键的是我从不骂孩子，不体罚孩子。对孩子连宽容都做不到，是出不了好作品的。别看孩子们小，他们其实可明白了，会用行动直接表达对人的喜欢或厌恶。有一次一群孩子们见到我就高兴地扑过来，把我扑在地上，差点没把我压扁，在这种融洽的氛围里去创作。编导跟孩子们很容易找到共同的兴奋点。

陈　帅：从您的角度看，当前少儿舞蹈还存在哪些显著的问题?

朱东黎：这一届舞蹈大赛少儿舞蹈呈现出很多优秀的作品，可以作为今后一个时期少儿舞蹈创作的方向。但我在这里针对一些个别现象发表一些我的看法供大家斧正参考：比如有个别年轻老师不分性别地培养小男孩去跳女孩子的舞蹈，这其实不利于男孩的身心发展和性别认知。另外，还有个别老师，自己被一些成人化作品或

让梦想之光照亮现实

朱东黎面对的，是群众舞蹈的广阔天地。她善于在非专业的舞蹈表演者中，妙手回春，点石成金。她所培养和带领的一支大学生舞蹈队连续多年站在广东省和国家舞蹈比赛的最高领奖台直至摘下中国艺术节“群星奖”。他们几登中央电视台，接受著名央视主持人董卿、李思思的面对面采访。她所带领的一群几乎从未表演过舞蹈的“流动娃”，六上北京，六进央视，红遍全国。我被舞台上那群天真可爱的孩子感动，更会对东黎有深一层的了解。一所异地务工子弟学校，一群“流动儿童”，他们毫无舞蹈基础，经过东黎同志坚持不懈的长期的义务培训，舞台上如此动人！他们表演的舞蹈《爸妈我想你》，获得了广东省少儿舞蹈大赛金奖，摘得教育部中小学生艺术展演一等奖，并在全国第七届“小荷风采”决赛的舞台上荣获“小荷之星”称号，在中央电视台播出后广受好评。东黎同志有许多职务和荣誉，比如：中国舞蹈家协会会员，广东省“群文之星”，电子科技大学中山学院副教授、艺术中心主任等，但我以为东黎同志最为重要的是有一颗仁爱之心，有一种对社会公平公正的信念和追求，这就是让梦想舞进现实，让舞蹈追逐梦想。

朱东黎的舞蹈创作，融汇多地域文化元素，执着于舞蹈艺术的梦想。她总是以自己的梦想激发群众的舞蹈艺术梦想。《小小冠军梦》在幼儿的心田播下梦的种子，《我的小竹林》让童年的竹林荡起梦的秋千，《西部支教》使青春的梦想飞得更高更远，《水乡晚晴》将夕阳的梦想煲得很浓很香。

她在舞蹈培训和排练中，特别擅长将人之常情升华为舞之激情，让舞者“用心跳，用精神跳”，那些曾经手足无措的男女老幼，经过她的点化，都能在舞台上手舞足蹈，神采飞扬，梦想成真。

东黎同志所创作编导的作品有一个显著的特点：紧扣时代脉搏，关注百姓生活，使百姓生活的主旋律成为自己作品的主题，使百姓生活的点点滴滴成为感人至深的舞蹈语汇，合着百姓日常的脚步，合着社会前进的步伐，舞出台上极具冲击力和感染力的舞步！盼望回家的外来工、渴求读书的流动娃、想念父母的儿女，牵挂儿女的老人，以一个个我们身边的人物形象为元素，她谱写出一曲曲当代中国的凡人歌；孙中山、大沙田、咸水歌、龙舟鼓，描摹出一幅幅开放的岭南风情画。一张村委会选举的新闻照片激发了她《选村官》的创作灵感，《村里亮起了红绿灯》、《我的2008》，一个个生活“热点”引出一段段心灵“热舞”。“热点”成为东黎同志社会责任和艺术创造灵敏的触发点。同时，舞蹈语言善讲“俗话”，寻常故事引人入胜，平凡人物栩栩如生，生活氛围亲切感人，均是东黎同志舞蹈创作的特点和优长之处。《爸妈我想你》精巧地编织出留守儿童对父母的盼、寻、怨、亲等的丰富情节，将一个想念的“想”字演绎得生动丰满。《选村官》运用“定格”和“切分”手法对日常的人物动态进行艺术化处理，恰当展现出村民的率真质朴，憨态可掬，贴近生活而不失美感，大胆夸张又切合个性。东黎同志以她扎实的戏曲“童子功”将《流动娃》的音乐及表演巧妙融入民间戏曲元素，豫

技巧打动后，就千方百计地想把这些作品或技巧在孩子们身上得以实现，我认为这是一种误区，这种做法会让孩子们认为只有模仿大人才美，自己的童年不美。其实我们都知道，童年是人生最美好、最珍贵的人生记忆。

陈　帅：分享一个您特别想推荐的少儿舞蹈作品？

朱东黎：2012年4月25日，中央电视台一则湖南衡阳一名11岁的留守儿童伤害亲属的案件，深深触痛了我的心。我决定用自己的方式，去帮助这些孩子。我找到了中山市石岐区第一所外来务工子弟学校博爱小学，并带领大学生艺术志愿者，利用休息时间义务为这些曾经的留守儿童，现在的流动儿童培训，编排，创作舞蹈《爸妈我想你》。在刚刚接触到这些流动儿童时，从他们犹疑的举动，期盼的眼神，我读懂了这些跟随父母来到广东打工的流动儿童的复杂情怀。在培训的过程中，只有饰演主角的梁景宇是唯一一个从一年级到五年级，我义务培养的有基础的学生，其他孩子毫无舞蹈基础，但他们在艰苦卓绝的训练排练中，从不叫苦叫累，从无一人放弃。实践证明，他们一点都不比那些贵族学校的孩子差，他们也是祖国百花园中最灿烂的一朵。编这个舞蹈的初衷，就是想让在外打工的父母一年能回家看孩子一次。少儿舞蹈《爸妈我想你》由一群留守儿童在春节前火车站急切地等待在外打工的父母回家过年开始，以春节电视春晚的团圆为结尾，将观众带入思念无限的站台和万家团圆的春节，从而编织出留守儿童对在外打工父母的盼、寻、怨、亲的丰富情节，将一个想念的“想”字，演绎得生动丰满，荡气回肠！

陈　帅：这个作品我在湖南卫视的节目中看过，的确直击人们心底，让评委沈培艺、柳岩、戴军感慨落泪。戴军擦着眼泪说：“这节目没法录了，我觉得这个表演水平都可以直接上央视春晚了。”

朱东黎：这个作品之所以感人还有一个重要因素，演绎这个作品的全部是中山市打工子弟小学的学生，他们来自天南海北，都是曾经的“留守儿童”，所以带给观众的是专业演员无法带来的感动。

陈　帅：您今后的舞蹈创作的方向是什么？

朱东黎：植根生活，紧扣热点，善讲俗话，讲百姓故事。

陈　帅：您有什么话对全国舞蹈老师说？

朱东黎：我在创作和教学训练中，会一直谨记这六个字：“热爱、勤奋、坚持”，与大家共勉。另外，在少儿舞蹈创作上，要用孩子的眼睛去看世界，要把“童趣、童心、童律、童智、童情、童理”放在首位，更要发自内心爱孩子，切忌急功近利。最后一句话就是，作为少儿舞蹈老师和创作者，要想有所收获，必须吃得了苦，受得了委屈，做得了坚持，受得住寂寞。

陈　帅：刚刚提到您的“流动娃”等作品有千万所学校在跳，甚至有学校拿着您的作品去参赛获奖，您一点都不介意吗？

朱东黎：我真诚地说一句，上帝对我不薄，舞蹈给了我人生太多的回报，也许不一定都是物质的，它给予我精神世界带来的满足使我终生受益。我的作品能得到全国那么多少儿老师和孩子的喜欢，这是一种福报。所以，只要是我的作品，都没有版权问题，谁喜欢谁就可以拿去跳，只要我有时间，我还愿意去现场辅导。

剧、黄梅戏和关中古歌纷纷登场，烘托了地域文化汇聚交融。《龙舟鼓》中的道具将原型巧妙变形，新的“龙舟鼓”既是一种独特的锣鼓，敲响心灵深处的共鸣；又像一支船桨，在人生的长河击水；更成为一种艺术的载体，承载了水乡的风土，中山的人情。一面鼓一支桨出神入化。

2012 年 2 月 28 日中央电视台综艺频道“舞蹈世界”栏目，黄金时间录制播出了一小时的《向你介绍朱东黎艺术成果》。2012 年 3 月 29 日，朱东黎艺术成果研讨会在电子科技大学中山学院举行。我尤其赞同众多专家对东黎同志的一句评价：她创作的舞蹈具有极高的“辨识度”、“亲民度”和“感人度”。

写这则短文，是对东黎同志的作品有感而发，更是期待着舞蹈界涌现更多朱东黎一样的优秀领军人物，使群众舞蹈这片沃土百花争艳，万紫千红。

中国舞蹈家协会 冯双白
二〇一三年八月八日

曹尔瑞：真正站在孩子的立场你能领悟多少

陈　帅：作为 CCTV 第七届全国电视舞蹈大赛少儿组决赛的评

曹尔瑞

著名少儿舞蹈教育家、编导，中国儿童歌舞学会理事、河南省舞蹈家协会顾问，开封蓓蕾少儿艺校校长，CCTV 第七届全国电视舞蹈大赛少儿组决赛现场评委；曾获教育部颁发的“全国教育系统劳动模范”证书和人事部颁发的“人民教师”奖章。

从事艺术教育四十多年的她不仅拿遍了当今中国所有权威、顶级的舞蹈奖项，她的作品更成为一枚当代少儿舞蹈的标签和符号。

代表作：《下雪啦，真滑》、《宝宝会走了》、《我可喜欢你》、《大书包》、《快乐的小蚂蚁》等。

委，本届大赛反映出哪些趋势？

曹尔瑞：总体来说有三个特点：很关注表现对象孩子：例如《麦田童话》、《小小冠军梦》选材关注孩子、贴近少儿的真实生活，更“接地气”，这是今年最大的特点。相比以往好了很多，也折射出当前少儿舞蹈编导意识到选材的对象很关键，是不是孩子们的生活很重要。从孩子的视角去看世界，而不是用自己的视角去看孩子，从出发点来说就有很显著的进步了。

技术技巧的展示少了：以往的少儿舞蹈表演中大量引入许多成人化的、高难度的技术技巧，有很多技巧完全没有必要让孩子去做，还会影响孩子的健康，甚至都成为了许多编导创作的一种模式。随着历届舞蹈大赛和媒体的引导，本届舞蹈大赛少儿专场决赛的作品都为我们做出了示范，一个少儿舞蹈作品不一定要使用那么多技巧才会打动评委，才会得高分，炫技并不是优秀作品的标准。一个有诚意的作品，首先注重考虑的是适合孩子们天性的动作和内容，同时赋予它们新的含义，注重作品的创作性和人文关怀。就好像现在许多歌唱比赛一味展示自己的高音和所谓的唱腔，反而容易令人乏味。

关注社会热点，时代感强：比如《天天》这个作品通过孩子的视角关注环保，提倡绿色出行，把蓝天和好的空气请回来，博得了好评。

记者专门致电了舞蹈《天天》的编导曹磊，他从以下三个方面阐述了这个作品之所以博得好评的原因：

曹　磊：这个舞蹈的立意来源于生活，现在北京的雾霾天特别多，严重堵车，我就想要是把这些小汽车放在舞台上，小孩像变形金刚一样一会儿进去开车，一会儿出来跳舞应该挺好玩儿，同时倡导一种“绿色出行”的理念。

创作之初我就希望这个作品能够不用传统的表现手法，能够后现代一些。因此我在道具、服装、音乐、结构的表现上大量借鉴了电影的表现手法。孩子们的表演也具有“未来感”。在舞台上，专门有一群表现“尾气”的孩子，当白灯亮时表示尾气，绿灯亮时表示氧气，这种灯光的转换间表现出现代的色彩。

在尾声部分，我选取了一个双人舞的肢体动作造型，让十队孩子去演绎出骑自行车的感觉，既恰到好处地表现“绿色出行”的主题，又因为孩子们天真可爱的表演让整个舞蹈变得更好看，冲击力更强。

现代的孩子们还意识不到“环保”的重要性，也希望通过这个作品让社会关注环保，倡导绿色出行，让未来的孩子有一个明亮的天空和纯净的空气。

陈　帅： 您的很多代表作都博得观众的喜爱，行业内也会有人竞相模仿、借鉴，对此您介意吗？对学演的编导有什么想说的？

曹尔瑞： 我觉得应该不能简单去复制动作、音乐，这种形式，更重要的是去体味编导的思维，背后吸引观众的逻辑，如果永远只是简单重复，那就永远也不会找到自己的路子，结果就是，你只能永远跟在别人后面……我认为，关键还是需要有场景式的思维能力，你要设身处地地去体味那些优秀编导为什么要这样去表现，你有没有更好的方式。或者是怎么和孩子沟通，怎么和孩子对话，怎么做孩子们才会喜欢，这些都是应该去努力的。“因地制宜”、“因材施教”永远会比“拿来主义”收获更多惊喜。当然，博观约取，厚积薄发，观看一定数量的经典作品肯定是首要的。

不要纯粹为了舞蹈而舞蹈，要始终把思考的能力贯彻在整个过程中。从编排、演练的实践中得出靠谱的理论，再用理论去指导、改进和充实作品，这是编导重要的工作内容。

另外，当前许多少儿舞蹈主题都太复杂了，要表现的内容太多，舞蹈一定不能太复杂，复杂了就不美了，观众看着会很累，也就不感人，更不会有人记住。

陈　帅： 要想成为一名出色的少儿舞蹈编导，有哪些必备条件？

曹尔瑞：

（1）了解舞蹈编导的理论知识，这是入门必须做的准备；

（2）深入生活，有筛选信息来源的能力和智慧，现在这个信息大爆炸的时代，有很多亮点可以提供灵感，同时从另一面来讲，也有太多混淆视听或鱼目混珠的糟粕。先筛选分辨后，提炼出来源于生活又高于生活的表现形式；

（3）真正站在孩子的立场上这点很多编导没有真正领悟，不是简单的运用几个孩子的动作，学说几句童谣就是孩子的立场，一定要有孩子的思维、孩子的视角，这一点关键是悟性加练习。要把与孩子们经常交流当作一种乐趣，对不同类型的小孩，运用各种良好和熟练的沟通技巧，聆听他们内心真实的东西；

（4）跨界的能力。从其他艺术形式，电视、美术、戏剧、声乐等中寻找灵感，跨界融合。再者，积极通过优秀其他媒介如网络媒体等渠道积累新知识、拓展专业领域，提高综合素质。最重要的还是两个词，热爱和坚持。没有捷径。一定不要本着拿奖、应付交差的心态，真正的是从内心深入蓬发出的“我就是要做，我就喜欢”去对待事业。很多时候，你把这个事儿想简单了，做到极致，事儿就成啦。用热爱贯彻坚持，用坚持完善热爱，磨砺出更好的作品，以及更好的自己。

陈　帅：全国有很多您的粉丝，对他们您有什么样的寄语？

曹尔瑞：在你立足之处，勇往下钻，一定会有泉水喷涌。

周旭光

周旭光舞蹈工作室999舞蹈培训部校长，著名少儿舞蹈编导，代表作《我的偶像》、《波尔卡舞曲》、《乐在天边》等。

周旭光：孩子是最好的编导

如何形容孩子？纯真、淘气、可爱、快乐、自由……

因为抓住孩子这样的特点，周旭光的舞蹈作品才处处体现真情实感，才会使孩子们爱跳、大人们爱看。

陈　帅： 跟我们分享一下您创作这么多精品少儿舞蹈的诀窍?

周旭光： 如果我的作品有亮点，全部都是来自孩子。孩子们用自己的语言、动作，边跳边玩，享受跳舞的过程。我只是起到一个发现整理、记录画面的作用，我编的每一个作品都是和孩子们一起来编创的，很多想法成人编不出来。

陈　帅： 举一个例子?

周旭光： 比如《我的偶像》中有一个扔衣服的动作，这个动作就是孩子们在排练过程中自己排着排着就爱把衣服脱了，使劲地扔在地上，孩子们觉得很起劲、很爽。《乐在天边》有一个双飞燕的动作，其实是这个孩子本身基础很好，我利用了孩子的长处，最后整个作品很有视觉冲击力，亮点就出来了。

陈　帅： 平常教学您也是使用启发式教学，怎样保证所有老师都能领会到你的精髓?

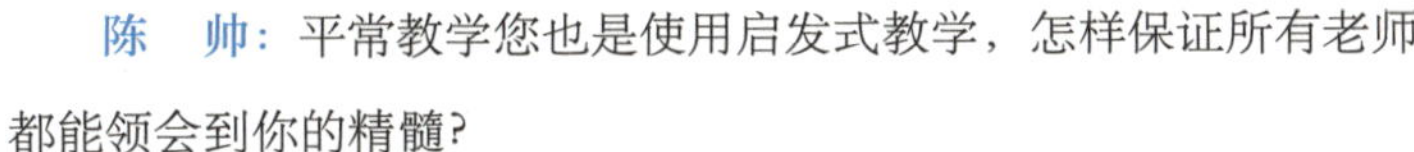

周旭光： 首先我的课堂不会教动作本身，不会单纯的让他们做一些组合训练，我会把他们放出去，让他们有发挥的空间，先放后收。首先我会改变老师的理念，然后进行理论学习，看课，提出意见，然后我会亲自修课。

陈　帅： 在您学校学习舞蹈最大的不同收获是什么?

周旭光： 在我们这里学习的都是主动学习，他们最大的特点就是，只要有音乐就能跳起来，自由自在地自编自演。这是一种能力，也是少儿舞蹈教育应该完成的使命。

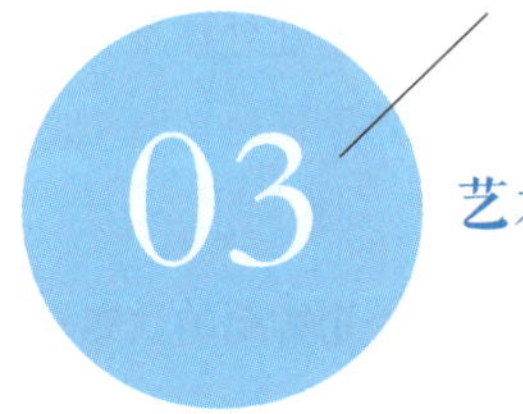

03 艺术教育的发展要尊重人的规律

艺术教育既然要育人，我们最先要明白的，就不是一些外化的手段，而是人本身，明白在不同的年龄段，人的特性是什么样的。现在科技手段这么发达，可是我们制造的最顶尖的机器人，智商不过相当于正常人类的 4 岁，还属于一无所知的阶段。人是如此的复杂和精密，更需要我们投入大量的精力去弄明白。

办艺术培训学校，我们面对的直接是一个个活生生的人，每一期都会遇到几百个甚至几千个学生，我们是不是真的了解这些学生？或者说，我们有没有去了解过这些学生？

举个最简单的例子来说，人出生以后，在幼儿期，对学习是没有任何主动性的，在这个人生阶段，我们只能培养孩子的兴趣。到了孩子童年时期，拥有了广泛的兴趣，他开始有自己的爱好。这个时期我们就应该鼓励他去探索和发现。到了青春期，孩子的特性又不一样了。

艺术教育是一种终生教育，要让人终生愿意去接受艺术的熏陶，就必须贴近人的生命周期，了解不同的时间段，人的需求是什么。了解不同的人，他的爱好和诉求是什么。

我们真正了解自己所教的孩子，才能够做到因材施教，否则一切都是空谈。我们的教育要以人为本，如果不注意观察孩子的特性，所有的孩子来了之后就给他们上课，上完课与学生再也没有任何链接，我们对学生的需求是不可能深入了解的。

现如今这个时代，物质的变化也十分迅猛，孩子对各种电子产品的了解有时比成人还多，孩子需要新奇的现代化教育，得到前沿的思想和理念，这个诉求我们是否能够做到？还是，我们仍然在灌输几十年以前的教育理念和方法?

我们说，我们办艺术教育，是为了育人，为了让孩子拥有精彩的未来。这不仅仅是教会他跳个舞唱个歌就能够做到的，未来的社会会变成什么样?我们应该如何打造未来的精神贵族?这都需要我们去深思。

办艺术教育，说难不难，专业出身的老师，都可以教会孩子一技之长，懂得运营的人才，也能很容易地找到老师把学校办起来。但要办好艺术教育，却不是一件简简单单的事。我们的教育，我们的言行举止，我们的理念，甚至我们不经意间的一个做法，都可能影响孩子的一生，这更督促着我们，要明白自己身上的责任。

真正把一个孩子教好，真正回归到教育本质，真正把握住时代的脉搏，我们才能真正打造出优秀的艺术培训学校，给孩子的一生带来益处。

创意就像兔子。你有了几只，然后学着去饲养它们，很快你就会有一打。

在教育世界里，信用是太阳，诚实是月亮，教学质量才是星星

美国教学与中国教学：中国是输灌式，美国是启发式；中国是教人服从，美国是教人思考；中国是培养人才，美国是培养天才；中国是产品类型化，美国是产品个性化；中国教育的根本目的是维护体制，美国教育的根本目的是完善体制；中国的教育让人无法发出自己的声音，美国的教育让彼此的声音都与众不同。

经验分享：美国教育家菲利普（P.J.Philip）在研究中发现，学

生往往可以记住 10% 他们所读到的，20% 他们所看见的，50% 他们所听见和看见的，70% 他们所说过的和 90% 他们所在做一件事情时说过的。

经验分享：在英语里有这样一句格言：只是告诉我，我会忘记；要是演示给我，我就会记住；如果还让我参与其中，我就会明白。

大自然希望儿童在成人之前就要像小孩儿的样子，如果打乱了这个秩序，就会造成一些早熟的果实，它们长得既不丰满，也不甜美，而且很快就会腐烂，我们将造就一批年纪轻轻的博士和老态龙钟的儿童。

一直以来，我们中国人经常用“乖”、“听话”来表扬孩子，这样的评价让孩子总生活在遵循他人的原则中，而失去了自己。

孩子，就像一本书，当我们读懂了他们，带来的便会是一种喜悦、平静和能量的传递，而当我们固守一种模式，缺乏观察与理解，没能读懂他们，却尝试改变，带来的往往是焦虑紧张与冲突。

当孩子被提问、责怪、建议的时候，很难有清晰的思路和积极的态度去想问题。

孩子不喜欢说教和长篇大论，对他们来说，越短越容易记住，越有效。

尊重孩子的想法，给他自由，让他作决定。

凡事跟孩子商量，即使我们已经有了倾向性意见，也要征得孩子的同意。

原创插图：慢条斯理为《艺术教育+》创作

第二幕

创始人与合伙人

01 艺教机构创始人的九大关键词

热爱　高德凤　唐山启明星舞蹈学校创始人

张　冬　河北秦皇岛海星艺术学校创始人

选择　刘广英　大庆艺林花儿艺术学校创始人

夏语馨　四川德阳馨艺艺术培训学校创始人

创新　杜易泽　杭州华艺艺术学校校长

刘　宇　四川省成都市巧克力梦工厂

勇气　李阁琪　河南平顶山艺欣教育创始人

延伸阅读　舞之灵　中国平煤神马集团文工团副团长李阁琪

善良　黄　黎　重庆黄黎音乐工作室创始人

颜海燕　厦门海燕文化艺术中心创始人

格局　郭　琪　山西黄河少儿艺术团总团长

相关阅读　郭　琪：守望心中的“太阳”

好学　袁　枚　南京风之舞舞蹈艺术培训学校校长

张　艳　山东泰安畅想文化创始人

坚持　程　艳　安徽省阜阳市红舞鞋舞蹈艺术学校校长

吴时万　贵州凯里木天艺术学校校长

整合　周　彦　四川成都贝特尔艺术培训学校创始人

跨界对比　艺教机构创始人与创业家的差距

好未来张邦鑫　免费试听　随时退费　让我们更强大

创新工场李开复　五个管理优秀人才的秘诀

给艺教机构创始人与合伙人的 28 条建议

第二幕 创始人与合伙人

一所学校只能在创始人所能达到的思维空间之内成长。如果一个校长你的见识没有到新世界、还在旧世界尝试，必然过不去。

一所艺术学校的成功应该具备哪些要素？若我们没有进行线下调查采访，我们也可以想当然地给出一些词汇，譬如科学化的管理，前瞻性的视野，等等。但是当我们采访了很多艺术教育行业中办学成功的校长时，我们发现，他们的成功大多不是来自于此。

问及他们的成功原因时，他们说到了一些类似的关键词：热爱，选择，创新，勇气，善良，格局，好学，坚持，等等。

我们惊讶地发现，这些关键词都不是外在的，不是客观的制度和管理，不是团队的打造和赏罚机制，而是内在的，都是人的特质。似乎这近 20 年来的艺术学校竞争，并不是在于资本、管理和运营，而在于办学校长本身的品质。

事实上，很大一部分，可以说是接近所有的成功者，他们过招都不是靠一招一式来决胜负，坚守的都是一些最朴素和基本的价值观和方法论。

随着时代发展，当各大巨头和资本进入艺术教育界的时候，资本和管理的竞争会日益明显，但从以往的经验来看，这些并不是决定性的因素。校长本身也起着至关重要的作用。

毫不夸张地说，校长是真正决定学校未来能够走多远的人。

当我们要努力打造一所好学校的时候，最先应该关注的，是校长本身。

眼前这个大众创业、万众创新的时代，有两个特别火热的词：创始人和合伙人。虽然，当前很多艺术培训机构都是由校长一个人领着一群人打天下，但是创始人与合伙人的机制正在酝酿，艺教合伙人将成为现在及未来行业内关乎成败的看点。

第二幕，让我们通过当前许多中国艺术教育示范基地一线校长身上提炼出的关键词，去探寻一个艺术教育机构的创始人和合伙人，应该具备哪些因素。他们每个人呈现出来的点，连接起来就是当代艺术教育家的形象气质，必将推动着整个行业的发展，进而影响这个时代。

唐山启明星舞蹈学校创始人

高德凤

我是一个 60 后。从小喜欢舞蹈，那个时代，生产团开大会，乡亲会让我上台表演，虽然那时我年纪还小，但仍然记得那时站在舞台上激动人心的感觉。

父母对我一直都很支持，这也是我能够在舞蹈之路上一直前行的重要原因。几十年来，我一直不改初心，对于舞蹈，我想我已经不仅仅是热爱了，而是酷爱，甚至是痴迷。

1988 年，我开始做舞蹈培训，最开始培训老师，现在唐山丰润区可能 70% 的舞蹈培训老师都曾在我这里学习过。到了 1998 年，我开始招收学生。那时我还是一名幼儿园老师，白天需要上班工作，就利用晚上的时间来教学，有时比较忙，常常会工作到凌晨才休息。

正是基于对舞蹈的热爱，才能让我一直坚持下来。现在，我的学校已经成为了整个唐山市舞蹈培训的标杆，不过对于这些其实我并不太在意，我只是在做一件自己热爱的事业。

完美不是指没有东西能增加了，而是指再也不能减少什么了。

主编观察

如今的高德凤，仍然冲在少儿艺术教育的前沿，她可能没有80后的创新技能，90后的天马行空，但是她拥有60后那批人扎实的特性，做事认真，热爱学习。她还作为志愿者的身份参与到“魅力校园”组织的各项大型活动中，以此学习，掌握组织活动的各项流程，提升自己给孩子举办更好活动的能力。一切的一切，都是根植于高德凤校长对艺术教育的热爱，没有这份热爱，也换不来今天她收获的那些幸福。

但是有的时候，拥有反而成为了一种束缚。尤其是60后这代人身上的那股奋斗的劲头。当几十年的惯性和割舍不掉手头上的那份所谓的只有自己才能做的事情牵绊的时候，就会出现当前很多艺术机构的现状，办学20多年，规模停留在1000人左右。有的是不想继续扩大，有的是忙于琐事，还有的是看不清方向，更多的奔走在学习的路上想改变困境，但是听了许多方法，也学了一些秘籍，不能说没有效果，革命性进展不大。究其原因还是因为开场所说的，别人成功的经验对你来说只能是一个故事。当今时代，热爱自己事业的人何其成功，但是热爱之外，需要各种因缘的和合，这些因缘无有定法，但是要用几个词概括的话大约是产品、团队、服务。

当然，对于高老师来说，她非常享受她目前拥有的。毕竟创业是一场没有止境的长征，不要期望创业成功之后如何，要享受的就是创业的这个过程，在这个过程中实现自己的各种梦想。也不是每一个人都期望成为俞敏洪，如果艺术教育行业大多数人都希望成为俞敏洪，那一定是一场灾难。

河北秦皇岛海星艺术学校创始人

张冬

作为一名专业出身的人来说，我是一名舞者，而现在，我又是一名舞蹈教育者。“要给学生一杯水，自己得有一桶水”，我知道，只有不断提升自我，才能做一个好老师。

秦皇岛海星艺术学校是在2000年才开办成立的，属于后来者，但是没用多长时间，我们在秦皇岛就站稳了脚跟，并成为了秦皇岛最著名的艺术培训学校之一。回顾一路走来的历程，付出和汗水是少不了的。办学伊始，我作为任教舞蹈老师，一个动作一个动作地教孩子，活动也是一场一场地跟随，还特别重视家长的意见，会认真地倾听和采纳。

这些虽然都是一个个很小的细节，但是回顾这些细节，我想说的是，办学十多年来，我一直很用心地在做。我想秦皇岛海星艺术学校能够快速地发展和成就，用心地付出是其中最重要的原因。而这背后，是我对艺术教育的热爱。

我并不着急学校的发展，现如今我已经不用再花心思在招生上了，每年学生都满员，但我并没有急不可耐地去创办分校，学校的发展当然是未来的规划，但是我觉得，更重要的是，拥有多大能力，做多大的事情，我们现在最重要的，不是学校的发展，而是把来到这里的学生，真正的教好，这才不负自己对这份事业的热爱。

领导者不要做控制者，而要做平衡的破坏者。
水不流的时候就是平衡，一旦平衡，水将成为一潭死水。

主编观察

张冬校长给人的感觉总是非常大气、干练，她的学校目前在秦皇岛算得上口碑及规模最好的少儿舞蹈学校。当问及未来的打算的时候，她选择的是在时机成熟的前提下，她希望她的团队能够内部创业，担当起更大的使命。而这与她热爱这份事业与否并不冲突，她选择支持更多的人成功。

这是最好的爱。不是个人独享，而是支持周围的人都去成功，为员工和团队的成功提供条件将成为新的发展主流。

即便是这样，她还是坚持不放过重要的学习机会，哪怕只为了见见好朋友和曾经帮助过她的老师。

未来，她还会一如既往的热爱，只不过她选择了一种更好的存在。

大庆艺林花儿艺术学校 创始人

刘广英

从事艺术教育行业对我来说是一个意外，之前我在电视台工作，从事的是新闻业，还获得过长江新闻奖和韬奋奖等新闻界比较重要的奖项。转行入教育业，是因为电视台旗下有一家艺术学校，经营不是很好，连年亏损。我算是临危受命，到了那所艺校。几个月后，艺校的发展有了很大的起色，扭亏为盈，学生一度达到4000多人。

出于媒体人的嗅觉，我感到艺术教育市场的广阔前景，更重要的是，艺术教育往往是专业人士开办，跨界人才很少，媒体出身的我去做，或许能给行业注入一些新的元素。在这样的考虑下，我辞去了电视台的工作，开办了大庆艺林花儿艺术学校。

没有请不起的人才，只有付不起的诚意。

这是一个艰难的过程，由于先前在电视台工作，主持的又是电视台旗下艺术培训的工作，我的辞职办学让电视台很不满意，学校尽管可以开办，办学后本土媒体的宣传还是指望不上了。

其实这些情况我都清楚，面对的困难也完全想到了，但我还是坚持了自己的选择。大庆当地无法宣传，我就走出大庆，在北京注册了研发基地，走上了更高的平台。我的学校，也迅速地在当地成长了起来。

我通过与当地幼儿园的联合，拍微电影选秀当时报名有3万人，通过自媒体节目《花儿新声代》、自制剧《谁家熊孩子》、网络节目《向阳花开》，还有从业10年建立起来的《魅力口才》、《领袖童声》体系，不到一年的时间从0到1000人。迅速成立了两家分校，占地5000平方米。我们的课程还被新东方百学汇选中。这一切都得益于我媒体的经验和嗅觉，还有敢于鹰王重生的勇气和选择。

主编观察

在大庆与刘校长及团队相处了两个多月，周围的人对刘校长的评价几乎围绕在女强人、行动力强、有个人魅力这三个词汇上。一次在与她团队骨干聊天中，偶然得知了刘校长的奋斗史，这个被大家尊称为劳模的女人，让我油然而生起无限敬意。

我敬她，在各种排挤及压力下从不向困难屈服，越挫越勇，敢闯敢拼。

我敬她，从体制离开后，第一个想到的不是自己，而是团队。自掏腰包让团队维持生计。即使是现在学校开始盈利，她永远都是拿得最少的。

我敬她，一个女人，在事业如日中天的时候，敢于放弃为之奋斗20多年的荣誉从头再来。而这一切，从未影响她成为一个好女儿、好媳妇儿、好妻子。唯一不足的是，她觉得自己不是一个好母亲，给孩子的陪伴太少。至今想起来总是心中抹不去的痛。

可能，有一种人生来就拥有力挽狂澜的能力，刘校长就是这种女人。属蛇的她往往会让不熟悉她的人觉得冰冷，甚至有些“不择手段”。大庆果成寺的住持衍天法师曾对我说：“刘校长是一个善良的女人，她之所以能一次次渡过难关，取决于她的善良和她忘我的精神。刘校长是一个有大爱的人。”

其实，有一段时间，我不是很理解这段话，因为在公开的资料中我并未发现刘校长有他们说的那么好。而在深交之后，我才觉得这个女人的确不简单，她让你无法拒绝她的善意和友好，因为她做到了让家人、团队、朋友、合伙人挑不出毛病。这还不够吗?

四川省德阳馨艺艺术培训学校创始人

夏语馨

我从不后悔自己的选择，永远告诉自己，成功了叫精彩，失败了叫经历，于是，在2005年，我创办了四川省德阳馨艺艺术培训学校。一次选择之后，会带来许许多多的选择。最初办学，学生只有二十几个，为了让学校具有品牌效应，我决定用尽全力去争取全国舞考级协议单位，这样孩子们在学校就可以参加国家级舞蹈考级，学校在考级方面也比其他学校多了一个优势。

后来，学校考级加盟单位申请已审核通过，但需要转账5万元加盟费。我沉默了，这么好的机会，我绝不能放弃，可是钱从哪儿来？创业初期，我没有太多的积蓄，学校投资筹建已用尽了我的积蓄，还向亲戚朋友借了部分款项，此时的我们已没有借钱的渠道了，怎么办？怎么办？怎么办？这样好的机会难道就这样放弃了吗？连续几日，该想的办法我都想了，仍然没有筹够钱。

为此，我夜夜失眠；没有想到，后来是老公为我筹到了这笔钱。

《终极问题》一书中提到：不要设那么多指标，设一个指标就行了，就是你的用户用了你的产品后，他在多大程度上会主动推荐给他的朋友。

他背着对他期望很高的父母，放弃了很有前途的工作岗位，用他办理辞职后的养老金，为我筹到了这笔款项。

那一刻，我哭了，哭的很伤心，一个仕途发展很好的男人为了我背弃了父母、放弃了工作、离开了工作多年的单位和同事，这份情、这份爱、这份责任、这份担当又岂是五万、五百万、五千万可以衡量的！

有些路，走下去，会很苦很累，但是不走，又会后悔，没有哪件事，不行动，就会实现。而当初我们的艰难抉择，也成就了今天的馨艺艺术培训学校，我们从最初的二十几个人，到现在，已经有了 3 个分校，7 个教学点，2000 多名学生。可以算得上德阳的一颗璀璨的明星。

主编观察

在 2015 年“我是好家长”四川德阳站的巡讲中，甚至一度出现了因为她学校孩子及家长过多地参与活动，导致了交通堵塞，以后的每次重要活动，市委领导都会给他们打招呼。他们的一举一动也牵动着德阳教育界的神经。

我不敢说夏校长是一个多么懂得选择的人，但是至少她在人生的关键时刻和每一个重要的节点都做出了比较正确的选择。她选择了一个爱她，懂她的老公。选择让自己的一双儿女出国留学，从事艺术。选择了一份永远不会放弃的事业。更重要的是，她选择的精品校区位于德阳市教育的黄金地段，附近全是重点学区，在还没有开业的时候就已经积聚了期待。

同时，夏校长还是一个特别热爱学习的校长，而她总是能在各种不同的时段选择到自己人生的贵人。而这份选择背后一定是经历了无数次纠结的斗争和复杂的抉择。其实，作为一名校长，拥有选择的能力比什么都重要，因为，一次选择就可能会决定着不同的结局。我们每一个人，每一天需要面临的也是选择。

通过她的经验，我们可以得出，作选择至少遵循三个原则：

第一，从长远着眼；

第二，从利他入手；

第三，相信自己的直觉，心底最真实的声音。（当然是有了前两个前提）

创新 01

艺教机构创始人的九大关键词

杭州华艺艺术学校校长

杜易泽

在我们杭州乃至于全国，创办艺术学校已经成为了一种热潮，行业竞争日渐激烈。我办学虽然不算晚，但倘若没有危机意识，没有发展和创新的能力，华艺未来的发展必然也会走下坡路。

创新是我在办学中一直追求的一点，在这个日新月异的时代，所有的商业模式都在创新，我们办学同样也要考虑创新。与别的艺术学校形成差异，无疑能增加我们的竞争力。

走进我们学校，2000 平方米的教室，有 700 平方米用于学生用餐和家长休息区，这是我们在硬件上的创新，给家长和孩子带来更好的服务和体验，无形之中也增加了我们的吸引力和口碑。

接下来是校长角色的创新，传统校长总是专注于制定目标和未来规划，但我不是这样，我给自己的角色定位，就像是一个服务员，服务于老师，服务于家长，服务于学生。我的团队自己可以制定目标，自己处理事务。我就空出时间，专门进行外部的资源整合和对接。

微信之父张小龙用一种没有管理的方法塑造了一个团队，他们是当今中国互联网最骄傲的一群人。这个团队拥有相同的价值观，这个价值观就是张小龙的价值观。第一：简单，第二，只在产品细节上讨论，不关心对手。

未来的学校，将不再是两个学校之间的竞争，而是学校背后生态资源的竞争。个人的竞争是没有优势的，整合周边资源，联盟发展，才有更强的竞争力。我在做的正是这一点，我已经整合了周边的一些同行，组成了联盟，在 2015 年圣诞的时候，还联合这些学校，办了一个“游园会”，结果场面非常火爆，学生家长从 3 楼排队到 1 楼，以至于校方为避免出现事故提早疏散了人群。

（本书第六幕访谈录中将详细解读）

四川省成都市巧克力梦工厂

刘宇

我以前在温州做过5年的艺术培训校长。我一直觉得，直到如今为止，还没有一个让孩子真正喜欢的艺术培训学校，于是我来到了四川成都，创办了巧克力梦工厂，我希望将之打造成一所真正意义上的梦幻学校。

巧克力梦工厂，这个名字来源于一部电影，电影中，房子都是用巧克力做的，充满童真和想象。我希望，我的学校也能像电影中的场景一样梦幻。于是装修上，我全面地结合了现代科技手段，用LED体验教室和情感再现实地教室，让孩子有一种身临其境的感觉。

我们学校，所有的墙面都是屏幕打造的，任何梦幻的场景都可以在教室里营造出来。孩子来到这里学习，可以体会到传统学校无法提供的梦幻感觉。从教学上来讲，巧克力梦工厂也从传统的“言传身教”变成了“体验式”教学。

如果要给这所学校定位，可以说，它是一所未来学校。它的创新在于，走在了时代的最前沿。就如智能手机的普及一样，短短几年，智能手机就代替了功能手机，走进千家万户。那么在未来，类似巧克力梦工厂这样的梦幻学校，是不是也会迅速占领市场呢？我想，这或许也并非不可能。

（本书第三幕将详细解读）

勇气 01

艺教机构创始人的九大关键词

河南平顶山艺欣教育创始人
中国平煤神马集团文工团副团长、总导演
国家二级演员

李阁琪

1989 年，我 18 岁，市教育学院毕业后，顺利拥有了一份令人羡慕的稳定工作，一年后，我毅然放弃了自己的工作，成为了一名矿山舞者。

1997 年，我 26 岁，正值无忧无虑，快乐甜蜜的青春年华，我毅然决定自己出资，只身来到了北京舞蹈学院，开始了艰苦的进修学习。

2001 年，我 29 岁，用自己所学带领舞伴们舞动在平顶山市、河南省的大型晚会上。当时在省内，已经有不少同人们知道了“李阁琪”这个名字，不过我又跨界折腾了一下，迈出了舞蹈教育的第一步，成了 15 个孩子的老师和妈妈。

2012 年，我 40 岁，担任中国平煤神马集团文工团副团长，全市大型晚会舞蹈编导，同时，我的平顶山市艺欣舞蹈学校也经营得声名鹊起，稳中有进。有一天，我对同伴说 ，“大家都在埋头钻研业务，埋头狠抓教学，这很好，可是，我要改革！”于是，我在团队建设、薪酬制度、管理模式、组织架构上做出了颠覆性的决策。

张小龙写了一封邮件给他的团队：保持小团队、保持敏捷、希望我们在部门规模变大后，还能保持小团队心态，避免陷入官僚化流程化里面。我们曾经禁止写PPT，认为那是形式化的体现。这有些武断，但是目标是效率最大化。对于一个优秀的团队来说，人员还是少比多好。

回顾办学的 15 年来，勇敢地选择和尝试，是我个人和学校的特色。时代迅猛发展，前面的一切都是我们未知的领域，如果我们不敢踏出那一步去探索，很可能会被别人甩在身后。从 18 岁开始我就明白了这一点，所以，我从来不怕自己的选择会失败，只要前行的方向是我真正的热爱，我就能够一往无惧。

近几年来，互联网迅猛发展，作为 70 后的我，对互联网的了解并不深入，但我仍然愿意尝试，甚至在自己并没有深入了解的时候，已经和许多互联网公司签订了合作协议，并且成立了河南艺欣一意文化传媒有限公司。说起公司的名字也颇具互联网思维，我在自己的家长粉丝中广泛征集，开启“我为艺欣起名”的活动，最终一个家长看着我这么多年付出的努力、勇气、担当的气质，为其起名：艺欣一意。

我并不知道怎么样才能成功，成功的路上有着太多不确定因素，就算我们把别人的成功步骤全部复制下来，我们也未必能够成功，但是我知道，倘若我们没有勇气，没有力量能够踏出那一步，那就一定会被时代甩在身后。

主编观察

2016 年夏天，艺欣教育迎来了 15 周年。10 周年的盛典还在平顶山交口称赞，这个在全国艺术教育界被所有人尊称“阎琪姐”的女人却又一次勇敢的超越了自己。与星际穿越合作的过程中，我们一次又一次突破，最终将方案定为少儿舞蹈界的盛会。举办“爱的光芒 · 艺欣作证”2016 中国少儿舞蹈公益文化盛典。成功总是青睐那些具有冒险精神的人，可以预见的是，未来的中原教育版图中，一股势不可挡的力量绝对是由艺欣这支强大到不可复制的团队引领的。

（本书第四幕、第六幕均有详细解读）

延伸阅读

舞之灵 中国平煤神马集团文工团副团长李阁琪

用她自己的话就是:“喜爱就要坚持。自己选的路，就是跪着也要走完!”

她用自己的气质改变着流失的日子。提及这些，李阁琪深有感触地说:“别的什么都不重要，关键这是我喜爱的事。因为在舞台上的那一刻，我觉得自己特别美丽，心情特别舒畅，那是一种难以言表的愉悦，是用金钱买不来的美妙感觉。哪怕是在自己从事舞蹈编导以后，当看到自己的心血在舞蹈演员们的理解、配合下，在舞台上完美地演绎出来，我仍然会沉浸在难以抑制的自豪和幸福之中。”带着这种对舞蹈艺术的赤诚，阁琪让自己真正成为了一个舞者。

2004年春节期间，中国平煤神马集团文工团受文化部委派，出访埃及、阿联酋。接通知后，李阁琪和她的舞蹈伙伴非常高兴，根据异国文化的需求，一个个舞蹈从构思到登台，李阁琪付出了多少汗水？谁又能说得清？在国外，她和舞蹈伙伴20余人演出5场，每场都非常成功。她们把《剪纸姑娘》、《千红》、《溜溜的康定溜溜的情》等一支支极具中国民族风格的舞蹈，展现在艺术氛围非常浓郁的异域，让外国观众领略了深厚的中国文化。加上她们饱满的激情和精湛的舞艺，折服了当地的观众，博得了如潮的好评。埃及文化部对外文化交流司副司长杰玛勒说:“你们这么少的人能演出这么精彩的节目，是非常不容易的，让我们埃及人欣赏到了来自中国的文艺精品!”成功的演出为中外文化交流谱写了新的篇章。之后，她和她的团队又代表河南省和平顶山市先后赴法国、中国台北等地进行文化交流，使这支来自企业的文艺团体成为一张能代表国家和地区的文化名片。

2013年11月，青岛保利大剧院灯光灿烂，第十届中国艺术

节“群星奖”舞蹈大赛的决赛正在这里举行。化妆间里，后台上，参赛演员们都在做着赛前准备，由于是大赛的最终冲刺，因而这里充溢着一种难以言状的兴奋、紧张的气氛。“大家放松，咱们是来学习的，能代表河南省进入‘星光奖’的决赛，已经达到了展示我们的实力的目标，加油！”清脆的声音，自信的笑容，澎湃的激情，干练中又透着作为舞者所独有的特质，说话者就是李阁琪。“李团长放心，我们一定会为自己增光，为平煤神马集团增光！加油！”随着一声欢呼，团员们也都带着一脸的自信开始了赛前的热身。

最终，在高手如云的全国舞蹈大赛的现场，李阁琪和她的团队取得了优秀奖，尽管这一结果与心中的目标尚有距离，可毕竟把自己的舞步旋到全国舞蹈大舞台上了。

有多大的树就遮多大荫

常怀感恩之心，把这一感恩之心化为仁爱之心，同时又用实际行动将这一仁爱之心回报给社会，让自己的心灵在这一回报中得到愉悦和升华。“有多大的树，就遮多大的荫。”这句话出自中国平煤神马集团工会主席倪政新之口，也是李阁琪最为欣赏的一句话。

15年前，李阁琪开办了一所舞蹈学校，担任起舞蹈教师的角色。在变换交叠的舞姿中，利用双休日进行舞蹈教学，把自己的一技之长回报给社会。尽管当年报入她的舞校的只有15位学生，她却尽心尽力地去教。一组织摇曳多姿的形体语言，一个个高难动作，阁琪都教得细微、投入，由于她的教学方法到位和认真负责，很快得到学生和家长的认可，舞校得到快速发展。如今，已经由最初的15位学生，发展为2000多名学生、70多名老师的大型民办舞校，横跨六个县市。除正常的工作外，她把心血都倾注到舞校的教学和管理上了。让她欣慰的是，从这所舞校走出的学生，已经陆续走进了北京舞蹈学院等大专院校、广州舞蹈艺术学校等专业学校。

性格深层凝聚着善良。建校 10 周年时，李阁琪突然萌发了一个新的想法：学校壮大了，可一些来自贫困家庭的孩子跳不起舞，这些孩子需要社会帮助，她决定：免费为他们进行艺术辅导，他们如能考入专业院校，还为他们负担全部的学习费用。接着，阁琪通过各级教委审查、推选了 30 多位来自大山深处的贫困孩子，免费对其进行舞蹈艺术培训。暑假期间，她把县城的孩子们接到市内，由专人负责孩子们的饮食起居。舞校的老师无微不至的关怀和悉心辅导，孩子们与阁琪及辅导老师们产生了极深的感情，每到暑假辅导结束回家时，孩子们抱着阁琪和老师哭着不愿离开。眼含热泪的李阁琪心中也是恋恋不舍，她深深知道了世上人人都付出一点爱，世界将变成美丽的人间的含义。让孩子从小体会到了社会的爱，拿出钱资助他们，值！

她以她的品位塑造着属于自己的人生空间。社会上得知李阁琪的舞校善举后，很多喜欢舞蹈的穷孩子找上了门，都得到了阁琪的资助。在这些孩子中，让李阁琪最难忘的是名叫毛蛋的孩子。小毛蛋原有一个温暖的家，父亲吸毒而导致了家庭的贫困，妈妈因此另嫁他人，可怜的小毛蛋与年迈的奶奶相依为命。李阁琪不仅全免了他的学费，还对其进行精心的辅导，毛蛋已开始显露其舞蹈才华。在去年由中国共青团、中国少年先锋队联合举办的“星星火炬全国少年英才总决赛”中，一举夺得舞蹈类中的特金奖。要知道，能获得这一类奖的比例只有 1%！阁琪对毛蛋的关爱和成长，70 多岁的奶奶心里最清楚，想感谢，又拿不出什么像样的东西表达心意，就带着老花镜绣了一付鞋垫送给李阁琪。当阁琪接过鞋垫看到上面精心地绣着一万个“福”字时，不禁热泪盈眶、感慨万分。她看到了一位老奶奶那颗善良心，那份真爱。更坚定了她要把这条回馈社会的大爱之路走下去。她说：“我这棵树并不大，可我会尽全力遮出更大的荫，把爱的能量传递到更远的地方。”

年华在至美的舞苑里升腾

送走了夏，秋就来了。曾在北京舞蹈学院深造，从事舞蹈表演20余年、少儿舞蹈教育15年。这样的经历，让李阁琪在她所钟爱的舞蹈艺术天地里，有了牢固的积淀和延展的空间。为此，她成了一个名副其实的大忙人。

当年，作为编舞的李阁琪，已成了文工团主抓业务的副团长，企业和平顶山市举办大型文艺演出都是她编舞和导演。在阁琪每天的时间表里，从没有什么节假日：除了团里正常的业务管理、下基层演出及对外演出交流活动外，同时，还要对自己的舞校工作进行有序安排，让孩子们及早成才。即便这般忙碌，李阁琪还要想方设法参加国内高等级的专业学习培训，以保证自己从专业理论到专业实践上不落伍。她为企业、为社会的文艺事业耗费了多少心血？只知“衣带渐宽终不悔，为‘舞’消得人憔悴”。

穿云裂石的唢呐声猛然奏起激昂火辣的曲调，长鼓声圆笙声也越来越热烈高亢，阁琪又呼唤她那舞蹈弟子——舒缓飘逸的舞姿猝然变得迅速，鹄起隼落，鹰旋鹤跃，如恣肆欢跳的精灵……

善良 01

艺教机构创始人的九大关键词

重庆黄黎音乐工作室创始人
军旅歌唱家

黄黎

韩愈说："师者，传道授业解惑也。"这是一直以来我们对老师的定位，可是，老师除了传道授业解惑，还应该拥有一颗善良的心。这颗善心表现在对学生的爱和对一切人与事物的爱。

我叫黄黎，我从小的愿望就是当一名老师，毕业后回到了母校，如愿成为了一名小学老师。后来对越反击战打响，我瞒着家人偷偷报了名，成为了一名军人。十多年的军旅生涯，我从文艺兵开始，最后成了通讯兵，上过前线，甚至遭遇过和敌军的正面交火，看着身边的战友倒下牺牲。

十多年的军旅生涯，把我锻造成了坚不可摧的强者。退伍之后

360董事长周鸿炜：
公司自打上市搬进大楼，越来越多的人感觉自己在大公司工作，工作稳定朝十晚六待遇优厚，已经不是在追求一个成就、追求做出一个产品，而是完成一个工作、执行一个指令。这种风气会腐蚀败坏公司，导致平庸无能低效官僚。状态极其危险，这种人不但不该拿股票期权而是应该被清理出公司。

我重新站上了讲台，对教师这个职业也有了全新的认识。特殊的经历让我有了超强的意志力和责任感，以至于有学生家长把我称为“万能的黄老师”，觉得我是“特殊材料做成的”。

在教学上，我不放弃任何一个学生，我觉得，真正对学生的爱，是无论他们成绩好坏，都一如既往地培养。曾经有一个姓李的学生，酷爱网络暴力游戏，打父母，打妹妹，打老师，打同学。经他的班主任沈老师引荐给我，我除了从音阶开始教他认谱，更注重教他怎样做人，怎么样去尊重人，在选择给他什么样的作品上我也认真选材，后来在我回中学母校举办感恩母校——黄黎老师学生音乐会上，李锦鉴一曲《父亲》感动了全场观众，专程从东北赶回重庆为儿子加油的李锦鉴父亲更是倍感欣慰，禁不住感动得泪流，父子紧紧拥抱。

还有一个学生，父母都是大学优秀的老师，又是学校的领导，两口子每天忙于行政和教学工作以致忽视了孩子的成长，孩子居然两个学期没有认真在学校上课。时间长了，孩子每天一个人在家吃垃圾食品，身体极其肥胖，开始变得内向，从不参加学校的集体活动，更严重的是孩子缺乏和别人的交流竟变得说话口吃了。

家长把孩子送到我这里来后，我首先要求她减肥找回自信，为了陪她减肥，我天天陪她吃黄瓜，每天陪她走十公里路锻炼。在考专业时我特地为她选了《天之大》这首歌：“妈妈，天之大，唯有您的爱是完美无瑕的”。孩子终于理解父母为了成就更多的孩子而忽略了对她的爱是多么的伟大。后来这个孩子考上了音乐学院。

有好多家长慕名来找我，把孩子带到我面前，他们甚至不要求孩子学好专业，其主要目的是想让我教会他们怎么做人，想让我的人格来影响孩子。因为在我这里没有差生，只有差异生。

主编观察

我们已经不需要去了解黄黎工作室的运营情况，也没必要去考

学学减法创意

减法一：踢开评价的施压

减法二：去除对错误的恐惧

减法三：不迷信绝对的规则

减法四：抛开社会比较

回到最有创意的状态 开始专注做选择

虑她的团队建设和管理情况，当她付出真心为孩子的成长服务，而她的真心已经被家长感知，当所有的困难和阻碍都能被她击退，那么我们可以说，她的学校已经获得了非凡的成功，她已经是一位当之无愧的魅力校长了。

在我和黄黎老师的交往中，有一些细节深深触动了我，这些只不过是她众多美好品质中的一个小小的侧面。

一天，黄黎老师开车路过农村的路边，看见一个已经去世的老人躺在一个破板车上无人问津，她花钱将老人埋了。

一次，黄黎老师答应了要参加艺术教育家的培训，可是临近的时候高烧不退，在医院住了好几天仍不见好。生病的人是不适宜坐飞机的，而且我们的活动举办地在平顶山，抵达郑州后还要坐车两个多小时才能到。因为承诺过，黄老师坚持参加完了全程，还在艺欣教育的晚会中为全体家长和孩子们演唱了一首《眷念》，下台时我看见黄黎老师的军装湿透了。正如演唱的歌名一样，她的艺术生涯中洒满了无尽的眷恋。因为承诺过，她就一定会做到。

她曾经跟我讲述过，她的战友在战斗中生殖器都爬掉了还是爬回了祖国。这也许是因为军旅生涯和她的家庭氛围的缘故，让黄黎老师的为人处世中自然流露着善和美。

正是因为黄黎老师的善良，她有一个非常幸福的家庭。她的老公和孩子都在部队工作，每一次遇到危险的时候总能化险为夷。这也许正应了那句话“人有善念，天必佑之。”

在这样一个浮躁的时代，人们都在钻研成功的秘籍，成功的路纵有千万条，但是善恶有报，因果不空的道理也将如影随行。尤其作为教育工作者，善良更是本分，切莫丢失为好。

厦门海燕文化艺术中心创始人

颜海燕

我是两个孩子的妈妈，给孩子取名的时候，花了很多心思，但是当初开这个培训中心，却是用了最偷懒的取名方式，我叫颜海燕，就用自己的名字给学校命了名。开办这个艺术培训学校，想法非常非常简单，就是因为喜欢孩子，喜欢这样一份事业。

我不是厦门人，家乡离厦门不远。当初和老公来厦门旅行的时候，爱上了这个地方，于是我和老公双双辞去了公职，留在了这里，最后开办了这样一家培训中心。很多人都以此觉得我是一个感情用事的人，我承认别人的评价。在办学上也是这样，我从来不会理智地去思考什么，对学校的规划、运营、对外的联络，都是我的团队完成的。

我想说说我和我的团队，团队的很多成员跟着我都已经一起奋斗了十多年，我们就像家人一样。我希望他们能够过得快乐，对于他们，我的理念是：像蚂蚁一样奋斗，像蝴蝶一样生活。人们问这句话的意思，他们以为蚂蚁在工作的时候很勤劳，确实，蚂蚁是勤劳的，但我用蚂蚁来比喻工作，我更希望的是，我们的团队能像蚂蚁一样团结，然后，像蝴蝶一样优雅地生活。

学校的工作是很累人的，很多老师要从早忙到晚，疲惫的工作过后，他们需要放松和休息，于是，我办了很多娱乐休闲场所的贵宾卡，我自己可能不太去，我给我的团队用，让他们在业余时间能够让生活绽放优雅。

习惯不能被消除，只能被替代

你以为你按照自己的思路走，其实40%是你按照组织惯性在走。

主编观察

颜海燕校长给人的感觉，是她的优雅和善良，如今快40岁的她，眼神仍然保持着美好和纯真。她说自己是个宅女，不善于交流，办学时这方面也是她的弱项。但是我们发现，她所说的弱项，丝毫没有给她的学校经营带来阻碍，因为她有一个很大的长项，就是对团队的信任和爱护。每次吃到一家好吃的饭馆，看到一家不错的咖啡厅，她最先想起的，就是她的团队。她从不要求团队时刻想着工作，恰恰相反，她时常提醒自己的团队，要关注自己的家庭。正是这种对团队发自内心的真诚，让她身边汇聚了一批死心塌地愿意跟着她的人。她不具备的能力，这些人都具备了，团队的力量，与她一起勇往直前。生活中的海燕老师，对任何人都怀抱善意，和每一个相遇的人都竭尽全力付出她所有的真诚。

在艺术教育这片广阔的大海上，有一只美丽善良的海燕在高高飞翔……

格局 01

艺教机构创始人的九大关键词

山西黄河少儿艺术团总团长
中国艺术教育联盟 主席

郭琪

黄河少儿艺术团发展至今已经有几十个分团了，学员达到三四万人，我是总团长郭琪。回顾黄河少儿艺术团这些年的发展，我觉得其中很重要的一点是，愿意分享。

分享文化在中国源远流长，中国最提倡的，不是得和取，而是施和舍，但最终我们会发现，当我们真正的为他人好，为他人而去舍弃自己的利益时，最后回来的，一定会更多。

黄河少儿艺术团就是建立在这样一种分享文化之上的，我们办学，不是去考虑经营和效益，而是让更多有梦想的人，让一起办学的老师和员工，成就一番事业。基于这样的理念，黄河少儿艺术团的分团如雨后春笋般成长了起来。

同时，我们还联动魅力校园，举办全国校长培训和校长年会，让全国艺术培训学校，在价值观和理念上，于一起学习中系统提升。我们还跳出了艺术培训行业，跟全国各类教育培训机构交流、整合和创建平台。

甚至，我们还与除教育外的各类社会资源进行跨界整合，像华商书院全国校友会等，会中有一些房地产商和从事金融业的企业家，各种各样有影响力和有能力的人，这会助力教育，让教育拥有更多的资源，从这里，也能够得到更多的信息，给全国各地的培训机构带来一些服务和资源。

我们鼓励更多的老师、学院和机构，能够走出国内，在世界各地展示我们少儿艺术的风采和文化，真正的感知世界，培养世界观，拥有世界化的格局。教育虽然是一门行业，但这不是一门简单的行业，艺术教育不仅是教会人一些艺术技能，更重要的是视野和胸怀。而作为办学老师的我们，更是要在这方面提升自己。

相关阅读

郭琪：守望心中的“太阳”

太阳带来光明、生机与文明。因而，人们感谢太阳，赋予它众多的意义：光明、温暖、强大、正义、骄傲、生长……

相比太阳的伟大，人是渺小的，但从不妨碍人们追求太阳一样的人生，郭琪便是其中之一。这条路并非坦途，更非一蹴而就，能够到达终点或接近终点的寥寥无几，但他坚持前行。

救“己”

郭琪逐梦的故事，开始于“叛逆”。

1989 年，雁门关下一个国家级贫困村的“农二代”郭琪，放下肩上的锄头、手里的镰刀，拿着改变人生命运的入学通知书，去到山西大学历史系，成为村里第一名载着“天之骄子”之誉的文科大学生。大学四年的激荡后，郭琪主动放弃工作分配，选择自己去流浪的决定，仿佛晴天霹雳一般让他们如梦初醒。

是任性叛逆，是现实裹挟，还是理想主义？但，无论是什么原因，在那个讲计划、求分配的年代，他绝对是个“异类”。郭琪解释道，“现实和理想的各种因子促使我慎重地作了这个艰难的决定，包括在大城市的见闻、历史的系统学习以及证明自己的愿望，等等。”

于是，他离开太原，离开山西，“失踪”了两年，过着流浪的生活：有过乞丐般露宿街头的窘迫；有过连续四天粒米未进，烈日下、风雨中摇摇晃晃四处寻找打工机会的可怜；感受过父母从愤怒到心焦四处寻子的辛酸；有过几个月没钱洗澡，虱子满身爬的尴尬；有过孤立无助，星夜躺在草坪里眼泪扑簌，诘问苍天的无奈……

“异类”的选择，洗涤了憧憬中的美好，但也洗礼了他的心智。

1995年，他回到太原，脚踏实地地当起了广告业务员。经过点滴的积累和自我突破，他慢慢掌握了大量谈判、管理、分析、策划的知识和技能。尔后，他通过对全国赛车冠军任志国的形象包装、全省第一个电台现场直播活动的联络、多次走上中央电视台春节晚会的黄河少儿艺术团的立体宣传等大型案例的实施，在策划界迅速确立了“整合策划人”的定位和地位。这也让他第一次在工作中领略到了奋斗的幸福。

然而，策划事业的“大蛋糕”才刚刚尝到甜头，他又做了一个大跌眼镜的“叛逆”决定：接手“学生一百多个，教职员工3名，负债30万元”的“黄河少艺”。

救“业”

“黄河少艺”履历辉煌，诞生之初，便连续参加了央视春晚、飞天奖晚会和赴以色列、新西兰等国的文化交流，成为名噪一时的全国少艺文化品牌。

然而，时间走到1998年，倾覆的危机在黄河少艺降临了：学生从当年排队报名到门前冷落车马稀，负债累累，经常遇到停水停电封门的窘境，解体将是不可避免的事。

一个响当当的文化精品走到如此地步，郭琪还是挺忧心的。他深刻地感受到：经济与文化总是面临着鱼与熊掌不可兼得的尴尬局面，一方面是粗俗的商业活动泛滥，一方面是高雅文化的苦苦挣扎。这激起了他作为文化人的满腔热血和作为策划人的挑战欲望与激情。

1999年1月，他全面接管黄河少艺，开始了人生的又一次冒险。

少儿艺术，这对不懂艺术，甚至祖辈都没有音乐细胞的郭琪来说是又一次从零开始，这次选择绝不亚于曾经放弃分配的压力。黄河少艺背负着几十万的债务，没有多少积蓄的他四处借钱，亲戚朋友、老乡同学，能想到的人都借遍了。最令他感激的是，父亲从老

家拿来的全是零钞的五千元钱，那其中有悲哀也有疼爱。

为节省开支，郭琪吃住都在团里，白天奔走于各个企业和单位之间为黄河少艺谋出路，晚上住在团里看大门守夜。那时流传着这样一句话——黄河少儿艺术团看大门的都是大学生，其实那个人就是团长郭琪。

1999年八一建军节前夕，中央电视台心连心艺术团来到左权县麻田八路军总部旧址慰问演出，再次邀请“黄河少艺”同台演出。这次演出相当成功，获得现场观众的喝彩，很多熟悉“黄河少艺”的人激动地说“黄河少儿艺术又回来了”。闻此言，郭琪喜极而泣。

紧接着，他开始了大胆的复制计划。他整合社会资源，由大团模式改为小团模式，创建了第一个分团——太原市北宫分团。人数少了，既方便学习，又便于管理，成本下降了，而演艺水平却迅速上升。该分团在重点建设下发展为标兵团，开设有舞蹈、语表、武术、声乐、美术、书法和电子琴等多种特色培训课，每年都吸引上百名少儿来这里学习，成为全国艺术机构争相参观学习的基地。而接下来，郭琪要做的就是不断复制成功。

而今，走在太原的大街小巷，“山西省黄河少儿艺术团”的校牌时常会看到。这家山西省的文化品牌，如今已发展成为全国乃至全世界规模最大的少儿艺术团体，分团上百个，学员逾四万，语言教材辐射全国二十多个省市。“黄河少艺”的足迹已登上象征国际最高舞台的悉尼歌剧院、韩日世界杯艺术节和上海世博会。

救“人”

黄河少艺的事业蒸蒸日上，但在这个过程中发生的各种事让郭琪辗转反侧。在其致员工的一封信《我的苦恼》里，他是这样描述的：

一位女士家破、业破后，在我全力投入帮她合资创建分团达千人后背叛了；有一位年轻人办学亏损难以为继，流着泪多方找关系求我救她，发展起来后变心了；还有一位坚持不懈地找了我一年，同意其开设分团，结果发展起来后把分团当商品偷偷卖了；还有一位打着黄河名义办团亏损后全家讹诈让我接手，否则损害黄河名誉，我只能就范；还有一位亲手扶持成大团的负责人，在信义和小利面前，跟小人跑了；也有一位合作两年，空手而归，骗我的合作人后放高利贷被困牢笼，夫走子弃……

惨痛的教训与巨大的代价引发他的深思：一个教育机构的领导人最应该重视什么？究竟应该怎样带团队？

在束手无策之下，郭琪开始向外学习。行内行外、市内市外、北大清华、华商书院，他终于找到“救命的稻草”。翟鸿燊、曾仕强等名师主讲的国学文化使他大受启发。尤其是进入华商之后，他每上一次课，回来都要在团内讲上几次，并结合行业与单位实际情况，深入浅出、不厌其烦地感化着周围的人。他从《弟子规》到孔子，从曾国藩到毛泽东，从李世民到赵匡胤，从道家到儒家再到禅宗……从讲解到分享，从强背到比赛，用国学文化重塑企业文化。2012 年，他把《圣贤教育改变命运》光碟推向全团、全太原市、全山西省乃至全中国，凡所能及就大力宣传、推广。他又亲自编写了国学读本《解读活法》、《弟子规教材》、《经典语录》等读本，在全国范围内免费赠送，以影响更多的人。

在国学文化的影响下单位工作氛围、文化氛围潜移默化地改变着，正能量让一切都变得和谐起来。

与此同时，孩子这边的问题也是层出不穷。黄河少艺的孩子们一个个都很可爱，而且都很聪明，才艺也是一个比一个棒，但他发现，孩子们有的内向、有的自私、有的没有社会意识。比如，在外面接受媒体采访时，都跑了，不敢面对镜头，不敢说话；有的孩子在团里学习的时候表现挺好，也有礼貌，但出去以后，看见老师连招呼都不打；外出表演，一到吃饭时间，总会有孩子把自己喜欢吃的饭菜霸着不放，甚至有的直接把一盘菜都倒到自己碗里，其他不

喜欢的饭菜看都不看……

“光有才艺，只看分数，这种‘GDP’式的教育是舍本逐末的功利道路！再也不能只教不育这样走下去了！”郭琪笃定地说。

于是，他联合华商书院山西校友会会长罗利刚学兄共同创办了三百亩大的儿童拓展基地，通过一系列活动让孩子们在团队里懂得谦让、包容、合作、执行力，让孩子们在体验式教育中懂得分享；开创行为国学教育，用传统的中华文化规范孩子们的修养、言行。

他倾力倡导“中国语言表演教程”，月月培训全国教师以全面提升广大青少年的语言表达能力，从而培养他们的胆量、自信、理解、想象、沟通、亲和、表达、感召、组织、领导等综合能力，以促进综合素质的全面提升。

他整合成立全国艺术校长联盟，周周组织校长班，并提出了“修己达人，点亮生命”的高尚目标，以层层影响全国青少年与家庭。

他创造性地提出“三加一立体塑造教育结构与理念”，即在应试教育的基础上加强艺术教育、行为教育与综合体验教育，来塑造孩子们身心健康、多元发展、合格社会公民的未来。

郭琪说，教育是一个立体的工程，是一个讲“本”的工程，根不好，一切免谈。所以，在郭琪手下的“黄河”有着严格的规范，不论是合作者，还是教职员工，都得先过了郭琪的考察关，人不正，一切免谈。从他对自己儿子的期望上他的育人观也可见一斑。他不要求自己的儿子能成为多么优秀和卓越的人，他只希望他能做一个正派、有爱、会爱、懂得分享的人。

救“心”

人生究竟是什么？人生成功究竟是什么？怎样才能实现真正的成功？这是一个藏在人类心底的终极疑问。

郭琪也在寻找着答案。上学时，他以为农转非就是成功，于是

拼命学习。大学毕业后，他认为有权、有钱、有名就是成功，于是拼命工作。然而，当曾经的梦想走进了现实，他发现心灵深处的疑问依然没有答案，精神迷茫像黑洞一样让人时时打颤。

为摆脱这种状态，继续追寻答案，他更加拼命的阅读，疯狂的工作，执着的上课，透支的奔波……然而，内心释放的钥匙始终找不着，心中的那把锁反而更加沉重。

郭琪在深解了导师稻盛和夫的《活法》后，编写了《解读活法》；他又精研了《了凡四训》，并编写了《了凡四训直解》；他更深读了《六祖坛经》、《传心法要》、《达摩血脉论》，之后又编印了《三经宝萃》；他还编写了《我是谁》、《经典语录》、《问道》等化度众生的书籍，自费印刷，全国赠送。

他说，心灵文化才是一切个人、单位、团队建立核心文化的至高大法、至上大道。今后他唯一的奋斗目标将是：放下所谓钱权名的辉煌事业，为心灵代言，为正途开道！

与此同时，他的人生故事也告诉我们：在纷繁的世界，大多数人认为合理、正确的，却不一定就是真相或真理。从某种程度来说，“叛逆”不一定是坏事，不随波逐流，或许更能回归自性。

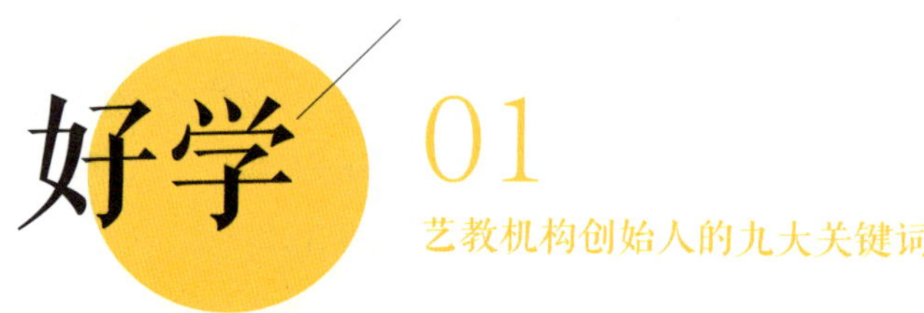

好学 01

艺教机构创始人的九大关键词

南京风之舞舞蹈艺术培训学校校长

袁枚

南京是一个非常有文化底蕴的城市，高校比较多，家长的文化层次也相对高些。同时，南京又是个省会城市，人群比较复杂，有生意人、企业家、普通上班族、知识分子等，总的来说，爱学习的氛围在南京还是比较浓厚的。

来我们学校的孩子，每天都在学习新的技能，看着他们不断成长，我深深地感受到了学习的重要性。教育界是一个传授知识和学习知识的地方，而我们要做好知识的传授，自身就应该不断地学习和增长知识。

我最初是一名幼儿园老师，在专业教学上或许尚可，但对于学校的经营和管理，并没有很强的能力，正因为知道自身的不足，所以，办校的 8 年多来，我没有停止过学习的步伐。

学习开阔了我的眼界，让我对艺术教育界有了初步认识，也渐渐对办校有了心得。在我看来，办一所艺术培训学校，首要的是，了解孩子需要什么，了解家长需要什么，他们的痛点在什么地方。我们的学校能够真正解决这些问题，我们才算是尽到了义务和责任。同时，我们也要放眼行业未来的发展，跟随时代的脚步，才能不被同行甩下。

主编观察

双子座的女人从来都是聪明、敏锐、口才极好的，同时还有极强的应变能力。天性对一切新鲜的、美好的事情有浓郁的学习兴趣。

南京风之舞有今天的成绩，与袁枚的学习力分不开。当前，袁枚正在建立一支学习型的战斗团队，并且广邀业界名师相约风之舞。学习无处不在，如何建立一个主动学习的平台，如何利用互联网打破学习的时空，分享连接带来的红利是袁枚迫切需要思考和开始行动的。

山东泰安畅想文化创始人

张艳

记忆中，从小时候五六岁开始，我就酷爱唱歌，学生时代，我俨然是一个未来的歌唱家。可是从学校踏入社会后，由于各种原因，一直不得志，不得已收起了自己的梦想，向平庸的社会妥协。

工作、结婚、生子，成家立业后，过着上班下班买菜做饭的普通人生活，我以为梦想再也不会绽放，可是有一天，突然一个朋友的孩子要参加学校里的歌唱比赛。突然想到要找我给辅导一下。这个周末，是我难以忘怀的！这孩子一天之中歌唱的巨大变化，让我获得了巨大的成就感和快乐，仿佛找到了我的人生坐标！从此以后，我慢慢地开始利用周末教声乐。起初只有几个学生，就在家教课，既轻松又快乐。在这项工作中逐渐找回了失去已久的自信和激情。兴奋中的我，开始面向社会招生。

暑假来了，我们当地电视台要搞一个少儿艺术大赛。我犹豫之后，还是决定给几个学生报名锻炼一下。比赛之前的几天，我的内心极其复杂。孩子们刚学了几个月，去跟其他学了多年的小选手比拼，会是怎样的结果？不过，我心底有个自信的声音，在不断地告诉自己，没问题！结果，我的几个学生全部获奖。而且金奖和银奖几乎全让我的学生包揽。颁奖现场，我忍不住流下了眼泪……

对我来说，最终会走上艺术教育这条路，是个意外，之前我没有做好任何准备，所以，在很多事情上，对艺术教育行业，也不是很了解。可是，在办校的过程中，我总是珍惜每一次学习的机会。

2014 年，接到一个来自北京的陌生电话，通知我有一期合唱指挥班。我立即决定去看看，结果在京的几天学习，收获特别大，尤其理念的更新，而且还获得了不少有价值的信息。

在这里，第一次听说《中国好少年》，但直觉告诉我，不必犹豫斟酌，回去泰安要立马做地面活动。第一次做这类活动，虽然缺少些经验，但通过自己的努力，不仅把当地媒体拉来做了我的后盾，还置换到了些许赞助款和物品。活动当天，央视少儿节目主持人金龟子等亲临泰安现场，活动进行非常火爆。《中国好少年》泰安海选圆满结束后，我一人亲自带领泰安百人大团，进京参加全国总决选。在全国总决选中，我的学生们表现相当精彩，几乎包揽了声乐专场的各类大奖。

我非常感恩我现在收获的成功，梦想，是在绝望的土地上奇迹般地生长起来的，这也督促着我，珍惜梦想的绽放，以一颗开放的心，不断学习，茁壮成长。

主编观察

这个泰山日出照耀下的美女，因在第二届“魅力校园”粉丝学院的联欢会上扮演了谭晶一举成名。之后的每一次聚会，大家都习惯性地叫她“谭晶”，因而她也越来越喜欢谭晶，穿衣打扮也越来越靠近谭晶，据说还因为这个去做了个双眼皮。看来，如今这个娱乐化时代，无娱乐，不营销啊。虽然粉丝学院讲了千万条办学法则，但是许多年后，能够引发大家共鸣和回忆的，可能是大家在一起欢乐的氛围和有意思的故事。

也因为这个有意思的“玩坏”，张艳越来越爱学习，也因为在学习中与许多同行建立了密切的友谊，激活了她无限的灵感，回到泰安后与万达等企业展开了合作，推出了泰安当地多个第一档的节目、真人秀，如今，畅想文化已经不是一家学校，而是一个艺术教育平台，这一切都归功于“敏而好学”和因为学习带来的无限可能。

坚持 01

艺教机构创始人的九大关键词

安徽省阜阳市红舞鞋舞蹈艺术学校校长

程艳

艺术教育行业是一个投入大、工作累、产出慢的行业，办学之初，往往没有渠道，没有生源，没有资金，仅靠自己的专业特长，并不能让学校很快发展，初期我们会经历很多的困难和考验，之后，各种工作，各种活动，也十分耗费人心力。如果一所艺术培训学校已经获得了成功，我想，坚持一定是其中的重要原因。

我是淮南人，最初在安徽办学，遭到了很大的阻力。当地一些其他培训学校的人抵制外地人在此办学，把这看作一种“外来物种的侵略”，发起了一场“家园保卫战”。

红舞鞋舞蹈艺术学校刚刚创办之初，就来了几个彪形大汉，把学校给砸了，并警告我不准办学。面对这样的恐吓，我没有后退，反而迎难而上，把这看作对我的一种考验。未来办学会遇到形形色色的困难，如果这次无法应对，那么未来的困难，我又怎么能够解决的呢?

于是，我决定留下来，本来我不打算在阜阳买房，为了这件事，我改变主意，把房子都买好了。后来那些彪形大汉又过来砸学校，我还是毫不退缩。让我感动的是，很多家长也开始站在我这边，帮助我一起应对。

终于，在千难万难中，红舞鞋在当地才算是站稳了脚跟。十年后的今天，学校已经发展到了6个校区、1600多名学生的规模，成为阜阳当地最大的舞蹈培训学校之一。

主编观察

不知道当初的那段经历给程艳校长带来了什么样的感想，只是当我们采访到她的时候，她说到了每个月，6个校区都会举办一场感恩会。其中有孩子和家长互相感恩的环节。她还发现，通过这样的活动，家长和孩子之间，确实多了很多的理解。人与人之间也是这样，多感恩，多理解，多包容，也就能多一点快乐。

每一场创业都是一场10年的艰苦长征，在这场长征中，坚持无疑成为了最重要的品牌。因为坚持是一种能量，是一种不可战胜的源动力。此刻，肯定有许多校长正在饱受煎熬，坚持！坚持！再坚持！马云的一句经典名言，昨天很残酷，今天很残酷，明天很残酷，后天很美好。大部分人死在了明天晚上。

每一个人都能遇到许多的磨炼，这些都是生活的馈赠。基业长青，唯有坚持！

贵州凯里木天艺术学校校长

吴时万

十年前我进入部队，记得我当兵的第一年，新兵训练结束分下连队，那时正好遇上团部搬迁新营区，各种公差勤务都会很多，而我们中队又组建了比武班，我被分到比武班里，白天正常训练，每天中午在太阳最火热的时候都要负重跑一个 5 公里，偶尔的时候还要跑 10 公里，几天下来脚趾甲坏了几个，走路的时候一瘸一拐的，但训练不能落下，晚上还要加体能，偶尔有点空闲时间就被派去团部帮忙，那时天气很热，很快身体就出现了反应，毛囊发炎，一开始不重视不理它，两天下来开始化脓，去卫生室看了，医生说这是肿瘤，当时心里如同晴天霹雳，在卫生队的安排下进入总队医院治疗，但还好，只是化脓，一个简单的手术后静养了几天，听到有战友在议论比武的事，心里很激动，主动向主治医师提出出院，回到连队参与训练，当时还是新兵，能参加军事比武是一件非常荣耀的事。在父母眼中当兵就是天安门广场上升降旗那般的神圣威武；在朋友眼中当兵就是反恐维稳，冲上一线荷枪实弹与敌交锋；在女友眼中当兵就是身着橄榄绿的飒爽英姿。而实际生活中我们不在训练场就在岗楼上，不在一线站岗执勤就在班里整理内务，但对于我来说当兵是光荣的，是艰巨的，在平淡而漫长的岁月里有多少人离开家人的问候，离开亲人的怀抱，离开了灯红酒绿的潇洒与自由，坚持站在了祖国的最前线。正是因为有了这样一群人的坚持，才有了我们这个时代的和平与富强。

要寻找、追求、实现一个美好的理想和目标，要完成一项伟大的事业，必然会遇上或多或少的、或大或小的、各种各样的困难和挫折，但我们必须去顽强地克服这些挫折与困难。

坚持是一种品质，更是一种奢侈品，我想很多人都看过一张图片，在一个陡峭的山坡上，一个肌肉发达的壮汉双手和头并用推举着一块比他体型大出几倍的圆形石头艰难地向上行走，图片配的文字是这样的：累吗，累，那为什么不放手，你看看我敢放手吗？

生活需要坚持，坚持是一种力量，它可以改变人生，在很多时候，在灾难和疾病面前，我们往往都会听到那撕心裂肺的呼叫，坚持住，你再坚持一下，你一定要坚持住。然而，生活中很多人却在坚持迎难而上和得过且过这个问题上选择了后者，让坚持成为了一种奢侈品。

金星老师说过“我是艺术家不是明星”“因为舞蹈，我才不会迷失自己”，今天我们在座的艺术校长们，你们坚持自己的梦想了吗，你们创业办学，育人理念，品质，服务，你们都坚持了吗？问问你是谁，从哪来，到哪去，你们都有选择，而不是被动的接受，选择坚持确定了的目标，确定了的方向，既然选择，就要热爱，因为热爱，所以坚持，因为坚持，所以闪光。

最后我想说，只要大家坚持住，懂得坚持，不忘初心，必得圆满。

主编观察

这篇文章是吴时万在《致谢 2015，拥抱 2016》艺术教育家的年会——《超级演说家》环节中的演讲稿。当时，由于竞争过于激烈，都是演讲高手，吴时万并没有取得名次。而这次我们不谈他的学校收录这篇稿子，为什么？

他是一个 90 后的创业新兵，在行业中没有太多闪光的荣耀和履历。他的学校可以说还很小，在贵州凯里一个比较落后的地区。可是大家想一想，在中国，有多少个新东方、学而思，又有多少个像吴时万一样在边远地区、落后地带不忘初心，坚守梦想，咬牙坚持在艰难的创业路上的年轻人。

他退伍后回家乡创业，在一个思路闭塞的城市选择了艺术教育，缺人才，缺资金，缺理解，缺信任，缺经验，仿佛什么都缺，但是所有问题又只有自己可以解决，他一人身兼校长、教师、后勤、外联、宣传所有的事儿，但是尽管他很努力，很拼命，也有军队淬炼出的意志力和行动力，但是他目前也面临许多困难，这些都是几场培训或者活动难以改变的。

即使这样，对他来说，艺术教育家的活动信息就是集结号，艺术教育家活动现场的需要就是他的冲锋号，他从来没有落下一场活动，没有落下过转发每一次活动的信息，有任何需要他服务的地方，他毫不犹豫，任劳任怨体验了各种角色。虽然他可能是艺术教育家社群中赚钱最少的，但无论是什么活动他都积极参与，珍惜！力挺！坦率讲，我自己都未必能做到这样。

对于从事教育事业的人来说，什么最可贵。宝贵的精神品质最可贵。什么最重要，坚持最重要。吴时万告诉我，他也有其他更好的选择，可能他觉得为贫困地区的孩子提供更好的艺术教育是他的梦想，为了这个梦想，他可以付出他的所有。哪怕这句话说出来很傻很天真，但是他的确在坚持着，不仅仅在办学中，在为人处世，还是孝顺父母上，他都做到了，他为当代 90 后基层创业者树立了好的形象。

所以，我选择了最多的笔墨去呈现这位并没有过多荣耀的 90 后校长，不只是为他，还为他所代表的所有普普通通却数量庞大的基层艺术教育工作者，为他所代表的一种精神，一种坚持的信仰和勇往直前的信念。

也希望通过这篇文章激励正在创业路上苦苦坚持的所有同行，坚持就是胜利！加油！

整合 01

艺教机构创始人的九大关键词

四川成都贝特尔艺术培训学校创始人

周彦

蓓特教育-贝特尔艺术学校是成都少儿艺术教育的一张闪亮名片。成都的艺术教育市场非常大，许多人都涌了进来，所以大大小小的培训学校很多。但教育和其他行业有很大的区别，这个良心事业需要真正有教育情怀的人用爱去经营。如果创办者不能用爱去管理运营坚持到底，就会导致开办的学校多，关闭的更多。

在这样的大环境下，我们学校在当地教育领域深耕 15 年，如今每年的学生达到了万人以上，成为了当地艺术教育行业的领头羊。规模越大，责任也越大。贝特尔团队承担着办好学校、做行业好榜样的重任，学校承办了成都市民办教育协会培训专委会首届常务理事大会（行业规范大会）、举办了32期教师教育教学专家公益课堂、承办了市政“把爱给孩子”大型赈灾义演，在中央电视台新闻联播和地方台播出、各连锁校区累计扶持贫困生免费就读上千人善行，让贝特尔与许多同行成为了盟友，共同为规范市场而努力！

当市场经济不断扩大，蓓特联锁 - 贝特尔艺术学校已经成为了一个著名的艺术教学连锁品牌，让许多人有了加盟意愿。但是在我看来，教育真心不是卖产品的店，而是培养好孩子的家，所以我拒绝加盟。而选择了公益免费支持真正可以做好教育的人！我们对经办者的教育情怀、教育经历、人品风格等进行严格考察，并进行规范培训，考核通过的方可免费使用蓓特连锁-贝特尔这块品牌。同时在总部管理公司的支持下，让该校区成为当地片区的领航者，引领更多人规范办学，在办学路上走得更好。

在当地现如今的艺术培训市场，蓓特教育-贝特尔学校已是当之无愧的标杆。作为创始人的我，现今已担任多个行业职务，也是全国大学生创业导师。我深知，我已不再单独为贝特尔奋斗，而是在为行业规范发展的更好而共同努力。整合四川省企业界、媒体界的资源乃至全国教育界的优质资源，努力集合成都民办教育的力量，为大家搭建一个资源共享，共同发展的平台，为推动行业的发展而努力！

主编观察

周彦校长在全国艺术教育家的培训大会上有过一句大家印象深刻的名言：“要有敢砍掉自己一只手的勇气，真刀实枪的干。”这个活跃于艺术教育界的“燕子姐”也因此拥有了一批粉丝。她的身上有四川女人的那种要强、独立、爽朗和干脆的特征，似乎在她眼里所有的都不是事儿。

在办学方面，她也敏锐地捕捉到了市场需求，创建了企业管理公司，提供专业化的品牌管理咨询。建立了艺术教育精品示范校，整合优质资源，搭建一个四川同行共同学习、资源共享的平台。

“整合四川赢”，未来这家学校只要创始人坚持不忘初心，坚持利他思维，坚持为整个行业服务，那么，天府之国的舞台只是贝特尔飞跃的起点。

热爱 选择 创新 勇气 善良 格局 好学 坚持 整合

这是我们通过走访了几百家艺术机构提炼的创始人身上普遍谈到的品质和能力。这九个词之间相辅相成。每一个词都可以做到极致，练就独一无二的法门，也可全部囊括，成就全能。

在我们的采访中，有几个词是这个行业中最闪光的品质，比如：热爱、善良、坚持、好学。而类似创新、勇气、格局、整合似乎是艺术类机构创始人急缺的一种能力。尤其是很多专业出身做校长的小机构，他们更乐意自己在教学实践中，与孩子们在一起，享受老师的快感。在这样一个每个人都扮演多种角色的时代，“老师控”、“专业控”在这个时代也要考虑如何升级。

当个人能力有所欠缺的时候，合伙人的选择将会为学校的发展插上腾飞的翅膀。

虽然，有一种说法：创始人必须十项全能，创业路上最难的事情只能靠创始人自己解决。但是，合伙人的组合将会成为你的机构快速增长的永动机。

跨界对比 02

艺教机构创始人与创业家的差距

我常常听到圈内的人跟我提一个词:“接地气”。说实话，我并不反对这个词。但是这个词被一些商业机构用得曲解了本来的意思。

百度词条对“接地气”的解释是就是要广泛接触老百姓的普通生活，与最广大的人民群众打成一片，反映最底层普通民众的愿望、诉求、利益。用大众的生活习惯、用语等，而不是脱离了群众的实际需求和真实愿望，浮于表面，而是踏踏实实，深入人心，就是要遵循自然规律，而不是盲目行事。用来形容一些政府官员及名人人士，比较亲善大众。

说实话，近年来艺术教育机构的校长普遍热衷于学习一些具体的方法及所谓的成功经验。艺术教育机构的培训课程的火热，各种专家层出不穷，各种几乎承诺全能的峰会论坛此起彼伏，我也很不幸卷入了这场较量。坦率讲，接地气自然好，但是真正的接地气一定是你先要到一定的高度才有资格去讲接地气，你自己还在地上需要接什么地气呢？你都没有高瞻远瞩的能力，没有全局的把握能力，到头来就是一只井底之蛙跟其他的小青蛙说我看到的天就是这么大，其他小青蛙还美不唧唧的到处传唱“天真的就这么大”，愚昧吗？可笑吧！

其实，各种学习都有各种学习的好处，但是你一定要知道自身需要的是什么？你有 70 分，可能才能给别人 40 分。但是现在你要发展到多少分？多大量级？

在星际穿越一次股东会议上，有一个股东问我，你赚过一个亿吗？我说很遗憾，我的确没有。他说，他赚过。他从 2000 元创业起步，一步步怎么做到一个亿，又是怎么关掉传统企业，以一个创业者的心态重新加入我们这个年轻的队伍。别墅豪宅不住，路虎也不开了，在中关村租了一间屋子，每天背一个包和我们这些年轻人一起谈论互联网，50 多岁的人了，穿着打扮像 90 后，说实话，这大概能算得上接地气了。（虽然我不赞成没有见过一个亿就赚不到一个亿，但是我被这种创业精神打动了，自此，他说什么，我也会仔细想一想。此前，我是一个很难得接受别人意见的人。）

我们其实并不缺乏一些所谓招生、营销、管理的方案，真正成功的大家也似乎并不赞成把这些事情做好就能取得怎么样的成功。一个词很快进入了我们的视野，那就是眼界。

当前，少儿艺术教育机构普遍缺乏的是眼界，是格局，是胸怀。很多校长小富即安，被眼前的顺风顺水迷惑。有的校长每天跟救火队员一样，忙到电话都没有接看似也很开心，居然还让人羡慕。无论你属于哪种校长，都应该去了解 一下当前中国顶级创业家的思维等级、情怀、担当。我们不一定要成为他们，但是，通过汲取他们的思维精华，我们可以成为更好的自已，这才是真正的站在巨人的肩膀上成功。

因此，我选择两篇在颠覆式创新研习社学习时能对大家非常有帮助的文章。分别是 80 后创业代表，好未来的张邦鑫。以及顶级大腕创新工厂的李开复，多读几遍，和团队一起学习，你的体会会更深刻。

我相信，这只是一个开始。我也看到行业内有一些年轻的校长参加了罗辑思维、黑马营举办的创业课程，也关注了类似馒头商学院、混沌研习社这些互联网时代的优质社群，也有一些校长参加了跨界的商业模式，共享经济的特训，这些都是极好的现象，真正应该提倡的。当然，在这里我也没有资格反对大家参加业内的培训，业内也的确有许多培训非常好。但是，你读完我推荐给你的三篇文章之后，你自己会有一个真实的判断。你会发现，比你优秀的，比你成功的，比你还努力，并且还在坚持攀登更高的山峰。你，才到哪儿?

你在桥上看风景，觉得风景很美。看风景的人在楼上看你，觉得好笑。

好未来张邦鑫：

免费试听
随时退费
让我们更强大

张邦鑫

好未来集团（原学而思教育）CEO

80 后创业者，带领好未来教育（原学而思教育）登陆纽交所，市值 28 亿美元，好未来也成为在美上市的中国首家中小学课外辅导机构，并着力投资在线教育。

缘起：一个家教的故事

学生时期，在做家教的时候，我就一直想：怎么把有趣的元素融入知识里面去？如何让学生更好地学习？如何了解学生有没有在认真学习？如何更好地鼓励孩子的积极性？

当我把这个事情做好的时候，虽然我只教了一个孩子，但家长就会因此告诉身边很多的家长，因为口碑的扩散，很多孩子家长要求我给孩子上课，考虑到一对一的家教精力有限，家长们说可以一起，做成小班。

一对一的家教和一群人的小班是不一样的，但是小班怎么做会有效果呢？为了保证听课有效果，我承诺听课前三次不收费，如果后面的时候不满意，可以部分退费（按比例把没有上课的部分退费）。

在之前，没有一个机构会这样做，但是“免费试听、随时退费”这个机制迫使我们不作恶，以倒逼机制，让我们发自内心去做好。过去十年，其实每一天都让我们战战兢兢，我们一年大概退费 4 个亿，但是利润也才几个亿，这就是这个模式带来的代价。

很多时候退费不是品质的问题，天气不好、心情不好都有可能导致退费。另外，因为我们前三节课免费试听，所以经常会有这样的家长，说上完三节课，退了再报，他可以少交三节课的钱，这是一个 Bug，每年都会有人用，但是我们允许它的存在。

那么有没有好处呢？其实好处比坏处大。好处是使整个公司的价值观趋于一致，我们没有第二条路可以走，只能一心向前努力。这个理念使很多教育机构学不了，而我们的课程体系、研发体系、组织体系都是和这个理念紧紧咬合的。这是一个价值观驱动的商业模式，以客户优先，客户满意了，我们才允许自己收费。

价值观驱动业务

我们的第一个价值观：成就客户

我们从体系上倒逼自己不作恶。过去十年，我们做对了三件事情：

1. 教不好学生，等于偷钱和抢钱；
2. 如果我们不是靠口碑招来的学生，我们不会受尊敬；
3. 跟客户不亲密的学校，没有好未来。

你成就客户，客户自然会回报你。人是吃不了亏的，更是占不了便宜的。人是占不了便宜的，TA 一定很难受，一定要找机会归还给你。所以我们要在因上下功夫，而不是在结果上。

我的父母信佛，我在他们看的光盘中听到一句佛语：众生畏果，菩萨畏因。

任何一件事情发生，不管是喜欢或者恐惧，都已经是结果了，但任何发生的事情都是有原因的。我们需要在因上想好，从根本上解决问题。这也是我们价值观的一个来源。

我们的第二个价值观：务实

由于当时我还在北大读研究生，所有兼职家教的规模还不敢铺大，我定了个“小而美”原则，因为我感觉不一定要做大，越做大越占用我的精力。这个原则后来也成为了我们“务实”的价值观：质量比数量更重要，内在比外在更重要，做强比做大更重要。

我们的数学教育做得很好，那就会遇到一个问题：我们要不要做英语？新东方是 1993 年成立的，他们做英语做得如日中天，如果我做的话，未必比他们更优秀，所以我就不希望做更多的学科。

我们今天布局的位置也只有 19 个城市，而新东方有 50 多个城市，我的要求是：要么别做，要做就做最好的。中国每个城市都不缺培训机构，如果你没有质的变化，你为什么去做这个事情?

我们的第三个价值观：创新

新东方的精神是一种励志精神，一种从绝望到希望的精神，但我们不学它，他们做大学生，我们做小学生；他们做 500 人大班，我们做 20 人小班；他们通过市场营销，我们靠口碑传播；他们靠名师，我们靠研发。我们的做法基本和他们是相对的。

一个公司一定要找到基于自己独特的客户价值来做创新。很多时候大家要求员工怎么做，但是一个公司，倘若自己的主营业务是按照价值观做出来的，这时业务就是由内而外的，这样就比较神形合一了。

这是我们过去十年总结出来的三个价值观：成就客户、务实和创新。价值观是支撑一个公司能够长期健康、稳健发展的东西，很重要。

大后台，小前台

我们每天都会遇到好事、坏事、喜欢的事情、不喜欢的事情，但不是所有的事情都是坏事，如果你把一件坏事变成好事的话。我们以前就思考构建什么样的组织，才能健康长久地发展下去？于是总结出：大后台、小前台。

我们以前没有管理架构，没有组织分工，后来把教研、研发、运营做得很细，类似中央厨房的模式。我们是中国培训机构开始做教研的，我们有上百人的教研团队，这个投资于未来的团队还是很强大的。

我们在全国任何城市教室里面的每个内容，都是通过云端去升级的，总部做好全国性的数据和内容，分校做好当地针对性的教研，因为每个省高考、市考都不一样，所以不能统一为一个纯粹的标准，要做分级教研。

我们校长没有招生压力，他不对招生负责，只对服务态度负责，招好招不好、教师好不好，和校长无关，这个架构就给我们带来了很大的进步。

向下属汇报

12 年前，当时我们做了开放课堂，叫作“老师向家长汇报”：“家长可以在后面听，如果不满意，你随时可以把你的钱拿回去。在这样一种开放平等的氛围里面，我们整个管理层，每天如履薄冰。”

那么，我们内部如何使机构扁平化呢？我们做了一个形式：向下属汇报。移动互联网带来了去中间化，互联网公司讲究开放平等的文化，我们当时也是要打通层级的沟通。

在企业里面，优秀的主管是这样做的，他每天上班或下班会说：“我们开个晨会（晚会），说说每个人做的工作。”这样的干部可以把团队带得特别好，凝聚人心、团结目标。那这个是否可以产品化呢？那就让主管向下属汇报，然后下属众包完成目标。

所以，公司内部就变成自上而下写周报，我给我的直接下属写下周计划，他们又给他的下属写，一个领导的目标很多人协同完成，并且形成监督，省去猜疑。

文化考核

这是我们向阿里巴巴学习的，就是一个人的绩效要 100 分，文化也要 100 分。

野狗是业绩很好，但是不符合价值观，这是要开除的，而且要公开贴出来，告诉所有人。

第二种是价值观好，就是能力不行，业绩不行，这叫作猫，今天的公司就跟打仗一样，打仗是不能带宠物的，这个社会的节奏越来越快，这种人就是烂好人，也不能留；耗子专门偷吃粮食，绝对不行，最顶尖的人才是千里马。

这个过程我们也有很多事情发生，我们有六个价值观："成就客户、务实、创新、积极、合作、尽责。"当然，每年我们都在改进和进化，但价值观和业绩是不能脱离的，而且也不能存在"做完了工作而业绩未完成"的现象，也就是一个人工作很努力，但是目标没有实现，那么"务实"这项就少了一分。

通过让下属填写绩效表格，我们不让下属做活雷锋，你要知道，雷锋非常好，但一定要写日记，不然大家不知道他的好。很多从业者不努力的原因是因为他认为他是替老板干，不是给自己干。

他会想：我这么努力，领导知道吗？我这么努力，旁边的人知道吗？而我们的价值观和考核就是要解决这些问题。用文化去选人，表面看起来慢了，但其实走得更稳更远。

移动互联网时代的人才窘境

什么叫创新者的窘境呢？比如IBM，它最早做的是大型计算机，为研究机构服务，因为设备价格昂贵，研究机构是它的大客户。当PC（台式电脑）刚出来的时候，PC只能满足低端家庭使用，品质运算能力和IBM差很多。

但是随着时间的发展，PC运算能力越来越强，后面就慢慢赶上了IBM的状态。在这样的情况下，研究机构发现用PC就够用了，IBM的市场这个时候就越来越小了。那么，从低端市场切入的产品为什么能够替代原有的产品市场呢？那就是周鸿祎说的八个字：要么方便，要么便宜。

这就叫作创新者的窘境。在教育行业也存在一个人才窘境，其实任何行业都存在。很多大学生刚开始能力一般，性能不足，但是你发现这个逻辑：要么方便，要么便宜。

他没有包袱，他会相当认同企业的价值观，随着时间的成长，他们很快会适应企业和行业的需要。虽然小伙伴的综合素质比有经验者差不少，但是如果团队有很强的价值观，加上个人学习能力强，企业又有相对成熟完善的培训激励机制，这三点结合一起，就能够慢慢上去了，甚至超过有经验者。否则，如果有经验者能力再强，价值观不一致的时候，统一团队就很难了。

教育行业的激励窘境

克莱 · 舍基说：外在激励会削弱内在激励。企业有两种，一种幸福的，一种不太幸福的。先来看一个美国科学家的实验，他把一群小孩叫到一起，一人发一颗糖，然后说：如果15分钟内把糖吃了的孩子，就不会再给糖的奖励了，如果过了15分钟后才吃的孩子，就再奖励两颗糖。根据现场的情况再结合后续的持续20年观察结果，他得出三个结论：

1. 凡是忍住没有吃糖的孩子，他的成就要普遍大于当时没有忍住吃糖的孩子；

2. 那些吃了糖的孩子，都不是一开始决定要吃的，他们在旁边看着糖，然后打开舔一口，过一会儿再舔一口，然后反复如此，最后把糖舔光了；

3. 凡是那些没吃的人，一开始就想清楚没吃，然后离开糖，去做自己的事情了。

你会看到什么叫作“痛苦的失败”和“轻松的成功”。一个团队倘若没有长远的目光，就很难成功。一个团队一定要有自己长远的价值观和文化，一定要塑造长期积极的心态。

我们的做法是价值观驱动，采用社会激励，教育这个行业见效周期太长，决定了从业者要具备积极心态，只有构建长期的氛围才可能做好。

组织匹配

组织是为了匹配满足客户需求而存在的。那么，什么样的产品适合O2O（去中介化），什么样的产品不适合O2O呢？

其实，这个问题也可以等于是在问：

什么样的产品适合平台化，什么样的产品适合品牌化？简单产品适合平台化！

怎样区分简单产品和负责产品呢?

第一，是否品质（品牌）敏感?

第二，是否需要多人合作，利益分割是否清晰?

第三，是否需要文化培训?

要知道，一种组织形态，它就只能对应一种业务模式。

新的探索和尝试

很多家长有一句话叫作：学理科，到“学而思”。“学而思”是我们的线下知名教育品牌，2013 年秋冬，我们就决定把集团名字“学而思”变成“好未来”，因为我们大量业务已经在线上了，线上的业务还不错。

当时我在想，苏宁和京东相比较，苏宁有两个值得商量的事情:

第一，电商做得太晚了;

第二，起的名字有问题，苏宁在大家的心目中本来就不是电商品牌，而是卖场品牌。为了线上线下两个体系分别运作，所以改了这个名字。

我们后来的业务拓展都是先线上，再线下，我们称之为“重塑”。线下都是新的团队和新的思维，用新人做新业务，老大也必须是新人，老人可以做副手。然后线上线下业务和服务对象都要区分开，客户肖像要不一样，培育方式也要不一样，彼此互补。

放开营销，允许失控

我们允许失控。几年前看了《失控》这本书，其实，失控不是完全不管，而是任何一个失控都要看它的反馈点是什么，我们允许退费，从理论上来看是会退光的，是会失控的，但我们要看退费的反馈点是什么?

很多时候我们只关注自己的关注点，而客户的关注点会完全不一样。比如一个人半夜去银行取钱，他如果打电话给银行说自己的一万块钱被银行吞，赶快派人来把它修下，银行会说太晚了，工作人员已经下班了，等明天再解决。

但如果你换另外一个电话打过去，说在自动取款机取一千块钱，吐出来三千块，银行就会说赶快派人过来解决。很多时候我们着急，都是因为没有找到反馈点。

少请示，多汇报

我们经常对下要授权，但又不放心。失控就是你别老想着你做主，下面做事的时候，有做对的也有做错的，你要做的就是适度的及时沟通和高密度的连接，否则就会失控了。

在谷歌公司，员工之间可以相互评价，所有员工就职一年半之后就可以在部门内自由流动，只要简单的手续，你的领导无权阻挡。所以，所有领导都很有压力感，必须保证项目有前景、团队氛围好。

所以，失控背后的控制点很重要。

三流公司抓的是员工时间；

二流公司抓的是员工大脑；

一流公司抓的是员工心智。

在移动互联网时代，更多的是要：张开双手、拥有所有。

创新工厂李开复：

关于管理优秀人才的五个秘诀

第一，作为创业公司 CEO，你 30% 的时间应该花在人才上，其他你该花的时间是树立公司的文化、让自己更强大，一旦你的执行开始上路以后，这三件事情应该占到你 80%、90% 的时间。因为人才是这么重要，而且初创的这 20 个人是那么重要，所以 CEO 要拨出更多时间来找适合公司的人才。

伟大的公司都在做的三件事：
第一 引领公司文化使命
第二 汇集顶尖人才
第三 让自己变得更强大

第二，对这些人才基本是财散人聚，对这些人才一定要慷慨，要把公司的股份、要把很好的利益让给他们，要随时记在心里。如果你公司只值 100 万美元，你占 80%，重要吗？还是公司值 100 亿美元，你占 20%，哪一个比较多，我们心里都应该很清楚。

第三，随着公司壮大，你一定要非常清晰 10% 的核心员工，在国外有一个说法，就是如果你的公司碰到了问题，大船可能要沉了，但是你还有很少的资金，也许碰到了泡沫，能够出来二次创业，或者第一个公司没有做成，做第二个公司，这个时候你只有小小的

救生艇，只能放 10% 或者 5% 的人在里面，这必须是谁？你必须很清晰这 10% 的人是谁，对他们要有相当程度的认可，要给他们很好的待遇，要了解他们想要什么，放权给他们。

第四，多个伟大的公司，在 Google、微软、苹果，基本这三个公司都相信，**一流的人雇的是一流的人，二流的人雇的是三流的人，所以当一个二流的人进入你的公司，你就开始往三流走了。**尤其创业公司每年 5 倍、10 倍的发展，这是很危险的。因为一流的人是有自信的，觉得你这方面比我强，我别的方面可能比你强。但是二流的人是没有自信的，他要找一些软弱、管得住、不敢挑战他权威的人，所以三流的人再进公司，你基本就没戏了。当然这不见得适合每个行业，如果你做一个工厂，你要雇一批非知识型的人才也许不适合。

第五，作为一个聪明人，你想怎么被管理，就想怎么去管理人，一个聪明人要认知自己做的事情有价值，而且不但自己理解，老板也理解，所以一个老板对于员工做了好的事情，发钱是不够的，空空的说 good job 也是不够的，**你作为老板一定要了解你的员工的技术的成就是牛在什么地方，是什么别人做不出来的，你花点时间理解，会对员工的激励比什么都大。**

另外，对员工的放权也很重要。一个伟大的 CEO 要对公司方向有非常清晰的掌舵和把控，但是他对于一些如何去执行技术、产品、售后、销售、市场，应该每个能人在他的领域里有非常大的发展的空间。所以一个什么都要管得很细腻的老板，是没有办法留住一流的人才的。这就是我今天想讲的第二点，就是在伟大的文化之后，怎么样吸引伟大的人才。

再下一步就是，这批人才如果足够强大，他会再一步地增强你公司的文化。大家想到文化，不要想到一个人很厉害，比如我们想到新东方文化，是俞敏洪、王强、徐小平三个人都很厉害，公司才很厉害。如果俞敏洪找了两个很平庸的人，就很难让公司的文化达到扩散。

第三点我想讲的是创始人有什么素质。毕竟这个公司能不能成为百亿公司，无论你的文化多厉害，招到多厉害的人，CEO 不行还是不行的。没有一个平庸的 CEO 能够给他天才明星团队和伟大产品，也成不了百亿价值。

28条建议 03

给艺教机构创始人与合伙人的

1. 简洁真的具有超级强大的威力。
2. 做减法，专注于一件事更容易成功。
3. 做一家望向未来，致力于远期成功的机构。
4. 成为会议室，乃至公司上下最冷静的那个人，这一点会越来越重要，难度也越来越大。
5. 人人都需要激励。用文化带队伍，物质激励必不可少。
6. 做事之前，找准正确的动机，这会起到非常大的作用。
7. 相信你的直觉，直觉是上天对创业者最好的恩赐。
8. 你的学校是一个团队，而不是一个家庭。
9. 不要钻牛角尖。
10. 你的任务是统揽大局，而不是陷入其中。
11. 铭记感恩的重要性。
12. 让每个人获得充分的授权，但是不要忘记随时随地给予帮助。
13. 事情从来没有变得容易过。
14. 不要放过为每一次微小的进步和胜利庆祝的机会。
15. 布局要早，行动要快。预见性就是比别人更早看到未来。
16. 任何时候都要有 B 计划，越是顺风顺水的时候越需要警惕。
17. 选择股东四原则：志同道合，认同合作规则，对长期发展有价值的人，不要给干股，要真实出资。
18. 股份的三个误区：用股份来换低工资，让朋友成为股东，让亲友当股东。

19. 集中兵力解决主要矛盾，集中优势兵力才能打胜仗。每个机构都需要一 支特种部队。
20. 坚持决定着一切。
21. 你和你的学校不是一回事，认清了这点，无论是对你来说还是对学校发展来说都是一件好事。
22. 聘请一些能够开发并维护长久关系的优秀员工。
23. 有些时候，你真的得为了自己去犯一些错误。
24. 向别人寻求帮助以及对某些事情的解读，这是非常非常重要的。
25. 你身边的朋友是应该能在低谷时打气，巅峰时泼你冷水让你冷静的那群人。
26. 将你的收获跟其他人分享，它会以一百万种不同的方式给你回报。
27. 你需要思考和创新精神。
28. 想要打造不一样的东西出来，那么首先试着去做一些不一样的事情。

主编建议：

宁静致远，勿忘心安

这是一个充满着选择的时代，每时每刻我们都在面临着选择。我们被拥有过多的选择而束缚着，校长们最需要修炼的能力就是选择的能力，因为**选择比努力更重要，你的选择，决定你的未来。**

人生的每一件事情发生都是有因缘和合而成，有因必有果，因此，很难说如何去做选择才是对的。我们在这里给各位创始人和校长提供一个选择的建议，尽可能地去尝试一下如下的生活方式，也许你现在面临的很多困境都会迎刃而解。

第一，减少对自己没有用的朋友，尤其是微信时代，不要动不动就加上几十上百人，微信中真正对你有益的朋友其实并不多。毕竟微信与微博不同，你不需要那么多粉丝为你点赞。

第二，逼迫着自己每周去做一次运动，看一部经典的电影或者陪家人看一期电视节目，陪伴他们一起去做喜欢的事情。

第三，少读一些成功学、管理学，被神话了的各种秘籍宝典，这个世界从来没有所谓的秘籍。所有的一切都需要靠自己去踏实的做出来，而成败的前提与努力有时候真的没有关系。这个时代努力勤奋的人毕竟还是非常多的，但成功的却是少数，仅仅用天时、地利、人和来讲都还不完全准确，一定是这些少数人完成了一个复杂的美学任务，扛起了常人无法想象的担当与集体话语。

第四，重复读经典。经典使人宁静，几千年来，宁静致远一直影响着无数仁人志士，很少听见忙碌致远的。我们要通过读经典，像婴儿一样宁静，像圣人一样明理，回归自性，这样才可以连接起宇宙的能量，激活自己的潜能，让自己无所不能。

我们都是教育工作者，毕竟和做企业还是不同。作为师者，有几部经典我诚恳地建议大家反复诵读，《了凡四训》、《弟子规》、《论语》、《般若波罗蜜多心经》、《金刚经》。

这些经典纵横几千年反复读诵，抄写，其实要的是读诵的这个过程。现代人特别愿意把每一本书都读懂，其实，诵读经典的过程是一个心灵成长，能量升级。读着读着，你的灵魂就升华了，就能通过读诵经典观照现实，反思自我，得到一种加持，从而拥有解决现实问题的智慧。

第五，寻觅良师。虽然我们自己是老师，但是我们人生中一定要寻觅一位德才兼备的人物做我们的良师益友。不一定要多么有名，学问多高，听其言，观其形，最重要的是德行和缘分。

第六，亲近自然。艺术来源于生活，高于生活。生活也是最美的舞台。这个生活不一定是所谓的柴米油盐酱醋茶。而是走进大自然，亲近花香鸟语，去拥抱星辰大海。

第七，爱的奉献。爱是相互的，前提是必须先付出，当体验到爱的本质的时候，我们的创业就上升到了一个更高的境界。学校业绩成倍数地增长，我们收获了更多的时间，更和谐的家庭关系，更加幸福的每一天。抽空去做做义工，转换一下角色，体会下人生百味，将有助于你更加珍惜，从容的面对生活。

第八，多些独处。这是一个空气中都充满着浮躁不安的时代，工作之余远离人群，远离人多的聚会，多一些独处的时间静静地思考，甚至什么也不做，与自己的心灵谈一场恋爱。

原创插图：慢条斯理为《艺术教育+》创作

第三幕

教学与跨界

01 校长说：时光作证，以教学为先导结出的硕果

刘　姗　湖南岳阳华容姗姗舞蹈学校校长

孔庆伟　河南商丘伟雅艺术舞蹈学校校长

王一竹　舫竹嘉铭钢琴学校校长

颜朝燕　湖南永州星之源古筝艺术学校

宋　琴　山西省长治新星艺术培训学校校长

曹　巧　河南天资少儿艺术团团长

徐　燕　南京咔咔舞蹈学校校长

王　伟　江苏新沂一惟舞蹈艺术学校校长

石　峰　内蒙古乌海领航艺术学校创始人

02 90后，00后研究报告——“我世代”的家长和孩子，你了解吗?

03 面对“我世代”的家长和孩子，我们的教学应该怎样跨界

跨界案例

艺林花儿魅力口才公开课流程

作业跨界创新的案例

跨界类综合艺术学校——巧克力梦工厂

第三幕 教学与跨界

我们送自己的孩子去学校学习，目的是什么？我们希望他能够学到一些知识和技能，并且，这些知识和技能是足够让他在学校出来后能够使用的。我们花费了大量的财力物力和十多年的时间，倘使踏入社会，却感到茫然和不知所措，那么，我们接受教育的意义又在什么地方？

这种教育和社会整体是脱节的，因为教育没有考虑到未来社会的情况。未来是什么样的？互联网时代，一切改变都太快了，还没有等我们反应过来，新一轮的潮流已经成为了历史，但是，我们可以追溯社会的发展，通过分析和推测，总结出未来的社会，有哪些要素是我们每个人都必须具备的。

这些要素，简单来说，可以总结为几个关键词：**探索能力、创新能力、协作能力、信息分析与穿越的能力和高贵的品质。**

艺术培训学校，相对于主流教育来说，目前还在边缘徘徊，但是，少儿艺术教育同样也该承担起育人的责任，在教授技能的同时，培养孩子各方面的能力。其实传统教育反而在这方面相对薄弱。传统的体制内教育，它太庞大，运转起来会更复杂，改变起来也更难，无法照顾到每个孩子。它用同一种标准要求所有的孩子，它通过严格的制度管理一切孩子，这些做法都会扼杀孩子的想象力和探索力。

有一句话说："只会埋头工作的人，成不了大人物"，工作是执行，执行力是我们所需要的，但假设我们的目光全部定在执行上面，失去了探索和创新的能力，那么，我们永远无法成就自己的事业。

我们不能把一个孩子训练成听话的机器，这种教育方式也是孩子所抵触的。我们研究孩子的天性发现，他们对学习和探索天生有着兴趣，我们只要通过引导，他们自然能够学到技能。

对于年龄尚幼的孩子来说，他们的心智还未成熟，他们来到这个世界没有几年，他们会把很多在大人看来不值一提的小事当作生活全部，有时候大人不经意的一句话，一个动作，一个眼神，甚至都能改变他们的一生，可是同样的，我们合适的引导，很容易就能激发他们的兴趣，让他们热爱学习。

或许，在教育中，怎么去教，比教什么更重要。

通过学习，我们要掌握的技能和本领，不只是会唱歌，会跳舞，而是培养了我们学习和探索的能力。而这一点，其实正是很多艺术培训学校已经在做的事情，当我们采访到那些校长的时候，他们几乎都说到了这一点，他们的教学，并不只是艺术技能的教学，而是完整和全方面的培养。

在他们的课堂中，他们会增加有趣味的内容和游戏，让孩子快乐学习，体会到学习的乐趣。让他们去发现和探索，培养勇于追求的精神，让他们自己去创造，去构建自己的未来世界。不过，这些探索目前还很浅，更多的是贴了一些标签。真正能适应未来的教育可能还只是在探索着，不过这一代人的探索也能影响到后来者。

最好的教育，就是和孩子一起去探索和发现未来，并练就适应未来的能力。

这样的教育，才是我们真正需要的，当我们踏入社会的时候，遇到我们从来不了解的事情，遇到了能力之外的问题，我们也不需要担心，我们去发现，去探索，去创造，就能够逐渐地把事情都处理好。

少儿艺术教育中，当技能的教学成了标配，那么，我们所能提供的增值服务和个性服务，就成了我们的竞争力。艺术教育到底要+什么，才能够让自己的学校领先于同行，这其实是一个开放性的问题，没有确定的答案。

我们并不试图给出一些答案，而是以线性的叙述方式，展现了一批魅力校长的办学特色，追述了他们一路走来的成功经验。或许从他们的经历中，我们能够探明，艺术教育“+”号后面的内容。

可是，我们也千万不能忘记，他们今天的成功，意味着，他们的方式方法是过去式的，未来的成功，才能验证今天的方式方法是否正确。也就是说，我们对艺术校长的探究，能够对过去创办艺术学校的成功经验探明一二，可是时代变革之后，我们还应该重新去考量现如今的办学理念。

在过去的2015年，我们发现，很多艺术学校开始改变了办校思路，2015年艺术教育行业有5个关键词是非常明显的，分别为：艺术教育与家庭教育的结合、跨界、联盟、教学归位及未来学院。

教学归位是行业的核心，未来社会不管如何变革，把重心放在教学上，优质的教学才能吸引学生，这是不变的真理。与家庭教育的结合，是时下的一个热潮，国家都在提倡家风家训，我们发现，拥有良好的家庭教育，对孩子一生的发展都至关重要，很多艺术培训学校也增开了这方面的课程。

跨界、联盟和未来学院，正是基于发展之后的艺术教育市场所做出的改变。现如今，各大资本和巨头逐步在往艺术教育领域渗透，这一行的竞争将更为激烈。在这样的大趋势下，很多艺术培训学校都开始联盟，组成更强大的力量，应对逐步到来的竞争。

跨界的思维是一种互联网思维，在传统行业中，跨界的例子很少，一个开服装厂的很难弄懂怎样去开餐馆，但是互联网时代，行业的界限不再如鸿沟一样难以跨越，对于大型平台来说，他们整合了众多优势资源，拥有一个健全的商业生态圈，可以进行有效并快速的跨界打击。

对于艺术培训学校来说，我们为什么不可以去做这样的尝试呢？在整个 2015 年，我们发现，很多艺术培训学校都走出了这一步，进行探索。他们尝试着与不同行业不同机构合作，并且取得了很不错的效果。

未来学院，同样也是 2015 年艺术教育行业的热词。未来的学院首先表现在装修上，但并不像今天的学校一样是硬装，而是借助更多的技术力量来进行软装。譬如我们可以设置一些幕结构、大屏幕或者各种各样不同的主题来变换装扮，每个季度都不同，等等。互联网时代，技术的运用一定不能落后。

另外，我们应该关注的是未来的孩子。旧时代的孩子，交通不便，他们的眼光局限于一个村一个镇，现如今，来回于不同城市，成为了很多人的家常便饭。而未来，不同国家之间的穿梭可能也会变得很平常。孩子会变成国际化，我们的教育是否能够跟得上这样的步伐呢？我们是否能满足未来孩子的需求，去创造更适合他们的艺术培训学校呢？这都是我们需要思考的问题。

艺术教育 +，从 70 分到 90 分，我们需要再做一点努力，但是我们知道，选择大于努力，只有我们选择了正确的方向，我们的努力才能带领我们走向成功。

01 校长说：时光做证，以教学为先导结出的硕果

湖南岳阳华容姗姗舞蹈学校校长

刘姗

“一棵小树苗，小时候长歪了，等到长大要再变直，就很困难。”

一棵小树苗，小时候长歪了，等到长大要再变直，就很困难。我们艺术培训学校，面对的直接就是一个个孩子，在他们幼小容易变化的时候，我们更应该关注和呵护，让他们茁壮成长。

我们的学校在湖南的一个小县城里，成立于2002年，至今已有十多年时间。十多年前，艺术培训学校还不多，今天，已经如雨后春笋般冒了出来。舞蹈培训的市场十分广阔，但是，十多年来，我们一直坚持“小、精、尖”（规模小、学生精、成绩尖）

的办学目标，一年只收 300 名学生，这成了家长、同行很费解的事情。

其实，这无须费解，因为我们始终认为，教育是一个无法产业化的行业。学舞蹈，不是教授几个课堂组合而已，真正让孩子学到的应该是：对学习的热情，良好的学习态度、习惯，与同学交往的一种能力，还有就是积极向上、自信、大方、快乐的度过每一天。我们爱的是舞蹈，做的是教育，传递的是美丽，影响的是行动，在乎的是一辈子。我们要成就孩子脸上自信的微笑，给孩子一个最美的童年，创造父母的幸福感，真正成为一所重视孩子心灵教育的家园，一所培养孩子潜在能力的学校。

基于这个想法，十多年来，姗姗舞蹈学校一直保持着自己的理念，不把目光投向市场，而是更关注于教学。经过 13 年的风雨磨砺，我们的教学理念得到了极大的充实与丰富，快乐舞蹈、快乐教育已刻于心，现于行，也结出了丰硕的成果，我们组织编写了《姗姗快乐舞蹈》、《姗姗创意思维课》、《益诚安全基训》等教材，以此为蓝本，携手同行在全国各地进行了十站的姗姗义教，同时举办了高端幼儿舞蹈师资培训班，场面令我们震撼，反响也超乎我们的想象，这也正是对姗姗舞蹈学校 13 年坚持不懈的追求与探索的最大肯定与回报。

姗姗舞蹈学校，是一个不需要招生的学校，是一个有名额限制的学校，是一个老师与学生、校长与家长之间非常有灵犀的学校，也是一所十分“任性”的学校，我们很认同教育的本质是人文教育的观点，教育是一棵树摇动另一棵树，一朵云推动另一朵云，一个灵魂唤醒另一个灵魂，**教育一点都不能功利，它是一种启蒙，一种唤醒，一种打开，一种点燃，是培育丰富的内心世界，提高他的精神高度，对学生进行人格养成的教育，而知识的教育只是它较小的部分。姗姗舞蹈学校今天的成功与成就正是源于知足、源于发自内心的爱。**

主编观察

姗姗是一个非常个性的湖南女孩，非常有自己的原则和坚持。对于教育这件事，她从不向任何人、任何事妥协。可能由于这种劲头，她在当地家长心目中也是偶像级的存在。大家非常热衷于倾听她关于如何培养孩子的分享，虽然他们学校的学员不多，但她以及她老公在全国各地的粉丝已经快超过学员的人数了。

2014 年开始，姗姗在全国各地做义教，源于她对儿童舞蹈教育的一种情结，她希望把“快乐教学”推动起来。姗姗老公益诚在全国各地开展安全基训，也受到一线老师的欢迎。

他们给我们展示了两点：

第一，这是一个不能阻止任何人闪耀的时代，同时也是一个覆盖不了任何人光芒的时代。有魅力、有内容就可以绽放。越来越多的艺术老师将来会走上这条路。

第二，这个时代，学会说 NO 也是一种能量。而这种能量可能比随波逐流更有威慑力。姗姗和她的老公走自己的路，踏踏实实，认认真真，一步一步的在做着，应该为他们点赞，也把一份美好的祝愿送给这快乐的一家人。

河南商丘伟雅艺术舞蹈学校校长

孔庆伟

依稀记得，最初办学的时候，仅仅只有12个孩子报名，到如今，伟雅艺术舞蹈学校，经过10年的发展，生源已经达到了400多人。尽管400多人并不算多，但我们学校走的是高端舞蹈培训，收费标准是当地同行的5倍左右。从这一点上讲，400多个孩子的选择，从侧面证明了社会对我们的认可。

我认为，舞蹈是一门殿堂艺术，应该花费更多的心力去浇灌孩子的艺术天分。因此，我们不仅打造了高度视觉化的学校，还提高了服务和教学品质。因为成本相对增高，所以，在收费上，我们可以说是远远高于同行。

一开始家长对此是不理解的，他们以为，同样是舞蹈教学，同样教孩子那些动作，为什么这边收费就这么高呢？他们不接受，不认可。但这并没有改变我们的方向和计划，我们仍然坚定地走自己的路。在我们看来，让家长接受，不是降低我们的标准，而是让大家了解到，不同的价格，最终得到的，也会不同。因此，我们更关注教学，五星级的价格，我们会给到六星级的服务和七星级的教学。

正因为我们严格打造教学内容，后来，家长也渐渐认可了我们学校。现如今，伟雅艺术舞蹈学校，已经成为一个闪亮的品牌。这是对我们理念的一次肯定，教育，真正的关键不在于收费，而在于教学本身的品质，是否真正达标。

而达标的标准至少有三个：

一、不违背艺术教育的功能与特质

二、家长真正的满意。

三、孩子真正的开心快乐，并且激发他成为更好的人。

主编观察

孔老师是一个极有主见，又非常有个人魅力的女人。在商丘这个地方，她成功打造了一个标签，“想让孩子像公主一样漂亮，只能去伟雅艺术。”

移动互联网时代，单点极致，小而美会成为主流。也会有越来越多有个性的人去经营自己的魅力。

孔校长正尽力的横向连接，在不扩大规模的同时，让自己的碎片化时间得以高效利用，在全国各地分享自己的经验。而这也正是当下潮流的方式，内容和人会成为入口。当你有势能的时候，各种资源会来找你连接。

舫竹嘉铭钢琴学校校长

王一竹

没有创办艺术培训学校之前，我在深圳等一线城市教过钢琴课，对大城市前沿的钢琴教学了解不少。每年我都会回老家辽宁沈阳，每次看到家乡的孩子在钢琴弹奏、表演和眼界上都远远落后，我就感到特别心酸。于是，我回到了家乡，创办了舫竹嘉铭艺术学校。从去年6月成立至今，舫竹嘉铭迅速在当地崛起，成为了当地钢琴培训界的标杆。

我想，我们学校能够快速做大，与当地原先无趣和不规范的教学有关。之前，很多培训学校教孩子钢琴，往往就是那几个曲目，然后分成各个小节，让孩子逐一学习。一首完成的乐曲，一首带有灵魂的音乐，被割裂成几个小段。这不仅无助于培养孩子对音乐的喜爱，反而会打消孩子的学习热情。这样的教学，只是为了应付考级而已，若孩子对钢琴失去热爱，就算能够考过钢琴十级，那又如何呢？

舫竹嘉铭艺术学校成立之后，首先在装修上，我们花了很大心思，我希望沈阳的孩子也能像大城市的孩子享受到一样的设施环境。其次，在教学上，我们也一改当地的方式，用创新的教材和教法，打造更优质的钢琴教学。

我们最开始，培养的是孩子对钢琴的兴趣，孩子从 3 岁半开始就可以到我们这里上课，8 个孩子一个教室，以快乐启蒙式的教学让他们喜欢上钢琴。4 岁左右的孩子，4 人一节课。而 4 岁半之后，就是一对一的钢琴教学。从 3 岁半到 4 岁半，通过一年的观察和培养，老师对孩子的特性也有所了解，每个孩子的审美不同，老师还会选取不同的教材进行教学，真正做到了因材施教。

从教材上讲，我们大胆使用新教材，基本和一线城市使用的教材达成了同步，同时，我们还每年更新自己的教材，让孩子使用接受最前沿的教学。

如果让我来总结我们学校，其实，没什么成功的秘诀，就是在教学上多下了一点功夫。艺术培训学校，归根结底还是教育，教育的核心，还是教学，我相信，打造更好的教学品质，学校必然能够得到更好的发展。

主编观察

她是一个非常坚强的东北女孩。周边的人觉得她挺能造。她在原本刻板程式化的钢琴教学中写诗。洁净清澈、全情领悟关于“钢琴教育 + 互联网”的跨界结合是她努力的方向。在一个比较难突破的艺术门类中求生存，最重要的是一定要打破。工业时代是从产品的功能性入手，而互联网时代考虑的更多的则是可能性。为什么钢琴教育只能在琴键上起舞呢？打破时空，连接更多的资源，从家长的深层需求去挖掘，也许你创办的不仅是一家学校。

湖南永州星之源古筝艺术学校

颜朝燕

古筝艺术不像舞蹈和钢琴那样大众化，比较难以招生。可是，我们仍然在创立半年内就招到了近百名学生，有的学生同时报了两门到三门课，内部转化率很高，可以说，在当地，我们的古筝学校是做的比较成功的一所学校。

十多年的孜孜不倦教学，我们培养了大批的优秀艺术人才，有通过学习古筝特长考入天津大学随后又被保送哈佛大学的蒋欣，有通过学习两年业余学筝，以专业第一名考入武汉音乐学院的 9 岁的蒋晓婧。在我们这里经辅导学生，参加考级通过率 100%，高考古筝专业通过率达到 100%。

很多时候，家长把孩子送到艺术培训学校，往往有些急功近利，孩子也会比较心浮气躁，我们需要一点一点地通过艺术的熏陶，化解这些。这就更需要我们打造一流的教学。在我看来，办一所学校，教学是第一位的。星之源古筝艺术学校如果有什么值得肯定的，就是学校把教学放在了首位。

除此之外，我觉得尤其像我们这些三四线城市的家长观念跟不上，重视文化课，认为艺术课占用了孩子们学习文化课的时间。在这种情况下，我们请到了陈帅老师帮助我们给家长做培训。其实，我渐渐发现，孩子其实接受新事物和知识的能力比家长容易的多，家长的意识对孩子的影响非常大。所以，陈帅老师的《我是好家长》第一季的第一站就是在永州举办的，当时我们有家长说，这种水平的活动在永州是首次。可见家长也是非常需要学习的。**艺术教育和家庭教育的对接也一定是趋势。特别对于我们器乐教育来说，优质的家庭教育内容的引入，将会为我们开辟另外一条快车道。**

包括之前很多家长都希望我本人能继续教课，这样每周连思考的时间都没有，在这样的情况下，老公也停薪留职回来帮我。很多时候，**艺术校长可能就是要突破这种惯性的思维，跳出来，才会看到新大陆。**

主编观察

十足的好人，老实本分人，勤劳善良的湖南女人，能让家长放心的好老师。在做人上，颜老师无疑是成功的。真诚就是她最大的谋略。他们夫妻经营的星之源古筝学校，占据永州最繁华的地段，也是当仁不让的佼佼者。

在此，真诚地提几个建议：

第一，夫妻店最重要的是建立规则，一定要分清学校和家庭是不同的两种角色。明确分工，讲规则，不要过度干涉是夫妻店经营的首要条件。

第二，颜老师的老公魏校长是一个天马行空、极具创意、学习力极强的人，身兼数职。如果不能形成专注，就会在非常辛苦的同时，浪费了发展的黄金时期。

第三，《我是好家长》全国巡讲的创意源也来源于魏校长。

可见魏校长非常敏锐地捕捉到了市场需求，需要接受不完美的个人组成一支完美配合你的团队。在学校，什么都是你自己做，不是你的能力，而是你的失败。

山西省长治新星艺术培训学校校长

宋琴

长治是一个革命老区，少儿艺术培训起步相对较晚，刚兴起那几年，往往还很不规范。作为一个自幼喜爱舞蹈，最后上了艺校，考入北京舞蹈学院中国舞教育与表演专业的舞者来说，我希望给家乡的艺术培训行业带来一点不一样的东西，于是，我创办了这所学校。

开班之初，我们总共才收到了 9 个学生。对于很多培训机构来说，面对这种情况，通常会把 9 个孩子囊括到一个班中。一个班 9 个孩子，也并不算太多。但是我没有这样做，而是把 9 个孩子分了 4 个班上课。有的班只有一个孩子，可哪怕只有一个孩子，我也要分班上课，因为不同年龄段的孩子对于知识的理解接受程度是完全不同的。

这是 2007 年的事，那会儿我刚开始办学，已经决定了，把重心放在教学上，不马虎、不随意，严格要求自己，不计成本地投入。

我坚信，只要抓好教学，一定会有更多的孩子走进新星。事实确实如此，第二年，新星的学生，就从个位数增至100余名。

我对教学的用心也得到了家长的认可，2012年，新星因遇城市改造拆迁而中断教学三个月，但500多名学生无一流失。

我想，艺术教育行业，应该是一个将心注入的行业，我们办学的初心是把孩子培养得更优秀。**专注于教学，不忘初心，艺术培训学校，一定可以走得更好**。

主编观察

宋琴校长是一个非常追求品质的人，无论是生活或是事业，她都尽力做到最好。为了孩子，她不计成本得失，从当地资源的整合，到全国活动的选择，她都秉持着给孩子最好的。背后支撑她的信念是爱心与责任。她把“爱的接力”、“最好的爱就是陪伴”这些温暖的公益活动贯穿到了教学以及展示活动中。

突出事迹就是她从活动中结缘的残障儿童刘志帅，坚强，感恩。她用刘志帅的故事去激励孩子们，更把志帅带到了“中国好少年”全国总决算的舞台。后来，在全国美育圆梦的舞台上，又以他阳光的故事感动了200多名校长。

当时担任“中国好少年”总导演的我也被深深感动，立即通过微信转了一笔爱心款项5000元加入了她学校组织的“爱的接力”，同时，我把这个消息告诉给了好朋友谭晶姐，一直热心公益的她，知道又是自己的小老乡，亲自去给志帅挑选了礼物，还精挑细选了一张自己的专辑送给他。

“无论你会在哪里，我愿聆听你，爱总是无声无息，却唱诵神奇。只要小小的自己，平凡中努力，爱总是创造奇迹，温暖天与地。”

你的爱给我勇气，我的路为你延续，爱的接力，把世界连在一起。

2014 年，魅力校园与谭晶联合推出的公益活动“爱的接力”，已经成为诸多艺术机构的主题曲，一场真正意义上的爱的接力在无数活动中延续，接下来要延续到我们的课堂中，甚至是每一个孩子的心里。

河南天姿少儿艺术团团长

曹巧

20年的时间很长，长得足以消耗一个人的青春；20年的时间又很短，短得就像一支舞曲。我就是在这样的20年里，享受着艺术带给我的苦与乐。

我天生不服输，喜欢挑战自己，别人认为很难、不敢做的事情，我却愿意去尝试。1994年，我成立了孟州市天姿少儿艺术团，这是孟州市成立较早的一家，“练舞不练功，到头一场空”。在艺术教学上，我力求精益求精，针对不同的学龄儿童开设相应的基本功训练课程，让学员们打牢扎实的基础功底，帮助热爱艺术的孩子们接受到正规的艺术启蒙。由于缺乏舞蹈基础，她们在最初的舞步走姿练习时，就显得格外困难。于是，我就狠下决心，从最基础的练习舞步舞姿抓起，采用滚动式的反复辅导，让孩子们在一次次枯燥重复的练习中慢慢提高，从中领悟到舞者风范的艺术魅力，真正成为一朵农村孩童大军中的艺术奇葩。

从艺先从德，学艺先做人。所有走进天姿的孩子们，上的第一堂课就是品德教育课，这是天姿艺术团一以贯之的教育模式，通过渗透式的教育方式从小培养孩子们知礼节、重孝道的良好品质。在这方面，我认为身教重于言教，更希望通过自身行为来影响孩子们拥有高尚的品德。为拉近孩子们的距离，我在教学中不会因为某个学生基础差而排斥她，而是将更多的关怀送给家庭困难的孩子们。做教育，是一个需要不断吸氧、不断提升的工作，也是一个需要理想和信仰支撑的职业。

教育不能只是为孩子的一阵子负责，要为孩子的一辈子负责，培养他们健全的人格、博大的胸怀、宽广的视野，真正为孩子的生命奠基。

艺术团为聋哑孩子和贫困学员提供免费的学习机会，使学生在潜移默化中得到良好的教育。在2004年招收的那群可爱的孩子们中，有一个特殊的女孩，亚巧，她生活在无声的世界，父母也是聋哑人，她从小由爷爷拉扯大。爷爷有严重的哮喘病，但仍然年如一日，风雨无阻地接送她上舞蹈课。然而天有不测风云，2010年7月的一天，最疼她的爷爷突然病逝。亚巧一下子失去了精神支柱，打算放弃自己喜爱的舞蹈，我们及时给予她最大的支持和帮助。无独有偶，还有一个听障儿童，我们一直免其学费。奶奶为表感谢，用一年时间制作十字绣“奋斗”，在天姿二十年校庆的时候将两米多长的十字绣赠送给我，自从天姿成立之初，我们就一直为全市家庭贫困的孩子敞开大门，免除所有的学费。

主编观察

又是一个充满爱心的艺术校长。每一次鲜花与掌声的时刻，她总消失在人群中。每一次奉献与担当的时刻，她总冲在了最前头。创办幼儿园，少儿艺术团一定是需要爱心的，但是光有爱心还不够，还需要智慧与坚守，更需要实力。

她信奉不是每一个人都要惊天动地，把眼前的事情做到极致，下一步美好自然呈现。

20 年的爱心坚守，为她积攒的是好口碑，许多被她帮助过的孩子如今都已长大成才。这是一份厚重的福报。种善因，结善果，天姿的未来需要凝聚起更多年轻人的力量，繁殖出多个更富战斗力的团队，将爱的光芒照耀到更多的地方。

南京咔咔舞蹈学校校长

徐燕

在我看来，舞蹈学习不能仅仅停留在单一的动作上，我们需要更多地引导孩子向内看，把内在的情感表达发展出来。所以，咔咔舞蹈的老师不仅要懂舞蹈，更要懂孩子！

教学上，我们采用了集体课的形式发现不同特征的孩子，老师们把注意力没有全部放在动作技巧的精益求精上，而是把更多的精力放在如何开发孩子艺术潜能以及内心发展上。

我们的课堂上，没有单一枯燥的基本功、没有一成不变的动作训练，而是把舞蹈和游戏结合，把舞蹈和表演结合，把舞蹈和语言结合。我们用道具让孩子们更快地进入角色，用交响乐把枯燥的芭蕾训练变得互动有趣。老师更多的不是一个教员，而是一个导演，她们更多的不是告诉孩子们应该怎么做，而是引导孩子们自己去感受身体。

我们的教材也根据孩子的年龄特征分成不同的阶段：

在初级别（3 – 5 岁）我们注重孩子的艺术感受，用故事、道具引导鼓励孩子大胆表达自己。

在中级别（6 – 9 岁）我们规范孩子们的动作，增加动作的技术性，引导孩子们去发现自己的身体，同时培养孩子们的专注能力。

在高级别（10 – 13 岁）我们引导孩子在动作中表达情感，鼓励孩子们自己编创舞蹈，并让孩子们学会用内心表现每一个舞蹈作品。

主编观察

敏锐、行动力强、善于整合资源和利用现有条件创造奇迹是她的标签。也是南京少有的从不担忧生源，全靠口碑招生的艺教机构。

有一句广告语："如果你知道去哪里，全世界都会为你让路。"她就是属于知道自己想要什么的人。经常能保持冷静的头脑，行业内每有风吹草动都很难搅动她那颗沉稳的心。

她曾经对我说："艺术教育培训赚钱比其他的慢很多，我做其他的事情赚钱都比这个多，但是就是喜欢这个行业，已经戒不掉了。"

除了在教学上有坚持自己的标准外，在活动、跨界领域都在尝试着合作。但她并不期望发展多大规模，或者多么伟大，她只想踏踏实实的和自己喜欢的人，做令自己心安的事儿。可越是这样，找她合作的人反而越多，推着她前进的人也越多，她总用《致匠心》里面的那句经典台词回复说："**专注的做点事情吧，至少对得起光阴岁月。**"

江苏新沂一惟舞蹈艺术学校校长

王伟

从 2005 年开始，办学至今也超过 10 个年头了。10 年来，我们没有发过一张单页，没有煞费苦心地去招生，但是，依靠着口碑，我们从最初的 8 个孩子，到现在已经有了一千多学员，成为了新沂市最有影响力的舞蹈学校之一。

新沂是个县级市，优秀的师资比较缺少，因此，我特别重视对老师的培养。老师有一缸水，才能给孩子一桶水。如果老师自身能力缺乏，必然无法教好孩子。每年，我都会给老师充电，组织他们接受各种师资培训。

现在我们学校有 21 位在职老师，他们都非常优秀，更让我欣慰的是，**他们不仅专注于专业教学，对孩子的品德素养，也能有很好的引导。舞蹈是一门艺术，艺术包含的不只是技巧，还有人的整个心灵。**

和别的学校不同，我们学校会把一整年的教学计划全部订立出来，然后，一年只招一次生，按照不同年龄，分成不同年级，就像公立学校一样。制定这样的规则，是为了把教学做到更好。

2014 年，我们新开了一个校区，两个校区加起来，足有 2500 平方米，目前我们的教室还远未达到饱和状态，但是，我仍然没有扩大招生。我知道我们如今的师资力量就够教这么多孩子，盲目扩大招生，虽然可以给学校带来利益，从长远的角度来讲，更多的是负面影响，何况这样做还会耽误孩子。

作为一名舞蹈老师，我热爱舞蹈这个行业，现在开办舞蹈学校，未来不管走到哪里，我希望自己都能不忘初心，只带着一个信念前行：把孩子教好。

主编观察

一个旅行者，在一条大河旁看到了一个婆婆，正在为渡水而发愁。已经精疲力竭的他，用尽浑身气力，帮婆婆渡过了河，结果，过河之后，婆婆什么也没说，就匆匆走了。

旅行者很懊悔。他觉得，似乎很不值得耗尽气力去帮助婆婆，因为他连“谢谢”两个字都没有得到。

哪知道，几小时后，就在他累得寸步难行的时候，一个年轻人追上了他。年轻人说，谢谢你帮了我的祖母，祖母嘱咐我带些东西来，说你用得着。说完，年轻人拿出了干粮，并把胯下的马也送给了他。

不必急着要生活给予你所有的答案，有时候，你要拿出耐心等等。即便你向空谷喊话，也要等一会儿，才会听见那绵长的回音。

这是影响王伟比较深的一个故事，她把这个故事分享给了她的团队。10 年来，她也几乎没有去招过生。但是学校一直发展的非常顺利，不能说有多么大的革命性飞跃，至少去学的都说好。

她坦言，之所以能让家长放心就是因为 10 年来她的心思全部都在教学上，就像上文中的故事一样，生活总会给你答案，但不会马上把一切都告诉你。

少儿艺术教育要看见成果，道理一样。你付出的很多努力，不一定很快就能得到回馈。但是总有一天，时间会为你证明，什么是昙花一现，什么是经久不息。

内蒙古乌海领航艺术学校创始人

石峰

在今天正式演讲之前，我想有请袁枚老师上台，大家跟我一起感受一个动作，请现在大家找到你身边的一个人，我们一起来做三个握手的动作，这三个握手的动作，第一个是请握住你身边的人，大家可以去感受一下。特别使劲握着对方的手，大家可以告诉我，你此时此刻是什么感受？很不舒服。我们第二个握手的方式是什么样的？是这样，只用你的第一指关节跟他握手是什么状态？意犹未尽，没有安全感，这就是我听到大家的反馈。第三个是这样的，很温柔的，十指相扣，这是一种什么样的状态？很自然，很舒服。昨天跟袁枚老师交流：你跟孩子相处的时候应该找到最舒服的状态，对于孩子来说什么是最舒服的状态？是我们每天站到舞蹈教室当中，今天给你踩跨还是压跨？这些名词我们听起来就已经有一些疼痛感了。对于我们来说，应该用最科学、最人性的方式去解放孩子的天性，让孩子能够找到喜欢的东西并发扬光大。

今天我站在这里跟大家分享，你上课是什么样的状态？在我的记忆当中，我的小学老师上课在这么高的舞台上特别的威武，你一直是仰视着他，我的孩子坐在凳子上，我坐在地上，我就这样跟他上课，这样跟他去交流，这样的时候我们是属于一个平视的状态。孩子就更愿意接受你，这样一个等价的身份，这就是我想跟大家说的。现在我们过多的用成人的方式，把我们的这些东西施压给孩子的身上，孩子能快乐吗？你的孩子能够比别人更优秀吗？我们应该通过今天这样的话题讨论，去感受一下在明天，在未来我们应该通过什么样的方式跟孩子去交流？如何去关爱他，把这些更好的东西放到我们的课堂当中，让更多的人能够感受我们每一个学校以及我们作为中国艺术教育的引领者，在做什么。

刚才在上台之前，跟陈帅老师简单地聊了一句，我觉得就是四个字，返璞归真。用更纯真的方式去掉所有的装饰，用孩子的方式去看待、去教育每一个孩子。

主编观察

这是一篇来自《致谢 2015，拥抱 2016》艺术教育家年会——《超级演说家》中的演讲稿。用来做本篇的压轴，是因为石峰通过非常短的时间让大家记住了他。他上台做了一个互动体验，让全场所有人跟着他一起感受三个极其简单的动作，就是这样简单的一个动作，很多年后，大家相聚在一起回忆的时候可能会忘记石峰说了什么，但是这个小小的动作一定会让很多人记住他。

这篇演讲同样也传递出一种教育观，我们该用什么样的视角去看待艺术教育，用孩子的眼睛去看世界，对于每一个成年人来说非常难，那么用成人的方式去教孩子同样会让孩子们很吃力。

多少机构都在提倡“快乐教学”，但是大多机构还只是开了个头，停留在倡导，口号及探索阶段。这段路需要的不仅是全行业的努力，更需要家庭、社会、媒体共同去推动。

石峰，在粉丝学院每一站的相聚中都给人留下了不可替代的印象，他总能恰到好处的占尽风头，在令人反感和比较喜欢之间拿捏到一个最舒服的度。有一天他跟我说，他前世可能是一个和尚，也许是积累的福报吧。

说到此人不得不多说几句，他有很多闪光点值得被推荐。他对新鲜事物永远保持着极强的敏锐感和行动力，一个流行的事件刚发生，他学校的微信或者活动就立马跟进，由此可以看出他是一个极会借势的人。

除此之外，他特别善于抓取机会，顺势跨界，创办领航三年多时间，通过自己的创意、整合，把语言表演、艺术高考、童装、活动平台、考级等整合成了一个梦想 A 计划。

他的课堂也引入了许多影视节目、真人秀的模式，跨界一词在他身上也得到了很好的体现。

90 后，00 后研究报告——“我世代”的家长和孩子，你了解吗？

“我世代”的 100 种气质

1. 打折卡比银行卡多
2. 不用皮革钱包，只用帆布钱包
3. 服装店老板会发短信告诉你新货信息
4. 长期喝一个品牌的饮料
5. 有一辆很少骑但是很贵的单车
6. 至少拥有一个双肩背包
7. 为接到正装出席的请柬而苦恼
8. 可以没有电视机，但一定要有微波炉
9. 如果戴眼镜，一定是扁平黑框的
10. 永远对自己的发型不满意
11. 对于日本菜，要么非常喜欢，要么非常讨厌
12. 在任何表面上都可以睡着，除了床
13. 所有电器都不看说明书
14. 生日礼物一定有安全套
15. 不喝红酒
16. 去 24 小时便利店的时候比超级市场多
17. 经常骂宜家，经常去宜家
18. 尽量使用自助办理业务
19. 饿了就吃，饿了才吃
20. 使用最多的称呼是同学
21. 路过镜反射的地方一定会关注一下自己的容貌
22. 至少两周才打扫一次卫生
23. 喜欢玩小孩但不喜欢生小孩

《青年志宣言》中有这样一段话：“我们这些年轻人，不管出生 80 年代，还是 90 年代，都是全球化的孩子，互联网的孩子，脚下这片土地的孩子。我们成长的年代，是不确定的年代，我们面对的世界，是一个日渐富足，但越发让人混乱和不安的世界。不确定的年代，意味着难以把握风险，更难以建立信任。对一个个体来说，最难的事情，是在不确定中，明确了自己的身份、热情、方向和梦想，探寻生活的意义。”

当前少儿艺术教育的从业者，80，90 后越来越成为中坚力量，一线教师中尤其以 90 后居多。而面向的主要客户群也以 80、90 后为主。受教育的群体以 00 后、10 后为主体。这样一个新新人类交织的群体，又是在艺术教育这个个性飞扬的行业里，会擦出什么样的火花。广大艺术教育机构的管理者真的了解你的团队、你的客户、你的学生吗?

一、关于“我世代”的二十二条速写

中国应划分为几个世代？反观中国，这样重量级的社会运动就是新中国成立、“文革”和改革开放，之后就是全球化与互联网了。如此，中国社会可粗分为三个世代：老三界（新中国、“文革”、上山下乡），80 年代新一辈（改革开放、高考），新生代或“我世代”，即 80 后、90 后（全球化、互联网）。过去是 20 年至 25 年为一代，现在是 10 年为一代，所谓“80 后、90 后”的说法，不过是媒体的简称。

以80后、90后为主体的“我世代”跟上两代人有什么不一样？

一、一个以谈“我”为荣、谈“我们”为耻的新鲜族群“我世代”已经登上舞台。

二、超级自信的一代。央视采访某90后小伙，小伙说“我想当国家领导人”，报评：小伙子加油！

三、无历史感的一代。每当你提起那个狂飙突进的80年代，他们总是一派茫然：“拜托，大叔，那年我们还没出生啊！”

四、去政治化的一代。新的时代到了，再也没人闹了。价值观变了，连语言的源代码都换了。说不到一块或说不通，怎么搞政治？

五、娱乐至上的一代。一切皆娱乐，所有的传播和营销都要带上娱乐元素。

六、粉丝经济的一代。他们爱周杰伦，因为他才貌双全还开公司；他们也爱李宇春，因为她够自我、够率性、够中性。

七、爱作秀的一代。“超女”、“快男”引发表演欲和诉求欲。爱偶像，更爱自己。

八、并非“脑残”的一代。马佳佳最喜欢冯仑那样的大叔，因为大叔对他们赞赏有加。马自称他们是没被阉割的一群“正常人”。这句话很挑衅，意思是80后、90后之前的世代都是没资格指责他人的“阉割人”。

九、为自身利益才去抗争的一代。他们与60后父辈的差别：不喊大口号，只为自身利益，为自己、为朋友、为家园：别动我的奶酪！

十、同龄群影响最大化。QQ群、微信群、粉丝团对此有重大贡献。他们是永远挂在群上的一代，群取代了“发小儿”。从交友、性教育、购物到找工作，同龄群超过家长、老师、传媒而成为第一成长影响要素。

十一、族群分化的一代。兴趣多元化、利益多元化，90后是

24. 不屑时尚杂志，只看潮流杂志
25. 永远不知道自己的钱花哪了
26. 可能有两个手机，但没有一个座机
27. 不洗脚，只洗澡
28. 只去药店，不去医院
29. 最恨被人夸成熟
30. 痛恨人际关系
31. 不喜欢西藏、丽江，但喜欢香港
32. 早晨从中午开始
33. 不喜欢喝酒，但每喝必醉
34. 不敬酒，不敬烟
35. 拥有一种奇怪的固执
36. 熟人面前是话痨，生人面前一言不发
37. 经常故意使用方言
38. 关我鸟事
39. 每天都有理由开派对，除了结婚
40. 认为幽默感是做人的根本
41. 为了不熬夜，不如就通宵
42.“五一”、“十一”绝不出游
43. 业余爱好中必有一项是睡觉
44. 喜欢看选秀，喜欢参加选秀
45. 出游永远不给自己拍照
46. 常常玩消失
47. 经常发呆
48. 随便
49. 坚持认为自己不懂爱情
50. 英语的听说能力大大强于读写能力
51. 认为世界就是由破事组成的
52. 越屌的人就越不屌他
53. 鄙视娱乐报纸，但要上娱乐网站
54. 找异性同事陪伴去买内衣
55. 对人的最坏评价是闷
56. 对人的最好评价是闷骚
57. 经常觉得自己老了
58. 两分钟通常这样安排：

前一分钟是崇拜，后一分钟变成藐视，或者相反
59. 永远觉得别人不可能了解自己
60. 不和30岁以上的人做朋友，但可以做恋人
61. 喜欢酷的女生，或者漂亮的男生
62. 喜欢八卦别人，但对别人的任何取向都不惊讶
63. 写博，但绝不呕心沥血
64. 不看500字以上的帖子
65. 网友可以成为朋友，朋友成为网友
66. QQ签名一天至少换一次
67. 不问问题，只会网上找答案
68. 熟知每家K房的歌曲
69. 发花痴
70. 不知道什么电子游戏自己不知道
71. 每个都是电影迷
72. 喜欢玩问答游戏
73. 会画画、喜欢画画或者想学画画
74. 有一款喜欢的卡通形象
75. 可以借书，绝不借碟
76. 喜欢看广告
77. 热衷于研究星座运势
78. 至少有一个曾经是偶像而现在羞于承认的明星
79. 以追看低智的影视作品为乐
80. R & R、R & B、Hip-Hop，至少喜欢一个
81. 单位和住处距离在步行15分钟以内
82. 要么打车，要么走路，绝不坐公车
83. 用箱子装书，而不是书架
84. 可以拼出每个字，但不见得能写出来
85. 永远找不到自己的笔
86. 不停地买笔记本
87. 鄙视办公室恋情
88. 任何工作都和电脑有关
89. 可以穿短裤上班
90. 时刻戴着耳机听音乐

分裂的，正如80后的分裂一样：85前与85后在行为和做派上都不是一个调调儿。所以郭敬明说，“韩寒和我都代表不了80后”。更没人能代表90后。

十二、特有主意的一代。小QQ取代MSN成第一办公工具，“我世代”上位。他们是“我的地盘我做主”的一代，虽然暂时做不了主，但他们迟早要做主。

十三、活在当下的一代。他们随心所欲，想做就做，想爱就爱。他们享受生活，痛恨房价，特别注重工作与生活的平衡，或绝不为工作牺牲生活，抛弃老一代“先生产后生活”的观念。

十四、拼爹的一代？ 80后说90后有个更好的爹。苦逼的80后的爹是苦逼的50后。90后是“非常6+1”中那个宝贝的“1”，上面是父母、爷爷奶奶或外公外婆，其性格养成的环境可概括为“出身于独生，生活于市场，长成于网络”。他们的60后父母教育子女的方式大多较平等，不再用“我们小时候如何如何”教育他们。

十五、“宁可，绝不！”的一代：宁可不要这份工作，绝不迁就委屈自己。不屈就、不妥协、特自我。这代人不盲从。

十六、注重未来发展空间多过薪酬的一代。段子曰：工作狂基本上都是70后，80后拒绝加班，90后拒绝上班。

十七、自主创业的一代。拜移动互联网所赐，他们站在“风口”上。

十八、对广告无感的一代。他们是对广告无感的一代，传统品牌策略对他们不再起作用。

十九、完全依赖网购的一代。

二十、敢花未来钱的一代。过去，银行卖信用卡在街头摆摊，现在直接跟网购、微信捆绑。

二十一、手机达人一代。他们是互联网原住民和常住民。

二十二、改变中国的一代。任何传媒标签看来都不合适。

（内容来源于天娱传媒《年轻得久一点》）

二、通过《青年志》的四幅图片，生成 90 后特质

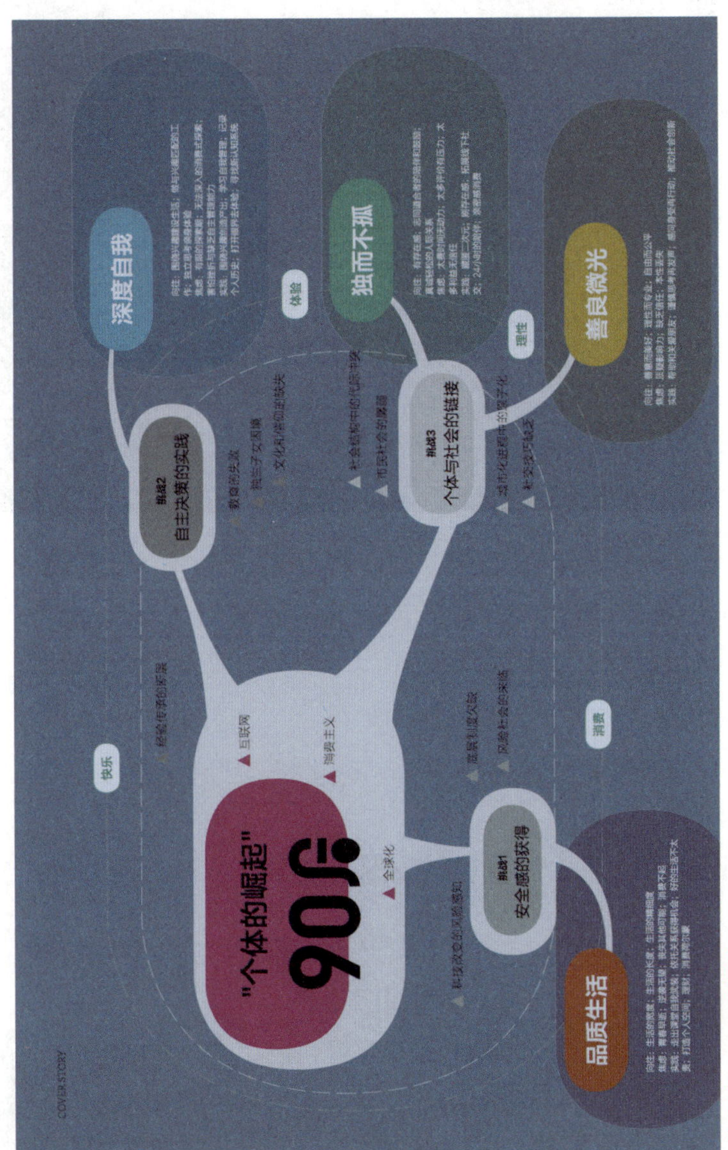

个体崛起，90 后报告

91. 不买 iPad
92. 天天上 Qzone
93. 很少打电话，经常发微信
94. 键盘都磨损得很快，无论手机还是电脑
95. 手机是用来自拍的
96. 电脑里一定有聊天工具
97. 不买品牌电脑
98. 喜欢给电子产品搭配外设
99. 微信头像两周更换一次
100. 我就喜欢，你管得着吗

独而不孤：

孤独个体，重建联系

向往： 有存在感；志同道合者的陪伴和鼓励；真诚轻松的人际关系

焦虑： 太肥时间无动力；太多评价有压力；太多利益无信任

实践： 藏匿二次元；刷存在感；拓展线下社交；24小时的陪伴；亲密感消费；和父母在一起

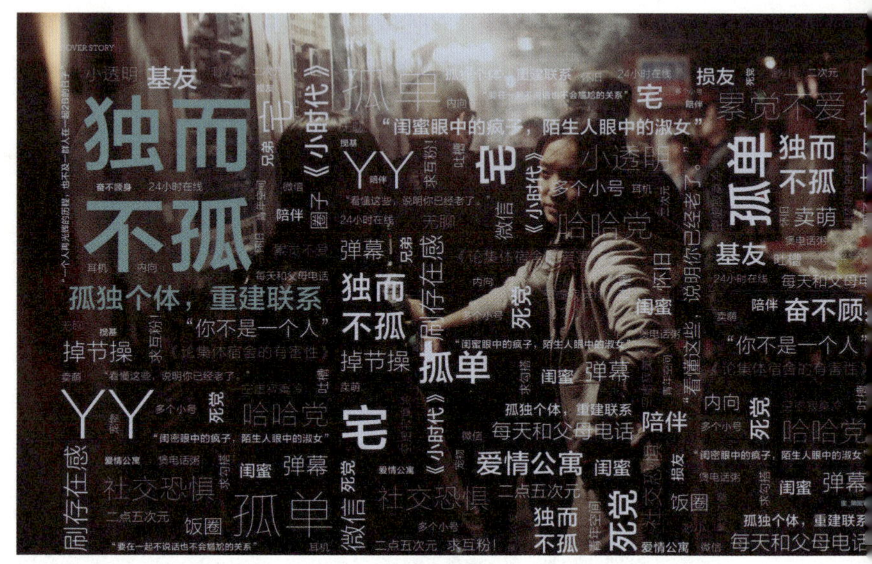

深度自我：

自我发现，使命达成

向往： 围绕兴趣建设生活；做与兴趣匹配的工作；独立思考亲身体验

焦虑： 有限的探索期；无法深入的消费式探索；害怕挫折与缺乏自主管理能力

实践： 围绕兴趣创造产出；学习自我管理；记录个人历史；打开眼界去体验；寻找新认知系统

品质生活：

轻型梦想，消减风险

向往：生活的宽度；生活的长度；生活的精细度

焦虑：青春早逝；逆袭无望；丧失其他可能；消费不起

实践：走出课堂自我武装；依托关系获得机会；好的生活不太贵；打造个人空间；理财；消费荷尔蒙

善良微光：

世界残酷，维系善良

向往：善意而美好；理性而专业；自由而公平

焦虑：质疑影响力；缺乏信任；本性丢失

实践：帮助和关爱朋友；谨慎思考再发声；感同身受再行动；推动社会创新

画外音

这个时代，是个体社会崛起的时代，是每一个普通人都向往建立完整个性体，在获得科技助力的同时也面临新的社会局限的时代。对广大艺教机构来说，管理 90 后年轻人越来越难。靠工业时代的管理方法只能暂时维系，甚至说所谓的管理机制将会更多阻碍 90 后的绽放，久而久之，大多数 90 后将会出现不稳定的状态。

吸引更多有想法的 90 后成为合伙人，激活 90 后内部创业激情，要想驾驭一个人群，就得去深度了解他们。对于 90 后来说，他不会觉得你是高高在上的领导就向你妥协。

90 后的家长也越来越多的成为了艺教机构的主要的重要人群。吸引他们关注，参与，成为你的粉丝才是王道。在一个不确定的时代，艺教机构品牌的未来在哪里?

1. 做一个有同理心的品牌：从鼓动到感动，要回到普通人，意味着一个个能够感同身受，重新激发心灵的身边榜样故事，而不是难以共鸣的成功学样本。感动，意味着一次能够让人平静，去讲述自己从而肯定自己的机会，而不是距离遥远的对他人的艳羡和恭听。感动，意味着一个个温暖人心的真切体验，简单易行的方法，借以感受和重建生活，而不是高不可攀的未来画饼充饥。

2. 做一个生活创新的品牌：从代表我的梦想到带给我的美好生活。他们首先关心的是，因为在你这里消费能带给我什么样的日常生活，其次才是这样的日常生活与自己的其他梦想具有怎样的联系。品牌的沟通，要讲述普通人的日常生活情境，要让人感觉到是我想要的，同时也是我的生活。（深度了解你的家长她遇到的生活压力、困难，你解决她的痛点，无疑是未来艺教机构革命性发展的新样本。）

3. 做一个兴趣习惯养成者的品牌：从一个课程到一种兴趣，如越来越多的机构开创了《辣妈学院》、《美妆学院》。这就为艺术教育机构生存进行了延伸。也许这个家长直接能够感受到的点会超越不说人话的宣传单页。

4. 做一个社会改变者的品牌：当前 90 后如何做父母，如何处理家庭矛盾，如何在残酷的职场压力面前去培养优秀的孩子？这些问题都成为广大艺术教育机构应该去探索与思考的问题。从关注弱势群体到解决身边的问题，从改造社会到改造自己，从而营造一个超越了“只是教唱歌跳舞的地方”的这种定位。也许会助你取得革命性的进展。

无论你选择哪一种发展方式，90 后这一人群已经不会被洗脑式、成功学的激励方式所打动，家长们也不会为各种与他无关的满墙荣誉，或者是作秀式公益所打动。他们更期待的是这个品牌，从自己的产品服务，从日常运作入手，成为一个受尊重的品牌。

未来的品牌只有从自己的内部管理、企业文化、生产和销售流程等日常环节入手，成为一个包容个体的，对社会影响力有意识、并且实事求是地沟通自己的日常实践的品牌，才能够获得年轻人的尊重。

延伸故事

2013 年，和我合作多年的好朋友李建伟从腾讯网教育中心离职开始自主创业，如今他已经是全宇宙最好玩的校园社区——小柚 APP 的 CEO。

在他离职后两个月，腾讯网通知他回去领奖。通过半年度考核，由于他之前的出色表现，部门决定给他奖励一万元奖金，职级提升一级。

这样一个举动，让李建伟内心无比感恩他的老东家——腾讯。虽然人已经离开，但是腾讯并不会否认你之前为公司所创造的价值。一万元的奖金以及对于一个已经离职的人职级提升一级来说，也许并不多，但是它足以令人感动到骨髓。自此，他一有机会就分享这个故事，一直分享到今天我在出这本书的时候还有分享的意愿，这是多好的传播效应啊。

自此，李建伟就一直心怀感恩等待时机再报腾讯之恩。2015年，在公司获得融资后，有一系列的重要计划，他第一时间回到老东家，与之合作。（PS：本书第七幕收录了李建伟写给艺术教育机构的：失控时代，我们的星辰大海。）

腾讯致力于成为一家受人尊敬的企业，在当前火爆的互联网大军中，腾讯的员工离职率低、幸福感高是中国企业中少有的。这个案例只是腾讯千千万万开放、包容、尊重员工创造的一个小小的案例，但是它对艺术教育机构来说却意义重大。

“一切以用户价值为依归”是包括腾讯在内所有互联网企业的价值导向，而他们都深知，要想用户满意，首先要有一系列的文化、机制、福利保障确保所有细节都不会影响用户体验。

回到本章的主题，教学。教学创新，带来好的体验，首先是需要机构本身具有一种开放、包容、尊重个体创造的文化，只有从内到外，各方面都真刀实枪的干，不向眼前利益妥协，你才有可能做成一家令人尊重的机构，才有持续创新的土壤、坚实的根基、持久的动力。

三、千禧一代：中国00后群体研究报告

通过零点研究咨询集团2015年的研究报告，全面透析我们的受众到底是怎样的一群熊孩子。

核心发现

● 00后成长在鼓励创新和自由的环境中，这一代人的创造力将远超之前的任何世代。

● 独生子女成长环境使他们无论在性格上还是在消费上都呈现专属特征。

●他们已经形成独立自主的性格。

●受媒体和市场的影响，00 后开始与成人世界无缝对接。

● 学习成绩已不是 00 后家长关注的重点，未来 00 后直接的竞争将是特长与眼界间的竞争。

● 00 后的性别归属意识非常强烈。

● 00 后父母的教养职责明确，父亲参与意识提升。

● 00 后虽然衣食无忧但是消费仍然富理性，他们逐渐参与到家庭消费决策中来。

● 他们的互联网基因与生俱来，但是触网却广度。

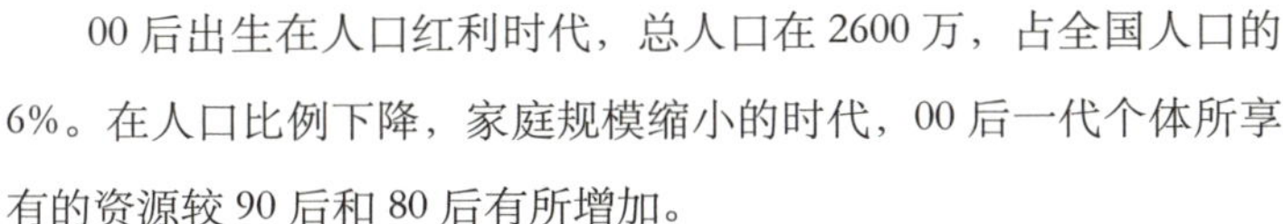

00 后出生在人口红利时代，总人口在 2600 万，占全国人口的 6%。在人口比例下降，家庭规模缩小的时代，00 后一代个体所享有的资源较 90 后和 80 后有所增加。

独特的成长环境使 00 后成为高关注度、高曝光率的一代。在专家眼中的 80 后是垮掉的一代。网民眼中的 90 后是脑残。公众眼中的 00 后是熊孩子，早熟。

根据 2014 年腾讯大数据显示，6-11 岁手机网民增速超过其他年龄段的青少年网民。

00 后父母成社会中坚力量

90 后的父母职场的“成功人士”

现实体面的 60 后，有序有矩的家庭结构，教育理念仍偏传统

00 后的父母职场中高层、生存压力大

中坚力量 70 后，注重亲子间的交流，开明鼓励的教养方式

10 后的父母职场“上升族”

奋斗打拼的 80 后，教育理念新潮，注重平等有爱的互动

00 后成长在鼓励创新和自由的环境中

自意涂鸦，不管像不像

家长说：

孩子愿意画什么就画什么，也许在大人看来一点都不像，但你无法理解孩子的思维

自我打扮，不管美或丑

著名主持人小 S 经常被嘲笑女儿穿着“俗爆”，她却表示女儿的衣服都是自己选的，目前不会干涉她们的审美

自由发言，不管对或错

答案不再“标准”

00 后“不切实际”却更加有趣

80 后儿时愿望：

成功导向

变得更聪明　见义勇为救死扶伤　自己当家长　当国家领导人

长得更大一点　到世界各地去旅游　更加英俊漂亮　当影视歌星

90 后儿时愿望：

现实导向

当科学家　当明星　当老师　当高管　当大官　当军人

00 后愿望

创意导向

变成铠甲勇士 当汽车设计师 克隆高科技的东西

让周围的人都晕倒

穿越时空看看未来我的游戏打到哪一关了

正在和岛创新大集 · 上海站“代际创新 · 没有成功的企业只有时代的企业”的主题论坛上，00 后小创客王逸脩成为全场关注的焦点。他的项目是开源体感机械手。

00 后享有独一份儿的爱

15.9% 的 00 后妈妈因为“只想把爱都给一个孩子”而拒绝生二胎

00 后抗拒二胎怕失爱

她 / 他会抢我的玩具！

她 / 他会抓我挠我！

我还要喂他 / 她吃饭，好麻烦！

甚至还有父母写给孩子的不生二胎“保证书”

家长说：

给孩子独一份是最好的，如果别的孩子有了我的孩子也有了，那就不是独一份了，现在生活条件好了，我不会让孩子用别人用过的东西，更不会跟风消费。

00 后他们有了自己的专属

94.3% 的 00 后有自己专属的数码产品

60.8% 的 00 后中学生有自己专用的手机

他们的自我圈层意识更强烈

网络表现很自我

80 后的 QQ 群是这样迎新的：

新人报道→撒花欢迎→排队围观→要求爆照

00 后的 QQ 群是这样迎新的：

新人报道→无视新人，继续讨论→新人刷屏求存在感→其他成员踢他滚粗

有想法，有行动，很独立

家长说：

现在基本上买衣服她自己挑，我也是希望培养她自己的自主能力和她自己的一些想法。比如买东西的时候跟她说你自己进去看吧，你喜欢哪个衣服就买哪个。

当时想着要把那个房间打扮得一看就是孩子的房间，也是想给她一个独立的空间。

日前：邯郸一名九岁的女童刘子墨度过了人生中令人震惊的暑假，近一个月旅行，她和父亲用徒步搭乘陌生人“顺风车”的方式，游览了河南、湖北等 7 个省市，行程 4000 余公里，沿途问路、求搭车、买车票全部独立完成，父亲仅充当了“保镖”的角色。

兴趣喜好性别特征分明

00 后女孩：色彩粉色系，服饰公主范，偶像公主化，爱好淑女风。

00 后男孩：色彩蓝色风，爱好机械范，偶像英雄化，志愿阳刚系。

孩子心目中的父母角色各司其职

00 后心中的爸爸：玩伴 严师 裁判

00 后心中的妈妈：慈母 朋友 保姆

90 后与父母的对话

妈，我饿了。

妈，我渴了。

妈，我那东西哪去了？

爸，我妈呢？

00 后与父母的对话

爸爸陪我玩 iPad。

妈妈我画的好吗？

爸爸给我讲故事！

妈妈我发烧了。

家庭物质条件优越

00 后家庭月收入集中在 10000－20000 元之间。

00 后平均每月花费 3150 元。养娃消费是 00 后父母每月头号支出。

00 后父母理性权衡再消费，不拿物质做奖励

61.1% 的 00 后家长表示：别人家孩子有的东西，我的孩子不

一定也要有。

59.2% 的 00 后家长表示：孩子想买的东西我会衡量后再决定。

00 后已经懂得在欲望前有所节制。外公为孩子买的零食，妈妈规定今天只能吃两包，于是乖乖地只拿了两包。

生活方式和喜好初现“拟成人化”

模仿成人的生活方式

穿妈妈的衣服

模仿妈妈平时化妆的样子

家长说：

她有一天放学回来说，妈妈你和爸爸都有手机，我也要手机。

家长说：

他说他想要买一个跟大人的一样的那种表，不要那种电子表。就一定要我们大人戴的那种有指针的。

看成年人看的影视剧

武侠、爱情、选秀都不放过

成人化的儿童杂志

教孩子如何打扮和搭配的儿童时尚杂志

父母的教养参与度提升

80 后小时候

父母都很忙

陪伴交给祖父母辈

父亲角色在家庭中的缺失

90 后小时候

父母开始逐渐关注到孩子的陪伴问题

但只是陪伴，缺乏实质互动

00 后现在

父母回归家庭的程度更深

父母各司其职

00 后父亲的陪伴程度不输母亲

00 后妈妈每天与孩子相处时间约为 5.2 小时

00 后爸爸每天与孩子相处时间约为 4.3 小时

00 后父母看中孩子哪方面的能力培养

独立自理能力 58.2%

社会交往能力 30.0%

适应环境能力 26.5%

学习能力 16.8%

创造能力 16.1%

自我控制能力 12.7%

享受生活的能力 2.7%

学习成绩不被强求（00 后成长中，家长最关心）

身体健康 19.4%

心情开心 69.1%

成绩优异 10.2%

但是接触新式教育与素质培养

00 后家长最愿意让孩子“开眼界”

不同年龄段公众送孩子出国留学的意愿

80 后家长 61.4%

90 后家长 70.7%

00 后家长 77.5%

10 后家长 70.0%

家长们普遍对孩子们参与社会实践活动热情高涨

这也是近年来，出国游夏令营火爆的原因。

00 后平均每周需参加 2 个兴趣班

如图所示。

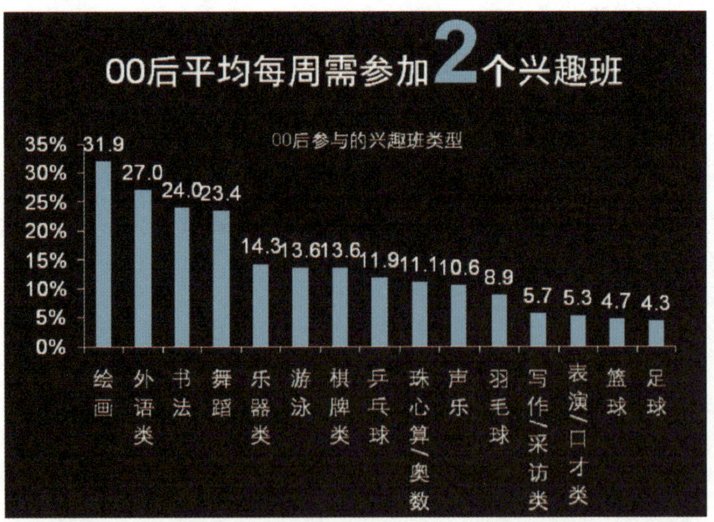

00 后父母理性权衡再消费，不拿物质做激励

61.1% 的 00 后家长表示：

别人家孩子有的东西我的孩子不一定也要有

家长说：

不是每一个人家有的东西自己都必须要有，我觉得这样对孩子来说会加重她的功利心。

59.2% 的 00 后家长表示：

孩子想买的东西我会衡量之后再决定

家长说：

我给她买东西首先会看这个东西对她有没有用，我会自己上网去查资料，看看别人的评论是怎么样的，其次我也会去考量这个东西到底值不值。

奖励方式以非物质奖励为主

孩子年龄越大，物质奖励越淡化

当孩子在学校或家里表现好时，00 后家长通常采用的奖励方法：

5–7 岁　实物奖励（37.1%）

8–11 岁　体验式奖励（33.5%）

12–14 岁　口头表扬（53.7%）

00 后的意见在消费链条中得到重视

00 后的消费决策流程

1. 家长决定购物场所→ 2. 孩子与家长一同前往→ 3. 家长筛选→ 4. 孩子做最终的决定

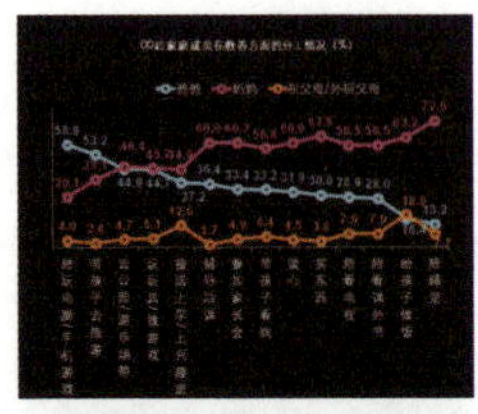

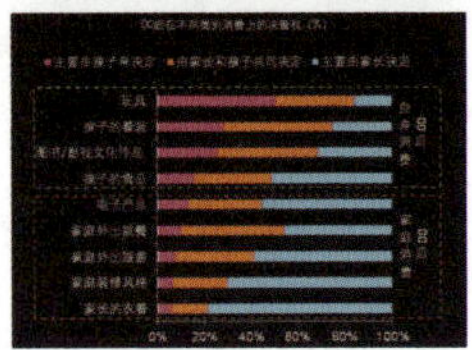

家长说：

毕竟现在娃娃这么大了，她的穿、吃等生活方面都自己决定和思考。

她的生日到了我们就给她200块钱，让她出去请同学在外面吃饭。有时候就在德克士里，几个同学就在一块儿聚会。

孩子的自我意识在增强，比如说她要一个绘画本，我说我下班给你买回来就行了，她说我要自己选，然后一般这种时候我们都是满足她，我们就带她去选。

以前孩子的衣服基本上都属于我大包大揽了，但她现在六岁了，可能今后在这一块上也要尊重她的意见。

00后掌控自我消费，逐步参与家庭消费

00后对玩具消费有绝对的决策权

00后对家庭消费决策的外出就餐参与决策权最高

超过两成的00后家长为孩子选择房间时由孩子自己决定

拥抱互联网的触网E族

00后的父母便是“触网一族”家长，每天使用PC端上网5.7小时。

00后家长每天使用移动端上网2.2小时。儿童家长获取教育资讯的首要渠道是：网络媒体82.3%。00后首次触网6岁半。（PS：10后首次触网是四岁半。）

00后每天上网1.6小时。

00后的家长并不视互联网为洪水猛兽，各种儿童专属应用会井喷。

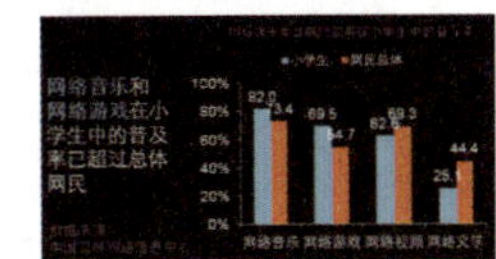

四、00 后特质对品牌商的启示

两点一线 vs 短句交流

00 后的生活相对单调。不是在书桌前，就是在手机上；

不是在上下学路上，就是在家补休。00 后需要除学习之外的内容来调剂生活；00 后需要从书本中抬起头来，既动脑也动手。

宅 vs 追星狂热

虽然宅，对于新婚姻法、计生政策、自闭症、校园暴力、广电总局封杀等社会讨论热点，部分 00 后不但关注，还会在网络上发表自己的观点。可以说，00 后有一定的社会参与度，但目前缺乏互动的平台和渠道。

压力山大 vs 以“我”为本

00 后有压力但会努力面对。00 后有减压的需求，但也明白竞争激烈。品牌可以提出平衡的概念，平衡的概念可以扩展，如包括学业与生活的平衡；健康与好吃的平衡；动与宅的平衡；物质与精神的平衡等。提供平衡技巧：品牌可以为 00 后提供任务规划、时间管理、心理调适上的技巧。可以通过明星示范、可以通过简单易读的短句、也可通过图片及视频进行传播。

萌化 vs 实用

全民皆萌的年代，00 后的萌更加张扬和直接。品牌要使用 00 后的语言与之沟通，那就必须萌。为了能和 00 后一起萌，品牌的萌可以考虑以下两点：

创造专属的萌化表情，00 后在微博上会频繁使用表情符号。品牌创造的专属表情（如可口可乐酷儿新推出的表情符号）只要够萌，就会吸引 00 后的下载使用。从而强化品牌形象。

抛弃旧的动漫形象，蜡笔小新、多拉 A 梦、hello kitty，这些属于 80、90 后的动漫形象不是 00 后的萌。00 后的萌更多是现实或虚拟人物的一个表情一个神态，也许是一只喵一只汪。

健康在嘴 vs 身材要瘦

考虑到现今的健康风潮以及健康概念的多样性，品牌不仅可以传播“健康”，更重要的是将健康概念从食品、瘦身扩展到环境健康、身心健康、生活健康等方面。品牌可以考虑以下方向：

培养运动习惯，从嘴到腿，00 后虽然有健康意识，但实际行动仍集中于饮食控制。引导 00 后养成运动习惯，从嘴到腿，是为 2–3 年后运动服装、可穿戴装备等健康相关品类的持续增长做准备。

打造大健康平台，虽然已掀起全民健身热潮，但少有健身运动是针对 00 后专门打造的。明星都在炫腹秀锁骨，但没有针对 00 后运动健康的平台。一个包括饮食、保健、运动、平衡减压在内的全方位的健康平台，并且是针对 00 后量身定做的运动增肌和瘦身方案，相信会获得 00 后的关注。

同时，以运动、饮食控制、瘦身为主题的活动也会获得较高的参与度。

成熟消费 vs 开心网购

由于网购是 00 后的重要购买渠道，而网购通常由 00 后与家长一起进行，因此对品牌而言，创造家庭消费非常重要。

一个家长与孩子共同使用的消费平台：与过去的家长不同，现在的家长在为孩子购买商品时，越来越尊重孩子的意见。对于家长而言，需要快速了解商品信息，以及用户评论来做出判断；对于孩子而言，一个方便查找、公信力高的平台也有利于快速挑选商品，并获得家长的首肯。

在父母的消费中，也别忽视孩子。互联网带来的信息获取便利性使得家庭中人人都成为信息的贡献者。在高科技产品的选择上，越来越多父母会听取 00 后的建议。因此高科技品牌别忽视与孩子的互动。

让信息和购买随处可得。00 后是数码和互联的一代。信息搜索及购买随时可能发生。面对 00 后利用碎片化时间搜索的现状及可能产生的购买需求，品牌需要做好准备。尽可能地铺设购买渠道。

高品牌关注 vs 低品牌忠诚

考虑到 00 后对品牌的高关注及低忠诚度，品牌需要抓住宝贵的培养期，帮助 00 后建立与品牌的关联。

强调体验。对于 00 后而言，体验的重要性超过了产品拥有本身。00 后追求的是更独特、个性化、可分享的体验。面对 00 后，品牌需要的是基于“体验”的策略，但不要为 00 后提供现成的解决方案。

给他们一个理由。00 后现阶段对于品牌的理解还停留在相对表层的位置。品牌内涵、品牌传承、品牌精神——品牌需要给 00 后一个理由，让他们能留下来，一试再试。当然，对于 00 后而言，空洞的说教缺乏信服力。00 后需要的是足够的客观事实，准确数据，以及自己的分析和判断。

游戏化策略。为了让沟通变得更有趣，品牌可以更多采用游戏化的策略与机制，也可以使用萌化的语言。

画外音

列出如上七条对品牌商的启示，是希望广大校长能从中领悟到关于 00 后孩子对参与活动、教学、游戏、消费、面对广告等方面的态度。在未来教学、活动、传播过程中洞察他们的喜好，而不是现在艺教机构中满天飞的 70 后思维。

面对“我世代”的家长和孩子，我们的教学应该怎样跨界

罗辑思维创始人罗振宇曾说：移动互联网时代的方法论就是：

跨界 混搭 穿越 杂交

> **知识百科**
> **跨界**
> “跨界”就是大世界大眼光，用多角度、多视野看待问题和提出解决方案的一种思维方式。
> 跨界合作对于品牌的最大益处，是让原本毫不相干的元素，相互渗透相互融合，从而给品牌一种立体感和纵深感。
> 可以建立“跨界”关系的不同品牌，一定是互补性而非竞争性品牌。这里所说的互补，并非功能上的互补，而是用户体验上的互补。

一、大部分学校教学现状：

教材雷同陈旧：五年磨一课，一课教五年。

参与感差：自己认为课程很好，缺乏粉丝众创。

媒体性弱：缺乏创意和交互设计，产品自己不会说话，不易传播。

迭代不足：课程内容新品慢于需求升级，更难引领。

近两年，在教学创新上也出现了许多亮点，比如多种艺术形式跨界、趣味教学等，但只是在以前的基础上、形式上做出来少许变化，老师仍然是主导，容易犯“专业控”等问题。

二、艺术教育机构教学跨界创新十条速写

1. 在追求纯真，追求高雅，追求朴实的价值导向引领下跨界创新。

2. 深度研究受众人群的喜好特点，受众需求，结合潮流和趋势，找出长期未被解决的需求，进行突破。（本书花了较大篇幅呈现90、00后人群的特点，应该下功夫研究。）

3. 艺术教育机构会出现以下八种主要的跨界趋势：

艺术教育 + 游学：游学国内外名校，迪斯尼等孩子们喜爱的王国。体验风土人情，开拓视野和眼界。

艺术教育 + 硬件：多屏化长大的一代，简单的教学用具已经不能满足孩子们的需求。更多智能性的电子产品会在教学中应用。

艺术教育 + 科技：融入科技手段，如 AR 技术应用到一些早教 APP 中，为儿童提供交互式教育。如全能综艺班的 ICE 等。智能艺术产品及互动 APP 类的融合。

艺术教育 + 社交：如全能综艺班设计的直播互动系统。如与社交软件的融合。

艺术教育 + 游戏：玩游戏长大的一代，把教学内容载入游戏，或通过游戏中的激励机制去设计教学方法、能激发学习动机都可以看作游戏与教育的结合。

艺术教育 + 家庭教育：好的家庭氛围，更和睦的家庭关系对孩子的成长更有好处。推出家庭讲座，专题，微信，校长电台，大型线下的体验课程，家长交流群等。从 2015 年开始，随着《我是好家长》的推出，已经成为一个亮点。

艺术教育 + 健康：相对学习成绩，00 后家长更关心孩子们的身心健康，如黄河少儿艺术团的“万人健步走”活动，巧克力梦工厂推出的心理辅导课程等。

艺术教育 + 国学：时代的需要，中国要成为真正意义上的世界大国，需要文化去引领。而艺术教育扮演了相当重要的角色。传统文化经典诵读、国学礼仪、民族乐器的融合，将成为新的流行。

4. 借鉴不同艺术门类的优势：（电影、音乐、戏剧、舞台剧、美术、绘画、魔术、综艺节目、舞台演出、媒体等）。切记，少儿艺术教学第一要解决的是兴趣、快乐、安全，而并非专业化、技巧化。

5. 情境化 + 体验感：课程的形式会更加丰富多彩，把每一节课按照一期综艺节目的流程来打造，教室氛围及布置更趋向主题化，营造新鲜有趣的场景。

6. 生活就是舞台。在 00 后家长中最关注孩子的技能是独立自主的能力。将艺术课程 + 生活场景进行融合。定期举行一些户外的课程，融合自然，随时随地歌唱，起舞，演说。

7. 家长参与度提升。越来越多的 00 后家长自身有很强的艺术文化底蕴，让他们参与课程的设计，定期让家长参与课堂、活动，而不是充当观众角色。比如，在教室的设计上，自己动手做出各种不同主题风格的教学环境。

8. 打破课时的时空限制。当前的课程课时设计需要打散。除了常规的日常训练课程以外。可以将寒暑假、重大节日推出，暑期七天、五天、三天短期集训课程。这个时间段不一定要在教室上课，可以自由飞翔，与各种机构合作，为孩子提供全面的、好玩的综合素质课程。以好玩、想象力、创造性、短期可看到效果的课程为主。

9. 众筹众包 + 激活一线相结合。建立专业的课程研发团队。除了长期上课的骨干老师外，还要大量招募编导、表演、设计等多种人才充实课程研发中心。推出大量的自制节目、自制剧、自制动漫、自制微电影等。在互联网时代，各种需求都能找到解决的APP或者供应商。一定要培养使用工具的习惯和能力。

10. 互联网不是一种思维，而是深入每一个细节的习惯。跨区域地建立备课小组，不同艺术门类的学校或者与文化课相互融合。更重要的是要建立允许跨界，敢于创新，开放包容的文化。全能综艺班的全国普及。（本书第六幕，未来学院详细解读）

三、跨界案例

（一）组织形态跨界创新的案例

“课程小组制”为核心的单品全程运营体系

激活各专业的优秀人才内部创业，自主组成若干小组。每个小组独立运营，互不干涉。权、责、利高度统一。这种模式是互联网创业团队的变形，它可以把一所学校变成一个创业平台，让个人才艺、资源和能量最大限度为平台服务。

围绕课程小组分为三层

一是与品牌相关的策划、视觉、互联网等支持部门

二是与客服支持部门

三是人力、行政、财务支持部门

课程组制创新的目的

一是实现全员参与运营

二是以课程体验的尖叫度及留生转化率作为重要指标，培养产品经理意识

三是自上而下和自下而上的整合

四是培养领导人

课程小组的运行规则

责任：

（1）确保学校品牌利益不受损失

（2）确保艺术教育的核心的育人功能、道德底线

权利：

（1）确定课程形式、内容、服务

（2）确定课程的基准价格

（3）确定营销、传播的风格及模式

（4）确定优惠及折扣的节奏、深度

……

利益：

（1）总收入 X 净利润 X 提成系数

（2）每周排名

（3）课程小组更新自动化

（4）新小组向原小组贡献培训费

（二）课程跨界创新的案例

史晓婷

艺林花儿魅力口才教学总监

大庆最受欢迎的语言表演教师

专业背景：新闻学

跨界经验：

曾经在电视台工作的史晓婷老师成功地将《魅力口才》课程与媒体、综艺节目、舞台展示、趣味性的动漫配音、讲故事等多种形式融为一体，分阶段地让孩子们每一节课都有进步，每一节课的最后都有汇报展示。除此以外，艺林花儿还建立了新媒体电视台、录音棚，推出了自制剧、自制节目。这与他们团队从电视台跨界做艺术教育有着很大的优势有关，下面分享一节艺林花儿魅力口才的公开课流程。

艺林花儿魅力口才
公开课流程

一、设计意图：

1）让孩子在50分钟内深刻感受到“魅力口才”课的趣味性。

2）让家长明白口才的重要性和选择艺林花儿魅力口才课的必要性。

二、教学目标：

1）超级好声音

2）魅力好形体

3）故事脱口秀

4）欢乐一家亲

三、教学准备：

1） 舞台、大屏、音响、话筒

2）开场、终场音乐、课程配乐

3）动画课件

4）卡通人物

四、教学过程：

第一环节：花儿总动员——百变小咖秀

1）时间：1 分钟

2）方式：圆圈式教学

3）呈现：师生角色反串表演

4）效果：快速破冰，拉近师生距离

第二环节：花儿朵朵开——超级好声音、魅力好形体

1）PPT 课件

2）互动表演

3）情景训练

4）游戏 PK

第三环节：花儿加加油——故事脱口秀

1）玩偶导课

2）动画课件

3）思维训练

4）改编创作

第四环节：花儿向前冲——登台表演

1）上场音乐

2）主持串场

3）节目表演

4）互动点评

第五环节：花儿一家亲——家长总结

1. 展示学员在魅力口才课前后的鲜明变化

1）胆小声小——自信洪亮

2）形体偏弱——魅力形体

3）不敢举手——争抢举手

4）畏惧登台——勇敢登台

2. 亲子互动

1）家长与孩子同台 PK 声音、形体

2）现场采访家长谈登台和对孩子进步的感受

3）孩子表演，家长评分

4）家长登台，孩子点评

3. 教师总结

1）展示教师魅力

2）介绍课程亮点

3）肯定学员进步

4）感谢家长支持

5）期待下次相聚

（三）作业跨界创新的案例

作业内容：

回家找出家中所有家用电器的 LOGO，选出你认为设计最好的一款 LOGO，上网搜集这家企业的信息，你为他再重新设计一款 LOGO。收集上来全班学生的作品举行作品展，邀请家长观摩，聆听孩子们的演说，为什么要这么设计。

点评：

这个作业锻炼了孩子发现美的能力、搜集信息的能力，设计的创新能力，公众演说能力。值得广大机构借鉴。当前，很多艺术机构的展示主要以半年度一次的汇报演出为主。未来，应该通过让孩子与家长通过简单、易操作、有传播性的互动作业形成学校的自传播，每一天家长都会为你的学校进行代言与传播。

作业内容：

爱的传递。

每节课下课的时候与老师的拥抱，拥抱之后回去拥抱自己的父母，每次回家都要说："妈妈 / 爸爸，我爱你。"要求家长在送孩子上学的时候，也拥抱孩子，告诉他爸爸 / 妈妈很爱你。长久形成一种和睦和美的文化。

（四）跨界类综合艺术学校——巧克力梦工厂

新世界，新未来。巧克力梦工厂是全国首家以互联网方式打造的一家艺术教育机构。与世界接轨，与未来链接。用艺术之笔点亮孩子精彩童年，用科技之手打造孩子不同未来。这是未来的学院，这是世界的工厂，巧克力梦工厂志立于带领着有梦想的孩子周游世界，穿越未来，在不同的经纬与坐标上，去收获不同的精彩与成长！

学校亮点

科技与艺术全面结合的未来学院

游学与情感培养融合的成长学院

未来与世界全面接轨的世界学院

家长与孩子共同学习的家庭学院

设计师：

盖国君　星际穿越视觉总监，北京奥运会、上海世博会等大型活动视觉设计。

品牌背书

北京奥运会视觉设计团队倾力打造视觉体系

星际穿越（北京）艺术传媒有限公司倾力打造品牌文化与爆品课程——未来学院 · 全能综艺班

×× 公司倾力打造巧克力梦工厂新媒体平台

×× 公司倾力打造管理系统

×× 团队倾力打造造星平台、活动平台

×× 公司打造家长学院

儿童情商心理咨询教育研究院倾力打造心理教育咨询建设

全国重点级艺术院校专家团队倾力打造师资团队建设

……

定位

以游学为主体，不以艺术门类打造课程体系，以孩子们未来所需要的能力为导向，打破了传统的教学体系和展示体系。

三维一体

三维一体（基础 + 实践 + 拓展）

基础教育（学）

领袖口才（思维、表达）———全能综艺的主持课

形体气质（气质、协调）———身临其境的舞蹈课

创意想象（视觉、想象）———有故事的美术课

歌舞表演（听觉、展现）———能唱能跳的声乐课

实践教育（用）

“未来学院”的校内活动和比赛（检验、锻造）

“小鬼当家”的校外实践和演出（适应、素质）

“全能综艺班”的造星计划（全能、复合）

拓展教育（通）

家庭教育（亲子、爱）　——陪伴成长的核心

心理教育（心智、潜能）——因材施教的根本

世界游学（独立、成长）——综合素质的提升

双管齐下（硬件 + 软件）

硬件

直播体系　——打通三维一体的桥梁

天赋潜能测试仪　——先懂孩子再懂教的基石

LED 体验设备　——场景化教学的全新尝试

VR　——体验教学的线上互动

……

软件

网络自媒体　——全面升级的影响力

校宝信息管理　——一体化管理的核心

信息发布系统　——全面展示的信息平台

专业能力测试　——专业能力的科学分析

……

基础教育

巧克力 · 形体气质

————身临其境的舞蹈课

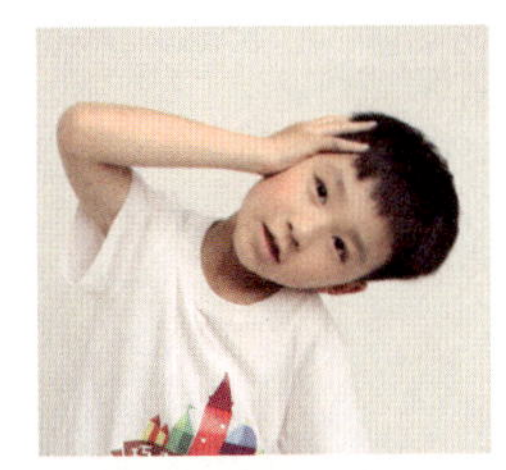

场景再现的舞蹈课让人仿佛身临其境，在仿真、模拟的艺术空间通过艺术综合训练，培养孩子良好的形体与气质，把节奏感融入生活，用表现力展现自我，将控制力运用人生

巧克力 · 创意想象

——————有故事的美术课

想象力在这里驰骋高飞，创造力在这里无限可能，孩子天生就是艺术家，从故事展开联想，从情节创造想象。用色彩涂鸦未来，用线条勾勒世界

巧克力 · 歌舞表演

——————偶像气商的声乐课

……………… 此处省略了关键信息

巧克力 · 形体气质

启蒙：认知身体，部位训练，兴趣培养，音乐节拍认知

（3 周 5 岁－3 周 8 岁）

小小：坐姿站姿训练，初步到达颈立、背直、腿直、脚绷等要求

（3 周－4 周岁）

一级：手位及脚位准确，手动眼随，动作节奏清晰，方位认知

（4 周岁－4 周 5 岁）

二级：软度训练，解决腿、腰、胯等部位，表现力的塑造与加强

（4 周 5 岁－5 周岁）

三级：协调度训练，平衡感运用，随音乐而舞，感染力与热情

（5 周岁－5 周 5 岁）

四级：爆发力训练，柔韧度的加强与舞蹈技巧的练习，初步乐感

（5周5岁－6周）

五级：气质塑造，展现不同民族舞蹈，队形与组合的变化，作品再现

（6周岁以上）

巧克力 · 创意想象

启蒙：兴趣教学，创意涂鸦，认知色彩，游戏任务教学

（3周5岁－3周8岁）

小小：创意想象，动手能力培养，想象空间延伸

（3周8岁－4周岁）

一级：基本线条与体积的勾勒与绘画，手工能力培养

（4周岁－4周5岁）

二级：小图形绘画，图形组合，并列拆分，动手再造

（4周5岁－5周岁）

三级：色彩运用、线条处理、自由混图、点彩、沙画

（5周岁－5周5岁）

四级：人物画法，轮廓描画，点、线、面认识，涂色

（5周5岁－6周）

五级：多元化创作，水粉颜料、创意组合、手工搭配、综合材料组合

（6周岁以上）

巧克力 · 歌舞表演

启蒙：兴趣培养，乐感训练，节奏训练，游戏教学

（3 周 5 岁 –3 周 8 岁）

小小：初步认知歌曲，演唱情绪，表现欲望，自信力

（3 周 8 岁 –4 周岁）

一级：歌唱技巧，舞台展现，演唱兴趣，节奏要领

（4 周岁 –4 周 5 岁）

二级：发声方法，歌唱能力，简单乐曲，节奏控制

（4 周 5 岁 –5 周岁）

三级：形体配合，演绎配合，演唱技巧，舞台张力

（5 周岁 –5 周 5 岁）

四级：视唱练耳，基础乐理，发声练习，艺术表现

（5 周 5 岁 –6 周）

五级：整曲演绎，唱演俱佳，镜头 MV，综合舞台剧、音乐剧呈现

（6 周岁以上）

实践教育

“未来学院”的校内活动和比赛（检验、锻造）

校内专业教学搭配艺术竞技场的主题活动比赛，让孩子在舞台上展现自我，发挥特长，勇气、自信、胆量、活力、尽显光芒；才艺、眼界、未来、独立，成就不一样的自己。用艺术手段打造孩子高智商、高情商的健全人格和独立个性。

“梦想综艺秀”才艺大赛

“小小播音员”选拔赛

“我是舞蹈家”晋级赛

“我为妈妈送爱心”手工制作

“中国好声音”声乐挑战赛

“故事大王”总决赛

“十佳小明星”年度评选

“中国好男儿＆国民小萝莉”展示大赛

“潮童星”模特T台

……

“全能综艺班”的造星计划（全能、复合）

——新星梦工厂

本书第六幕详细解读。

拓展教育

家庭教育（亲子、爱）

——陪伴成长的核心

“中国好家长”公益讲座

“艺术童年”快乐沙龙

“宝爸宝妈”亲子俱乐部

“魅力无限”辣妈学院

“我在梦工厂”家长联盟

“优秀父母”研讨会

“8090家长”回与答

心理教育（心智、潜能）

——因材施教的根本

“心理咨询与辅导”线上课堂

“天赋潜能”仪器测试

“儿童情感”沙盘演练

“儿童心里”画画图解

世界游学（独立、成长）

——综合素质的升级

通过全面筛选与甄别进入 VIP“周游世界”成长营，不同主题与场景的变换，不同经纬与坐标的更改让孩子在游学中独立成长和建立良好的心智培养，艺术将在不同地点、不同时间、甚至不同空间绽放，与世界零距离，与全球新分享，心理咨询师将全程实时解析与案例解读，家长通过互联网实现全程在线家庭教育课堂，移动终端 24 小时不间断推送分享，24 小时不重复更新动态，爱心与公益同行，艺术与梦想起航。

巧克力 · 宗旨

一新：锻造全面综合适应未来变化的复合型新型人才

双艺：打造艺能与艺德的德艺双馨素质人才

三维：运用基础教育、实践教育、拓展教育三维一体的立体人才

四全：全新、全意、全知、全面的综合人才

五感：练就尊重感、高贵感、安全感、舒适感、愉悦感的感知人才

六觉：视觉、听觉、触觉、嗅觉、味觉、知觉的感觉人才

七情：喜、怒、忧、思、悲、恐、惊的情感人才

八戒：一戒杀生、二戒偷盗、三戒淫、四戒妄语、五戒饮酒、六戒着香华、七戒坐卧、高广大床、八戒非时食的自控人才

九商：心商、德商、智商、志商、情商、逆商、悟商、财商、健商的健全人才

十力：观察力、记忆力、创造力、想象力、沟通力、适应力、组织力、学习力、号召力、自控力全面人才

（本案例中涉及商业机密的部分进行了删节。）

画外音

这是一所全新风格的艺术学校。艺术教育家将全面记录巧克力梦工厂为艺术教育 + 做出的探索与努力。

简单来说，这所学校有如下五点值得大家借鉴。

第一，品牌名称就具有劈开脑海的功能。好记，特别是孩子们喜爱的，品牌联想及文化内涵丰富。容易形成高辨识度，孩子们会非常喜欢。

第二，定位不是一所学校，而是一个全面提升孩子们综合素质能力的梦工厂。非传统意义的艺术机构，而是面向未来，培养能适应未来社会的新人类。

第三，核心以游学为主体，打破了传统的培训时空限制。

第四，这是一家有多种订制服务的机构。满足越来越多的个性化需求。

第五，这是围绕儿童打通旅游、教育、媒体多业态的综合体。

原创插图：慢条斯理为《艺术教育+》创作

第四幕

营销与活动

营销与活动

01 **营销一课就够！艺教机构如何做营销**

02 **谭　梅　我是好家长　艺术教育 + 家庭教育的新风潮**

丁　敦　江苏春蕾小荧星艺术教育学校校长

李正兰　四川眉山新舞飞扬艺术学校校长

陈　娟　河南省郑州市新星少儿艺术发展中心校长

王超凡　辽宁葫芦岛爱乐艺术学校校长

03 **自媒体传播的十五条热议**

相关阅读　李叫兽：4 种改变消费者习惯的说服文案

第四幕 营销与活动

教育的本质是育人，但创办艺术学校，本身是一件商业行为。世界上一切商业行为归根结底离不开三样东西：价格、品质和服务。说到底，我们办学，最后希望的还是有学生能够到学校来学习，也就是说，我们要得到的，就是两样东西，一样是人，一样是他们的时间。

办学本身有很多环节，学校地段、装修设施、师资团队、价格、服务、平台等，都是影响学生是否能够到这个学校的重要原因，很多学校办学以为只要在价格上做文章，就可以把学生招来，其实就大错特错了。在我们采访过的校长中，很少有靠价格优势取胜的，但是，从别的方面来探询答案，其实也不正确。学校办学成功，依靠的不是某个方面的优势，而是整体的优势。

回归到我们自身来看，我们都是消费者，我们消费的时候对什么样的商品最动心？假设我们外出旅游，在一个五星级地段，住一个五星级酒店，付出五星级的费用，我们并不觉得这有多么吸引我们。而假设我们在五星级的地段，住一个五星级酒店，付出的只是三星级的费用，我们就会感到动心。

办学也是这样，假设我们在五星级地段，我们的装修也是五星级的，师资团队可能是四星级的，而我们只收三星级的钱，家长也会觉得很动心。但是很多校长会说，他们不能这么做，因为这样做不管最后学生是否会进来，他们都无法盈利，甚至会亏损。而其实，很多机构是三星级的装修，四星级的师资，收了五星级的钱，那么，长此以往家长并不觉得适当，因此就会远离。何况90后当道，你不仅在价值链上不占优势，而且还没有什么意思，那就是骨灰了。

有一种观点，营销千万别迷恋教科书，教科书教授的营销方法照着做一定不管用。营销高手史玉柱曾说：营销只需要永远记住三个字：消费者。没有任何人比你的消费者更懂你需要什么样的营销。除此之外，营销只需要上一课。就是本幕中所提到的一张图会对你带来的颠覆。

自媒体时代，人人参与，即时分享，每个人随时随地在线，一所学校建立强大的自媒体平台是每一位校长都需要亲自去努力推进的。

营销一课就够 01

艺教机构如何做营销

很多校长把营销理解为宣传，这是大错特错的。营销，是指企业发现或挖掘准消费者需求，从整体氛围的营造以及自身产品形态的营造去推广和销售产品，主要是深挖产品的内涵，切合准消费者的需求，从而让消费者深刻了解该产品进而购买的过程。

互联网时代传统营销方式瞬间瓦解，很多校长也各种学习营销方案及所谓的落地式营销。再大的营销技巧后面只有一条道：你真的懂你的家长！你真的爱你的消费者！一个懂！一个爱！无非就是你目标人群的任性的解读。有没有什么方法一节课就让艺教机构学会营销?

人类商业文明一百年有两个武器非常好用：一是打折，二是免费。各位校长，一切营销的根基你只需要明白一张图：那就是价值链分析。学会了这张MBA标价20万的课程，那你就至少能倍增2-20倍。

在此之前，我先给各位分享一下担任"魅力校园"品牌总监五年收获的五条营销心得。

第一，品牌是一种承诺，一种坚守，一种定位和情感的沟通。

第二，功能有了，品质有了，渠道有了，消费者右脑里面还缺一个东西，缺情感，缺色彩，缺设计感，缺情绪。因为消费者是靠右脑驱动的。因此，魅力校园的所有物料好看程度至少甩掉行业几条街吧。

第三，这个时代，消费者只关系和我有什么关系，他不关系你是谁，你高大上是你的事儿，与他没有关系。

第四、兵无常势，不要再同一个纬度竞争。你的品牌需要一个压倒性的优势，这一个优势别人很难复制。

第五，知己知彼百战不殆，其实主要是指你不知道自己是谁，不清楚自己的优势是什么。不要去知道对手，市场空间是无限的，是没有对手的，只有消费者。

核心价值链

如图一所示，核心价值链关注的就是：我突出什么？我藏拙哪些？这也就是"价值曲线"，尤其侧重的是"买方所获得的价值分析"。图中，五星级的酒店对应的是五星级的成本结构，而经济型酒店对应一般经济酒店的价值曲线就漂亮得多，这也就是近年来主题酒店火爆的原因。通过这个商业现象我们可以领悟到这样一层含义，当前广大的艺术教育机构都在大肆宣传，自己的学校多么专业，装修多好，师资多好，服务多好。这就是典型的传统价值链，你需要排列组合的就是你的核心人群最在乎的是什么？如何做到零退费、零差评，所有家长都会推荐你的学校。

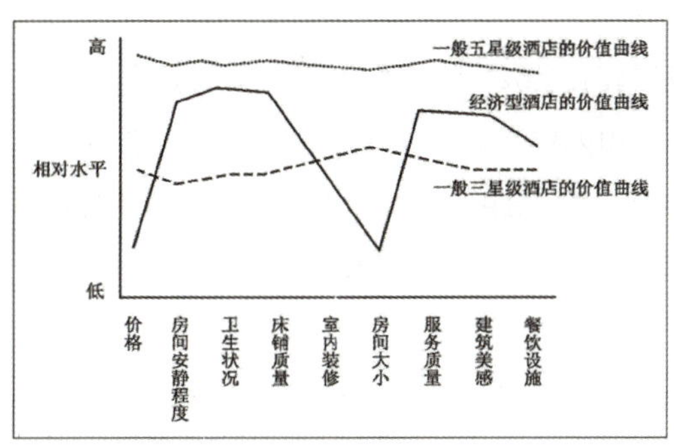

图一

我们举一个例子。

一家传统学校，办学 15 年，装修算得上五星级，师资算得上四星级，服务四星级，地理位置三星级，收费五星级，有时候甚至收费是六星级。营造的气氛是严肃权威范儿。

一家新创学校，装修六星级，师资四星级，服务五星级，收费四星级。营造的是未来时尚范儿。

那么，这两家学校面向市场谁更有竞争力。谁更有可能会打造爆品？

答案似乎是显而易见的。

这张图一针见血地指出了当前艺术学校办学困难的问题，我们加法学的太多，减法、乘法甚至都没有学过。

因此，自己根据当前人群最关注的点，对照下价值链分析图，你需要的是重构成本结构。

接下来，给大家介绍的这个案例都不陌生，但是这个案例对广大艺术教育机构校长来说应该是醍醐灌顶的。

经典案例阅读

ZARA 价值链分析

ZARA 从品牌上讲，你几乎糊涂了，闹不清它到底应该算几星级！

从卖场上说，应该算五星级！例如香港 IFC(国际金融中心)，是香港顶级的卖场，和 ZARA 比邻的品牌，都是 LV、古琦、迪奥、赫麦斯等世界级的一等一品牌。（我记得我以前在欧洲看到的 ZARA 所在的卖场，基本也都是当地的顶级商场。）

从价格上说呢，差不多二星到三星！一条女裙，四五百！一条长裤，二三百！一身风格化非常强烈的短旗袍，也才六七百！

从设计上讲，别以为便宜，就品质不好，绝对设计师风格非常突出（四星水准）。

从产地上讲，可不是大陆代工的粗糙货，呵呵，都是西班牙手工原产（三星到四星）！甚至我还发现一条裙子上，价签币种标的是欧元，哈哈，看来要么是发货发错了，要么是调货到香港，还没来得及换标签。

从品种之丰富，风格变化多端上讲，简直无法用几星来评估了，如果非要说，差不多是七星。

女士们想想看，如果是你，ZARA 的各种风格中又有你喜欢的，如此价位，你是否动心?

偷梁换柱

事实上，五星级的东西，按照二星级的价格出售，在“红海”领域，是绝无可能的，大家都已经竞争激烈的每天在死人了，你居然能这么干，不是见鬼了吗？上面说了，五星级的东西当然五星级的成本，又不是玩倾销战略，无论如何，不能亏本卖。

“蓝海战略”的一大特征，用俗话讲，就是“偷梁换柱”！表现为：把顾客不是很注意的环节，大刀阔斧砍掉，或者极力减少。将省下来的成本，狠狠地砸在目标顾客最能感受到“价值”的环节。

ZARA 的“减法”与“加法”

ZARA 的价值链 N 个环节：卖场档次、销售人员、大牌设计师、店面装修、明星代言、广告投放、面料的品质、服装的做工、品类的丰富。

一分析，ZARA 居然偷偷摸摸砍掉了明星代言的环节！不像迪奥、纪梵希等，大把的银子砸在影星、超模身上，ZARA 没有形象代言人！

广告方面，ZARA 偷偷摸摸减少，其实 ZARA 很少打广告，偶尔一两个整版，基本上也不是形象广告，而是促销广告。告诉一下消费者，哪个 ZARA 店，为庆祝啥啥啥，大幅优惠呢，欢迎抢购。

还有一个 ZARA 偷偷摸摸减少的，是单品生产量——这可有点难理解，明明是某款裙子畅销，ZARA 却不返单多做一批过来卖，而是卖过了这一批，基本就再也见不到了。这有点奇怪，到手的钱，为什么不挣呢？（我后面会解释）

还减少什么？呵呵，其实ZARA的面料，都不是最顶尖面料，风格化衣衫，和裘皮不同吧，无非棉、麻、绸等面料，而ZARA选用的，大多数都不是最好最贵的面料，而是“刚刚够”思路，只要刚好能配合设计师思想，体现了“风格”就好。

ZARA的服装质量，也经不起推敲，仔细看做工，确实和迪奥、LV等品牌的衣衫无法比较。但话说回来，风格化服装，通常又不打算穿20年，只要“看得见”的地方做得不赖，“看不见”的地方马虎一点，也没问题吧？

大幅增加的有哪些呢？最狠的就是卖场选择！都是顶级的商场，和世界顶级品牌比邻而居，在那里选购任何商品，对普通人来说，都是身份象征和心理幻觉的提高。事实上，在顶级商场，一杯矿泉水都比街上贵好几倍。但ZARA，居然选择了比邻居品牌的价格低了好几倍。

ZARA的“乘法”

ZARA做了什么“乘法”没有？

有，就是“品类之丰富”。这已经不能用简单加法涵盖了，我上面说了，ZARA在某些商场甚至是租用面积最大的品牌，搞那么大干啥？因为品类多！需要摆得下，才不得不租用超大面积嘛。ZARA拥有二百多位设计师，这些设计师的作品加起来，简直是铺天盖地，最大的ZARA店都摆不过来——这才造成了很多ZARA店，居然都摆着不重复款式的后果。

基本上，很多服装品牌，品类也不少，但相当一部分是“基本款”，基本款的特征总在卖，总有销量，各个店铺的重复率一定很高；但ZARA店，“基本款”的款式，通常都比较少。最大量的，都是“风格款”，对于女人来讲，各种各样、五花八门的风格，最是令人激动，总有一款风格适合你嘛！当然，ZARA 有基本的格调，否则成了杂货铺了……

通过上面对 ZARA 简单的“加减乘”的分析，大家是否能思路明晰一点点？

通过对价值链每个环节的调整，也就是“加减乘”，大家再翻过来看我曾经提到的两个理论“点”：

第一，蓝海战略的企业，是基于对原有市场的顾客进行客户价值的最大突破。

第二，所谓蓝海战略的行为，就是对原有成本结构的迅速重组。

为什么说“价值突破”，而不是“价值创新”？因为用“突破”一词更准确。在某几个顾客最在乎的环节（对服装来说，卖场档次和品类多样）达成五星级，通常带给顾客的感觉，就是这个牌子乃五星级——然后呢，却用二星级价格销售，当然给人“太超值了！”的感受，销售激增，所以说“价值的重大突破”。

另外，怎么达到成本平衡呢？就是“对原有成本结构的迅速重组”。方法说过了，就是“加减乘除”。明白了这两个“道”，也就是战略思想的新高度。

网友“体温妈咪”中所转的帖子，最后一句是：“每条产品线都有他们各自独立的创意团队。这也是为什么你能在全世界 400 多个城市主要购物大街上的 ZARA 店铺里，以你能承受的价钱买到最新的潮流服饰的原因。”

ZARA 的货车，经常是仅仅装了一半的空间后，就驶往欧洲各个国家，这种浪费，是为了什么？在货车里，所有服装，不是传统做法那样叠起来，而是直接挂在衣服架上，再“浪费”一次货车的运输效能。

通常，像ZARA这样价位的服装，老板都会把生产环节外包，以节约成本。但ZARA的工厂，基本都是直营。为什么这样？

前面我说了，单品生产量——明明某款畅销，ZARA却不返单多做一批，而是卖过了这一批，基本就再也见不到了。到手的钱，为什么不挣呢？

这些服装同行们都理解不了的神经做法，其实都在为ZARA的核心战略做着贡献，这个核心就是：服装风格的丰富和变化。

世界潮流中心——米兰的一场时装发布会，出现哪些新亮点，通常需在三个月之后，成衣才能摆在例如迪奥等大品牌在日本的专卖店；而ZARA可太神奇了，基本上不超过两星期，香港的店内已经上架，什么对比速度？

ZARA的信息反馈系统（俗称雷达）也超级强悍，针对不同市场，ZARA总能得到准确信息。高薪养200多名设计师什么概念？就是迅速反应！甚至ZARA为了这个反应速度，不设“首席设计师”职位，也就是说，任何好的设计，都不会被轻易主观否定。而工厂自控，则保证了生产速度！想想看，如果外包给第三世界国家，仅仅设计师和工厂的沟通，再加上运输时间，就耽误多少天？

ZARA任何款式，相比较而言，都做的数量很少，这样就保证了通常不会有存货——这里不好卖，风格有点不符合当地审美习惯，反正就几件，换个区域，对上口味就卖掉了。而生产太多呢，每个卖场都有存货，可就麻烦大了。（在营销上，这还能“敲诈”消费者；看上了就赶紧买，否则，明天来可能就再也没这个款式了！）

ZARA为了让捕捉到的潮流信息能尽快转化为成品销售，在工厂里，就把价签挂好，然后通过完备的电脑辅助系统，迅速发货。进入货车不折叠，挂在货车里，到地方后，直接展上货架——所以ZARA零售店铺基本没有库房，却超级大，每天到货的车比同行多N多班次。

说到这，明白点了吗?“五星级产品卖二星价格”只是最肤浅的表面！没有强烈的时装风格，良好的设计，捕捉到的潮流灵感，你以为在五星级商场卖“地摊货”能成功啊?

非常多的“怪异”举动，造成了ZARA的成本结构与众不同。但这些与众不同，恰恰内在逻辑十分通畅：都是为了战略核心服务。而战略核心的那个“点”，恰恰又是最能切中消费者要害，他们肯为之埋单的，所以ZARA成功。

这时我们发现，竞争对手虽然羡慕ZARA所在的“蓝海”，却苦于学不会，没法学。因为成本结构的构成，通常是路径依赖结果，不是说调整就调整的——把外包的制造，再收回来?

不是那么简单的！牵一发动全身，根本不是某个环节的改变，而是整个链条的异同。这还是次要的，战略影响的是运营，运营改变的是团队：战略、运营、团队这三者间，是互动关系，要调整，就是全面调整，单独改变哪一个而不顾其余，都会是灾难性后果。

（案例来源于《MBA教不了的创富课》）

我是好家长 02

艺术教育+家庭教育的新风潮

谭梅

艺术教育生态变革，家长配合不可或缺

艺术培训可以为孩子带去特长，增加自信，考试升学也好，专业发展也罢，都能为人生增添一个新选择，为前程开辟一条新道路。随着现代人生活水平的提高，越来越多的人开始在艺术世界里为灵魂寻求滋养，家长们也越发注重孩子的艺术启蒙。

今天，家长对孩子的艺术教育倾注了前所未有的关注和热情，但也更有可能走入弯路和误区。新形势下的艺术教育，尤其呼唤生态变革，而艺术教育生态变革中不可或缺的一环，便是站在孩子背后的家长。家长具有坚定的艺术意志和理智的艺术心态，是孩子学有所成的必要前提。

上周六，中央芭蕾舞团的李宁老师举办主题为“走进芭蕾”的讲座，期间也强调了家长的艺术意识在儿童艺术教育中起到的重要作用：家长配合老师，才能成全孩子。

成长看似是孩子一个人的事情，其实是整个家庭共同面对的历程。尤其是在接受艺术教育方面，家长的态度会对孩子产生深远的影响，因此，孩子在成长，家长也要不断进步。如果家长急于求成，孩子就难免心浮气躁。

任何事情都是从“1+1”开始的，不可能刚入门就做四则运算，尤其在艺术这个格外讲求天分的领域，一位资质普通的孩子，如果不经过长期不间断的训练，如何能够满足家长的过高要求?

我诚恳地建议各位家长，放下浮躁而不切实际的期望，与孩子一起脚踏实地，慢慢成长起来。请对自己说“我的孩子是可以的，能完成这些动作”家长要先对孩子有自信，才能信任我们八八空间。我衷心希望听到越来越多的家长说：“今年孩子的足尖立不起来，明年一定可以。”而不是“今年孩子的足尖立不起来，我们就不学了。”

为了达成家长与学校之间的信任与理解，八八空间经常举办艺术讲座，为家长普及艺术信息；每逢表演、音乐、舞蹈课程的汇报展示，也都大力邀请家长参与；更曾悉心筹备八八空间母亲节特别活动“我和妈咪晒幸福”。

组织这些活动，目的是让家长们看到我们的付出，看到孩子的收获，看到为艺术教育投资的成效，眼见为实，最终能够理解艺术教育工作者的不易，接受循序渐进的规律，对我们的机构更加信任，也能让孩子学得更长久。

理解是一种美德，我们在寻求家长理解的同时，也非常理解每一位亲爱的孩子。现在的孩子们从出生起就开始争分夺秒，学校的学业不能松懈，课余时间又被兴趣班填满，小小年纪，已经尝足了辛劳奔波的滋味。针对这种情况，八八空间正筹备研发舞蹈、音乐、表演等艺术课程的教学APP，打造“互联网+舞蹈”的教学新格局，推出立足APP的“一对一”定制化服务，使时空不再受限，学习更加自由，也更符合现代孩子获取信息的渠道和习惯。

另外，通过搭建线上媒体平台，可以为艺术工作者提供更便捷的创作条件和更自由的创作空间，鼓励他们创作出更多更优质的儿童歌曲和儿童读物。

八八空间已经在举办夏令营时进行过微电影的拍摄，我们期待等时机成熟，能够推出优质的线上儿童栏目，使即将步入第十个年头的八八空间与时俱进，日新月异，不断焕发出新意和活力。

（作者系舞蹈家、影视演员，北京八八空间艺术社创始人谭梅。来源于《领舞》）

江苏春蕾小荧星艺术教育学校校长

丁敩

在半年以前，为了实现家校沟通更方便快捷，我们学校创办了一个家长课堂。每个月组织两次讲座，与家乡分享教育孩子的一些理念，也倾听家长对学校的期许和诉求。

我总觉得，家庭教育在孩子一生中至关重要，好的家庭教育，才能让孩子张开奋飞的翅膀。可是很多时候，家长对教育往往并不了解太多，他们常常依靠自己一鳞半爪的经验在教孩子，带来了很多困扰。

我们创办家长课堂，希望与家长一起进步，在我看来，家长好好学习，孩子才能天天向上。家庭教育的成功，也会给学校的教育带来好的辅助。

因此，在我们的家长课堂上，我们的内容往往是围绕家长与孩子的教育问题展开的，如何处理亲子关系，如何解决孩子成长学习的困惑，如何培养好的生活习惯，等等。

通过家长课堂的沟通，很多家长也开始渐渐领悟了家庭教育的重要性，我相信，只有家庭教育的改变，才会助力孩子的未来成长。然而艺术教育+家庭教育的结合，我觉得我们还没有开始。

四川眉山新舞飞扬艺术学校校长

李正兰

和别的艺术培训学校有所不同，我们学校对家长这一块更为重视，会经常组织一些家长活动。让他们也感受到舞蹈带来的成长。新舞飞扬，伴我成长。而成长，不是单方面的成长，孩子、家长和老师，都要一起成长，我们才能真正抵达希望的远方。

孩子，我们用心培养，一直在关注着，同时，我们也不忽略家长。长久以来，我们举办了很多的家长活动。同时，还批量采购图书，包括一些家教类和人文素养类的图书，发放给家长。让我们感到高兴的是，家长带来了很多正面反馈。很多人告诉我，踏入社会之后，他们就一直没再翻过书，现在重新开始阅读，对他们知识和理念的提升，都有很大帮助。

在我看来，新舞飞扬更像是一个平台，我们不是教育者，而是服务者，让家长和孩子更好。我们会举办一些家长会，可家长会上从来不是我们在宣讲什么学校的办学理念，而是让家长上台分享，让家长带着孩子，分享，然后，心与心融合到一起。

河南省郑州市新星少儿艺术发展中心校长

陈娟

我们学校是一所综合学校，囊括了舞蹈和美术等各个门类。作为一所艺术学校的校长，我一直在想，我能够给孩子提供的是什么？技能的传授，这是一定的，而除此之外呢？我想，还应该给孩子带来快乐、健康和自由。

每两个月，学校都会定期举办家长讲座，和家长一起学习和探讨亲子教育和育儿知识方面的一些内容。我们就业，哪怕是做一个最简单的服务员，也需要经过培训，而成为家长，却从来没有任何培训。很多时候，家长对家庭教育，是很模糊的，甚至是错误的。

通过家长讲座，我们一起学习这一块内容，也由此建立更良好的亲子关系。当家长与学校的教育理念达成一致，我们在孩子的教学上，也能够更好地培养他们。

家长讲座，是我们学校持续不断在做的活动。而针对孩子的活动，那就更多了，在教学之中，我们都会有意地添加游戏板块，打造趣味课堂，让孩子在快乐中学到知识。每年，我们还会进行大型的汇报演出，搭建各种平台，省内的，国内的，甚至是国际的，给孩子带来更好的教学和服务，让他们有更多的机会展示自己，让他们体会到学习艺术的快乐。

尊重孩子天性，释放天性，让孩子快乐健康成长。是我们的教学理念，我们希望，通过各方面的努力，能够做好这一点。我相信，只要能够做好，学校自然而然，就能够蒸蒸日上。

辽宁葫芦岛爱乐艺术学校校长

王超凡

这么多年，我们学校最重视的就是服务，世界上一切商业行为就是价格、品质、服务三者之间的排位了。在艺术培训学校，服务

囊括的方面是非常广阔的，好的教学其实同样算是一种服务，好的地段，好的装修，好的师资团队，都是服务的一部分。未来，教学方面我们可能无法显出差异化了，就像咖啡馆的咖啡，所有的店都一样，我们可以提高竞争优势的地方，就是服务。服务针对的又是两个方面，一个是孩子，一个是家长。服务的类型又可以分成很多种，譬如感动服务，附加服务，等等。

从一个家长带着孩子来到学校咨询的那一刻起，我们是否在每个环节都给他带来了便利？我们是否有让他物超所值的感觉？这对家长来说非常重要，学校做到了这一点，无疑会提升家长的认可度，同时，也增加了彼此之间的黏性。由此带来的生源，往往会比依靠价格等优势得到的生源，要更加稳定。

而且，我认为服务没有捷径，需要坚持不懈地去做，而且要不断创造惊喜。未来，我们在学校管理上也将作出很多调整，一切以服务为导向，在引领家长的同时，让家长和我们真正地变成一家人，他们会像爱他们自己家那样为你的学校操心，你就成功了。

自媒体传播的十五条热议

一、必须建立一个新媒体运营部门，最好由新媒体运营、文案、设计组成，而不是一个人做一个发微信的排版工具。这一点巧克力梦工厂创业之初就先建立新媒体团队绝对是对位的。

二、建立首席信息官制度。对于一家学校而言，信息的收集、整理、分析、应用是最重要的事情，信息官的职责就是眼观六路，

耳听八方。本周为校长整理一份信息简报，提供新媒体圈粉及各项数据，提供行业有价值的动态，提供新鲜好玩的玩法，提供各种校长专享的信息服务。并在学校遇到问题的时候，能够快速运用工作解决困难。提升学校运营效率、传播效率，培养团队使用工具的习惯。

三、艺教机构撰写的文案几乎都是自嗨型的，推荐所有校长关注“李叫兽”微信，了解他关于文案创作的内容。文案力也是一种决胜力。必须换姿势了，否则你写的内容只能是自嗨。

四、视觉锤。90后、00后都是视觉动物。自媒体的传播讲求好玩，有意思，跨界，混搭，各种ps，那么好的视觉编辑，美工好很重要。这个钱不能省啊。

五、建立学校企鹅媒体平台。企鹅媒体平台是腾讯2016年3月上线的一款产品。一键分发、多个出口、覆盖全网用户、持续扩大、智能分发、细分兴趣、不断优化的推荐算法、为你找到最适合的读者观众。只要通过企鹅媒体发布，腾讯新闻、天天快报，所有腾讯旗下新闻端都会自动抓取，功能十分强大。当前，艺术教育界除了艺术教育家最早建立外，很少有人建立，早建立，早受益啊。

六、在碎片化的新媒体环境中，品牌形象完整不完整已经不重要了，一个清晰的、能被谈论的品牌联想才重要。举个例子，去年有个手机品牌卖的很火，但要问它的旗舰机有什么特点，很多人可能都说不出来。因为就算你说自己的手机有多少高科技、多少全球专利，大家也记不住。所以，让这部手机一炮而红的，就是我们都熟悉的那句话：充电5分钟，通话2小时。再如，杜琪峰去年拍了个电影，叫《华丽上班族》，是部歌舞片。虽然演员阵容很强大，但歌舞片在国内的票房一直都不好。所以这部电影在前期宣传的时候，就突出了“腹黑”的部分，弱化了“歌舞”的部分，把它变成一部职场片，起码不会让人听了歌舞片三个字扭头就走。而且杜琪峰导了很多黑社会题材的电影，于是宣传的时候就推出了类似“职场有毒，说破无毒”“职场就是黑社会”这样的宣传语。所以，品牌形象是不是完整不重要，一个清晰的、可被谈论的品牌联想才重要。

七、新媒体的核心是分享，不能引发分享和转发的传播都是耍流氓。很多企业在朋友圈投广告的时候，都是弄一个很高大上的视频广告或海报，然后花钱买流量。但微信广告的真正价值，不是它的流量，而是转发和分享。举个例子，去年圣诞节，有个公益组织投了个“史上最丑的朋友圈广告”。创意很简单，你只要在H5 页面上画个雪人，就有企业替你捐一块钱。投广告的时候，故意用了一张很丑的设计，跟那些高大上的广告形成了强烈的反差，很容易吸引关注。很多人看别人转发了，都想点进去看看到底是什么东西。参与活动的时候，一般人也都愿意晒一下自己画的雪人。晒的动机除了告诉别人我有爱心之外，还有一点就是很多人画的都很“丑”。这种“丑”被晒到朋友圈之后，会激活朋友之间的互动，从而带动更多的人参与进来。所以流量不重要，分享和转发才重要。

八、新媒体传播有个套路叫留白。留白有两个层面的意思，一种非常简单，就是投放半成品的广告作品，然后一定会有很多人来帮你纠错。比如有个专车的广告写错了字，很多人就来纠错，说你写错别字被我抓住了。另一种做法就是邀请用户和你一起创造传播内容，也就是常用的创意征集。举个例子，去年有张图被刷屏了，图上一个人，坐在马路上的一片沙子上，图上的文字是：“不要活在别人眼里，只要心中有沙，哪里都是马尔代夫。”其实原来的文案不是这个，而是“给我两个平方，我会躺在上面静静地思考人生。”这张照片在网上传播的过程中，很多网友都创造了更牛的句子，然后这个图就被刷屏了。所以在传播的时候，有时候你可以留白，让用户帮你实现更好的创意。

九、将营销前置，主动为产品设计一个社交场景。可以把营销要点设计到产品中，这样传播就成为一件顺水推舟的事情。咱们大家都会使用社交媒体，但你有没有想过，你什么时候愿意分享一个东西呢？这就涉及我们在使用社交媒体过程中的潜在行为动机：自我印象管理。其实，不管你在社交媒体上发什么东西，都是一种自我印象管理。比如，很多人愿意在朋友圈分享一些有趣的事情，可能潜意识里是在管理“我是一个比较逗的人”这种印象；很多人会发朋友圈骂某些大导演电影拍的不好，可能潜意识里是在管理“我对电影很有品位”这种印象。

十、用广告的思维做新闻，用新闻的思维做广告。做营销推广离不开媒体，但是在媒体投放广告和软文要花钱，怎么办？很简单，你可以把你的广告变成新闻啊，让它有新闻价值，这样就可以向媒体借势，做到低成本营销。那么，怎么让广告具备新闻价值呢？一看你的产品有没有可以让读者感同身受的地方；二看你的产品有没有能满足读者认知需求的地方。

十一、在这个信息量爆炸、商品泛滥的时代，产品、品牌、广告已经渐渐融为一体、变成了一件事。与之对应的是，未来我们可能不再需要一个纯粹的产品设计师、品牌策划师和广告创意人了。市场的改变迫使从业者的技能和思维必须随之改变。

十二、广告其实不需要讨好所有人，只需要讨好一部分人。比如黄太吉煎饼，很多人都说不好吃。传统企业肯定会组织公关活动，组织试吃会，改良配方。可黄太吉呢，反其道而行之，你说我不好吃，我就拉黑你。正是因为这种差别对待的方式，让那些觉得黄太吉好吃的核心用户，更加紧密地团结在这个品牌周围，生意越做越大。

十三、在品牌传播这件事上，印象比事实更重要。去年卖得最好的手机是 OPPO 的 R7，为什么呢？别的手机都在宣传跑分啊，参数啊，消费者听腻了，也记不住。R7 就是一句劈头盖脸的广告语“充电 5 分钟，通话 2 小时”，这句广告语，不仅简洁生动，而且有画面感。

十四、一万次的日常运营，还不如一次的爆点传播。既然有了这个原则，那就不如把一年的传播预算，集中在一个月花，一个月的预算，集中在一天花。比如去年《港囧》上映，ViVo 只在上映前一天，做了个广告，叫作《港囧上映在即，徐峥失联》，典型的标题党。中午上线，当天的 UV 就达到四十多万，相当成功。

十五、推荐关注“馒头商学院”、“李叫兽”、“笔记侠”。

小编补充：

当前艺术教育机构的文案均属于自嗨型的文案，强调自己有多好，而不是基于客户痛点。强烈推荐广大艺术教育机构设置文案、策划、新媒体专职的同时，自己要有新媒体与文案制作的知识。

相关阅读

李叫兽：4 种改变消费者习惯的说服文案

所有做新产品营销的人，都希望自己的产品成为消费者生活中的一部分。但是真正要用文案去说服消费者的时候，就不知从何下手了。这该咋办呢？微信公众号李叫兽发文说：说服文案主要有四种方式，分别利用了用户的追求心理、规避心理、恐惧心理和失去心理，来改变用户的使用习惯。我们来听听李叫兽的分析。

李叫兽说：营销行为的本质，就是为了改变用户在某个特定情境下的行为概率。想要实现这个目的，就要寻找他们在这个情境中的“喜爱刺激”和“厌恶刺激”。然后利用这两种刺激，去强化或者惩罚某种行为，从而改变行为概率。这左一个刺激，右一个概率的，啥意思呢？咱们一个一个来解释。

先来看看什么叫：改变特定情境下的行为概率。举个例子：小学老师通常会批评上课说话的同学，表扬课堂纪律好的同学，让小学生在课堂上少说话。这就降低了孩子们在上课这个特定情境下，“聊天”这个行为的概率。再来看看什么是喜爱刺激和厌恶刺激。在某个情境里，“喜爱刺激”是消费者特别渴望的行为，“厌恶刺激”是消费者讨厌的行为。比如：喝红牛的时候，“喜爱刺激”是“有精神”，“厌恶刺激”是“困了累了”。

知道了营销的本质，了解了两种刺激之后，我们在写文案时就可以利用开头提到的 4 种心理，让消费者购买你的产品了。

第一，利用追求心理。如果我们做某件事以后，获得了某种喜爱刺激，我们就会继续做这件事，最终形成习惯，这就是“追求心理”。比如：健身之后，周围人向你投来了羡慕的眼光，这就会增加你以后健身的频率。写文案的时候就要让消费者感知到，如果用了我的产品，会得到“喜爱刺激”。

利用“追求心理”的文案，有以下两种方式。第一种，在相同的成本下，你提供了更好的喜爱刺激。比如：台湾诚品书店的广告说：“1000 块买不到一副好眼镜，却能买到比尔 · 盖茨的眼光。”第二种，提供了别人没有，但很重要的喜爱刺激。比如，旅游定制广告说：“旅行，把钱花好很重要，把每分每秒过好，也很重要。某某定制旅行，设计你的每分每秒。”你看，如果你发现消费者一直在渴望得到某个结果，而你的产品恰好可以提供这个结果，就比较适合使用追求心理。

第二，利用规避心理。如果我们做某件事后，发现某种厌恶刺激减少了，我们就会倾向于继续做这件事。比如：开车不系安全带，安全带蜂鸣器就会发出噪音，系上安全带后，噪音就会消失，这样以后你就会继续系安全带。写文案的时候，就要让消费者感知到，如果用了我的产品，过去经常体验到的某种“厌恶刺激”就会消失。比如：某膳食纤维餐的广告说：“减肥，但不辜负你的胃。”这就消除了“减肥时容易饿肚子、伤胃”的厌恶刺激。

第三，利用失去心理。如果我们做了某件事，发现失去了某种喜爱刺激，我们就会倾向于不做这件事。比如：你长时间不看朋友圈之后，发现下午讨论的某个话题你竟然不知道，可能就会每天都刷朋友圈了。这种心理，应用在营销文案里就是，让消费者感知到如果不用我的产品，一直喜欢的某种“喜爱刺激”就会消失。比如，护肤品最常用的广告语就是：“留住 20 岁的自己。”

同样是利用“喜爱刺激”，失去心理和追求心理，有什么不同的应用场景呢？李叫兽说：这取决于用户对这种喜爱刺激，是处于“渴望状态”，还是“默认得到的状态”。如果是“默认得到的状态”，失去感就比追求感要好。比如说，有些折扣电商，整天说“每天一个超级折扣单品”，让人没啥感觉。如果换成：“昨天，iPhone 6S 便宜了 1000 块，可惜你没来。每天上某某网，不再错过重要折扣。”就好多了。而如果用户处于“渴望状态”，“追求感”就会比“失去感”要好。比如，股市刚刚涨起来的时候，少数人入市，渴望高收益，刺激人们冒险的主要是“追求心理”。但随着越来越多人入市并且赚了钱，比如某同事炒股 1 天就能赚你一个月的工资，你就会把股市的高收益率当成“默认应该得到”的状态，认为不炒股是一种损失。你看，真正激励你入市的，实际上是“失去心理”。

第四，利用恐惧心理。当我们做了某件事之后，出现了“厌恶刺激”，今后我们就不会做这件事了。比如，你相信了陌生人的电话求助，结果被骗子骗了，下次就不会信任陌生人。这种心理，应用在营销文案里就是，让消费者感知到如果不用我的产品，你一直担心的某种负面刺激就会出现。比如，某房产广告说“选不对楼层，你就吸雾霾。”就是这个道理。

那么，同样是利用“厌恶刺激”，恐惧心理和规避心理，有什么不一样的应用场景呢？李叫兽说：区别在于，如果用你的产品之前，经常体验到厌恶刺激，就适用于恐惧心理，这是痛点。如果未来不用你的产品，很可能会发生厌恶刺激，就适用于规避心理，这是威胁。比如说：同样是利用“厌恶刺激”的健身房广告，如果是对身材不好的人，就要说：去健身房，摆脱肥胖吧！而如果是对身材已经比较好的人，就不能这么说了。

总结一下

想要改变用户行为，让他们习惯使用你的产品，实际上就是要改变他们在特定情境下的行为概率。对此，写文案时能够利用的心理有 4 种，分别是：追求心理、规避心理、失去心理和恐惧心理。你 get 了吗？

原创插图：慢条斯理为《艺术教育+》创作

第五幕

活动与案例

活动与案例

01 **如何打造校园活动?**

02 **案例解读** 艺欣教育 15 周年梦想盛典

03 **案例解读** 最好的未来 全员加速中

案例拓展 三线城市更应该重视新媒体活动，

通过活动促进报名更有效

武立新 山西孝义新义新教育创始人

汇报演出必须变成一次让家长感动与尖叫的心灵家园

唐 霞 深圳舞佳舞艺术培训学校校长

我是这样做活动策划的

司马思思 广州小角尖艺术培训中心校长

第五幕 活动与案例

活动对于艺术培训学校来说至关重要，孩子需要一个展示的平台，家长也希望孩子能够有上台表演的机会，从而了解到自己的孩子学习到了什么程度。对于学校来说，组织活动，不仅展现了自己的教学成果，也扩大了自己学校的影响力。从种种方面来看，活动是迄今为止任何形式无法替代的载体。

办好一场活动，并不是一件容易的事情，我们看到过太多的艺术培训学校，他们在活动的编排上有很多不足，常常是没有主题和立意，只是一个节目接一个节目地上，好像把节目堆砌起来了一样，这样办活动不仅会很累，而且往往事倍功半。

在全国来说，少儿艺术教育展示的最佳平台论专业度、影响力和综合实力，迄今为止，无一能超越——魅力校园。这个被誉为中国最具影响力的校园活动品牌，是校园活动美学标准的制定者，以“引领影响力”为宗旨的魅力校园创造了许多历史之最。比如，第一个登陆国家大剧院歌剧院举办少儿专场演出的校园活动品牌，唯一一个央视连续播出十三年的少儿活动，唯一一个成立了集合演出、营销、传播、传媒、互联网、培训、公益基金多方面人才的生态圈。16 年来，参与规模突破千万，影响力覆盖全国三十个省及港澳台地区，足迹延伸30多个国家，直接粉丝达5000万。旗下拥有“全国校园春节大联欢”、“欢动北京”、“中国好少年”、“中国校园合唱节”、“中国校园文艺榜中榜”、“星光耀香港”、“感动韩国”、“新马吸引”等标杆活动品牌。

而“魅力校园”活动在三个方面的探索与贡献是得到全国艺教同行认可与称赞的。

第一，鉴于90后、00后人群是视觉动物，魅力校园在活动美学的设计上堪称经典与流行的引领者，每一张剧照，每一张海报，每一部宣传片，活动的每一个细微的设计都有鲜明的、辨识度极高的视觉主题。推动了全国校园活动在视觉创新与审美上的一次颠覆。

第二，在主流文化与流行文化的结合上成为创新的典范。当代歌坛的一线主流歌唱家与当前最火的人气偶像几乎全部深度参与过魅力校园。李易峰、陈晓、马天宇、井柏然、杨洋、张云龙、刘恺威、张杰、魏晨等全部经由魅力校园获得了主流认可，飞向了事业的碧海云天。

第三，在校园文化与公益文化的融合上推向了极致。从2014年“爱的接力”公益行动开始，魅力校园所引发的“爱的接力。美育圆梦”成为几万家学校争相参与、承办、借势的现象级公益。由谭晶演唱的《爱的接力》与平安演唱的《圆梦》成为许多学校公益的主题曲。由此所引发的爱心行为，积善资粮不可计数。

然而，“魅力校园”的活动也不是每家艺术教育机构都可以随便参与的，对于更广阔的活动市场需求来说，如何通过分享“魅力校园”的经验，推动每家学校乃至行业通过活动育人是本篇要解决的问题。

那么，要如何才能办好一场活动呢？如何通过活动升级影响力？如何通过活动来完成一系列的诉求呢？

如何打造校园活动?

对于艺教机构来说，校园文化活动主要分为以下三大类。

第一，日常展示类：周、月度、季度、年度汇报演出。

第二，节庆主题类：元旦、圣诞、春节、六一、国庆、父亲节、母亲节、感恩节等主题活动。

第三，校庆盛典类：五周年、十周年、十五周年、二十周年校庆活动及各种策划类、文化类、公益类活动。

当前校园活动的二十条速写

一、以艺术形式（如舞蹈、声乐、器乐专场）为主要区分；以晚会形式为主。

二、主题大同小异，舞美雷同、音乐雷同、节目雷同、形式雷同。

三、小主持人普遍成人化，说着不符合身份和年龄的语言，没有分清主持与朗诵的区别。

四、除了单纯节目展示外，近年来家长参与众筹，辣妈学院、老年街舞团、模特团渐渐流行起来。

五、渐渐重视除了表演外，注意观众素质的引导与提高，互动性越来越往综艺节目形态靠拢。

六、游戏化、抽奖、答谢，开始注重有意思和好玩。

七、与商业项目合作普遍，孩子能带来巨大关注度也吸引不少商家赞助校园活动；尤其在商场内、房地产项目中较多。

八、文艺演出＋公益讲座相结合。如周年庆典与《我是好家长》全国百校巡讲结合。

九、亲子类真人秀活动受媒体影响，越来越普遍。《爸爸去哪儿》、《我的爸爸是男神》等。

十、家长越来越注重自己的孩子在活动中的受益，团体的、大型节目参与热情骤减，越来越爱参加个人类、选秀类的活动。

十一、家长在意活动名次，投票类活动经常出现刷票、刷屏现象。偶尔还会有争吵现象。尤其以三线城市往下更为普遍和明显。

十二、公益活动的趋势明显，走进敬老院、孤儿院，关爱留守儿童、环保等呈上升趋势。

十三、寒暑假的特别训练营越来越多，以游学、参访、跨省、跨国交流更为火热。

十四、自发性、朋友圈相约的周末亲子游活动越来越频繁。

十五、直播、小视频、邀请为孩子参加的活动投票，点赞疯狂。每个人都收到过多条为朋友孩子点赞的私信。

十六、组团参加媒体活动越来越简单、容易，各省少儿频道或者各卫视、央视选秀节目越来越多。

十七、参加电视录制的机会越来越多，资源丰富的许多学校的家长甚至有“演出焦虑症”。

十八、各种与学校合作的跨界类活动越来越多；广场类活动以及快闪类活动爆发式增长；与宗教结合的主题活动也开始流行，体验禅修，国学文化。如“果成禅韵，天下孝和”大庆果成寺青年禅修夏令营。

十九、明星、名人、专家参与校园活动越来越多；甚至有很多新创学校因为活动做得好，吸引了投资人投资。

二十、音乐剧、儿童剧、舞台剧、主题绘本、微电影等开始流行，越来越多地方政府甚至有专项资金扶持或者文创基金的资助。

综上，校园活动以综艺晚会形态居多，艺教机构如何把握关键，成功举办大型活动完成诉求呢？

大型校园活动打造的九条秘籍

一、建组筹备，人员分工，确定总体目标及诉求

大型机构都要成立活动部、演出部、比赛部等职能部门，中型机构设置品牌策划部门，小型机构或者是专人负责。当前，活动部门人员的素质结构以教师居多，缺乏专业的编导、 文案、平面设计以及媒体传播人员。而恰巧这些专业的人员是保证活动差异化的核心人员。教师团队是保证节目内容的主体。

围绕大型活动要成立专门的项目组，创立微信工作沟通群。同时，校长要确定好分工，确定总体需要达成的目标，定奖惩规则和工作要求。大型活动对于团队的锻炼有不可替代的作用，近年来，许多学校校长争当魅力校园活动的志愿者，参与到导演组及各工种中锻炼，让他们增强了许多实战经验。已出现了许多跨校的合作案例，各种擅长做活动的校长还充当了其他学校活动的导演或者策划。

二、广借外脑，利用互联网，总体设计

通过校长及学校资源广泛借助当地或者行业内活动的策划人参与策划，最好的方式是建立信息官分享制度，通过互联网的搜集，提炼分享供导演组选择，“他山之石，可以攻玉”。

总体设计

1. 主题

主题和名称有巨大区别。许多学校一直没有搞清活动主题与名称的关系。如“欢动北京”2015 国际青少年文化艺术交流周开幕式双语晚会这是活动名称，主题是一带一路国家青少年相亲相爱，欢庆北京申办冬奥会成功。

2. 风格

统一、鲜明的风格是更好的表现活动主题。不同的主题，风格

是不同的。如国庆活动应该是大气的、激情的、向上的。六一晚会则是快乐的、纯粹的、联欢的。圣诞活动则是梦幻的、国际化的、新颖时尚的。

3. 结构

针对综艺晚会来说，一般是指篇章结构、线性结构、平行结构及散点结构。

针对大型系列活动来说就是主体活动包含哪些内容，线上线下相结合。

4. 感情基调

基调是指活动的基本观点和主要精神。如母亲节活动就应该是感人的、真诚的、温暖的。春节晚会就应该是热烈的、隆重的。很多活动现在不分基调，一年到头，每台节目的感情基调都是一个，什么都有，什么都没有。

5. 预算

预算制对于很多校长来说还不太擅长，因此一定要在活动之初确定活动总预算多少，如何执行。经费来源于哪几个方面，赞助多少，票务多少，众筹多少，还是全部学校自己负担。

6. 确定节目主体内容

主要节目构成是什么，主要表演群体等。

三、撰写策划方案及三张表格

1. 策划方案主要包括：目的与意义，特点与理念，总体创意及实现方式，节目亮点、看点、动情点、互动点、新闻点等。

2. 活动进度表 如表 1 所示。

“爱的光芒 · 艺欣作证”中国少儿舞蹈公益文艺节开幕式
暨艺欣教育十五周年公益梦想盛典 活动总表

项目	开始时间	结束时间	责任人	联系电话	备注
1.启动发布会			帅总		
2.第一轮传播			安钢		
3.舞美设计	7.28		许树		
4.舞美制作（交台）	8.05	8.15	珂杨		
5.主持人邀约确定			帅总		
6.明星艺人确定			帅总		
7.专家邀约			帅总		
8.艺术校长电话邀约	7.28		李尧/可可/益玮/帅帅/婷婷/龚涓/孟轲		汇总及邀约/河南省周边的学校
9.票务					票务在公众号的推广/艺术教育家的微信
校内			艺欣教师分工		
平顶山市			艺欣教师分工		
重点行业及赠送			阁琪姐		
10.第二轮传播					
11.大屏幕背景及视频制作	8.2		帅总		
12.片头制作			帅总		
13.核心节目打造			职菲菲		分篇章的执行导演
14.总体节目编排与制作			阁琪姐		
15.服装制作			各个节目的负责人		
16.道具制作			菲菲借鉴央视61，道具铺满全场		150孩子的朗诵/四套服装
17.艺欣十五周年主题画册					
18.节目单制作			安钢/盖老师		
19.纪念品制作			安钢/李尧：丝带		赞助商家提供/1.定制礼物2.贵宾3.现场观众的道具
20.第一次节目验收	8.6	开场待定	阁琪姐/帅总		地点在学校分批次审查
21.第二次节目验收	8.14	包括魏爽的节目、包括开场	阁琪姐/帅总		体育馆
23.第一次联排	8.17		阁琪姐/帅总		
24.第二次联排	8.17		阁琪姐/帅总		
25.第一次带机带妆彩排	8.19		阁琪姐/帅总		8个机位/导播江丽/转播车
26.第二次带机带妆彩排			阁琪姐/帅总		
27.录制备播带	8.19		珂杨		
28.晚会短片制作（配音）4个	8.1		帅总/安钢协助		
29.创新论谈场地、房间的确定			江燕负债整体接待		
30.创新论谈物料确定			郝鑫博		

3. 活动物料表 如表 2 所示。

“爱的光芒 · 艺欣作证”中国少儿舞蹈公益文艺节开幕式
暨艺欣教育十五周年公益梦想盛典 物料表

种类	内容	是否准备完毕	责任人	联系电话	备注
接待组（签到资料）	演员证				
	领队证				
	观摩证				
	手提袋				
	安全责任书				
	日程安排（电子版）				
	纪念册				
	艺术教育+书				
	领队礼品				
	T恤				
	帽子				
	门标				
	餐券				
	会刊				
	节目单				
	手举牌				
	留言卡				
	所有嘉宾行程单				
	接机举牌				
	号码贴				
接待组（离会发放）	节目证书				
	奖牌				
接待组（前期准备）	结算单				
	签到单				
	收据				
	桌签				
	易拉宝				
	背景板				
	车证				
导演组	耳麦（真、假）				
	主持词				
	背景板手卡				
	麦克风背景卡				
	开幕式流程				

	启动仪式道具				
	条幅				
	侧目条				
	主视觉背景板				
	对讲机	15部	董科伟		
	清理两个房间				
	第二现场				
	卡贝的摄影券				

4. 活动流程单 如表3所示。

中国校园文艺榜中榜荣耀盛典流程单

序号	时长	流程/节目	演员/演出单位	音响	灯光	大屏幕	彩幕	道具	特效	备注
1	20"	开幕式现在开始配音	——	配音01	炫彩，气氛	主视觉				
2	20"	片头	——	大屏还音		片头				
3	10"	主持人出场配音	——	配音02		主视觉				
4		主持人串联	边策、小时	手持2		主视觉				
5	2' 15"	短片《全国校园春节联欢晚会》				《全国校园春节联欢晚会》				
6	2'	主持人串联	小时	手持1		主视觉				
7	1'	主办单位领导致辞	领导	手持1		主视觉				
8		主持人串联	边策	手持1		主视觉				
9	3' 40	《盛夏的天空》	刘恺威 陕西安赛心起舞蹈艺术中心、陕西榆林市少儿艺术团	还音						
10		主持人串联	边策、小时	手持2		主视觉				
11		颁发年度十佳新锐艺术教育机构	十佳新锐艺术教育机构10	颁奖曲		新锐机构		奖杯10个		礼仪

四、打造亮点、看点、动情点、互动点、新闻点、盈利点

1. 亮点：集中精力打造一个亮点，最容易让人产生印象及广泛传播的。

2. 看点：全新的节目表演，全新的主持人、明星参与或者家长互动，新颖别致的节目。

3. 动情点：学校的感人故事啊，引发感动的一些情节，煽情是增加学校与家长之间连接的有效方式。比如鼓励孩子们感恩啊，孝顺父母等。如何做出新意让人不反感是关键。

4. 互动点：家长与孩子如何互动，抽奖环节啊，节目与观众之间的互动关系，如手机摇一摇啊，比如送礼物给观众啊等。

5. 新闻点：一台成功的活动最重要的是能传播出去，有新闻性。媒体法则的核心就是紧跟热点。

6. 盈利点：一台成功的大型活动，不仅能带来影响力，圈粉，最重要的还可能实现利润。设计合理也是可行的。但是一定要把握

好度，否则将得不偿失。比如圣诞节活动，有一家学校就因为宣传做得好，为孩子及家长营造了无尽的想象空间，而且是晚宴舞会形式，在当地比较新颖，所以就按照每家400元收费，由于活动的创新及内容的好玩，尤其是家长需要在特定的节日时期和孩子们一起玩，有这个需求，学校是可以合理找到盈利点的。比如还有很多虚拟荣誉产品的资源可以使用，如常用的梦想大使、代言人之类的。

五、舞美设计

1. 当前全国所有的校园活动的舞台几乎一模一样，几乎都是以星光幕加灯光组合以及大屏幕与侧目条结合这两种形式。校园活动不应该追求舞台的豪华、大型，但是要有新意和设计感。

2. 舞美设计是最直观的活动形象架构。由于地方舞美设计资源匮乏，但是校长们一定要提出要求，即使是大屏幕，能不能有变化，有艺术设计感和符合孩子们的特点，或结合热点及主题来设计。

3. 案例解读

“魅力校园”是校园活动美学标准的制定者，除了体现在平面、视频设计外，更重要的是舞台设计，在此分享两个由作者亲身参与主导的项目“欢动北京”与“中国好少年”活动的舞美作为案例，从中找出可供借鉴的东西。同时在本幕的第二部分也将分享艺欣教育15周年梦想盛典的案例。

舞美图一
欢动北京2014舞美设计

舞美图二
欢动北京 2015 舞美设计

舞美图三
欢动北京 2016 舞美设计

以上三稿舞美设计均由著名舞美设计师、北京奥运会舞美主设计沈庆平完成。三届的舞美设计图风格得到了延续，在延续的基础上又表现了每一届的主题。2014 年以青春拥抱世界的灿烂阳光为主题，2015 年的舞美体现了一带一路的连接，2016 年的舞美体现了游戏化和多彩的艺术效果。广大艺术机构可以借鉴“欢动北京”的舞台美术在 kt 版造型上的极致匠心。

“中国好少年”2015 年开幕式的舞美最终确定图四的原因，是当时我和舞美设计反复沟通，我不希望以电子大屏幕的感觉结构整个舞台，全国各地的舞台几乎全部电子化了，只是造型不同，而图四的造型新颖，尤其是两侧的侧幕是以魅力校园的 logo 及多幅剧

舞美图四
中国好少年 2015 年开幕式确定舞美

舞美图五
中国好少年 2015 备选舞美

舞美图六
中国好少年 2015 备选舞美

舞美图七
中国好少年 2015 备选舞美

舞美设计：
许树
北京人民艺术剧院
版权作品，严禁盗用

照为主，舞台视觉以玫红色为主，非常别致。另外，舞美设计也要考虑拍摄的需求，通过电视录制及剧照拍摄，图四都为最佳状态。因此选择了图四为最终的效果。不过当时差点选了图五。因为魅力校园的活动团队特别喜欢电子大屏幕的满舞台使用。

相关舞美
儿童舞台剧舞美设计：许树

六、确定音响、灯光、服装、道具、摄录

1. 音响对于一台文艺节目来说太重要，不过尤其是三线城市以下音响较差，麦克敏感程度不佳，音响分贝过大，伤害了孩子审美的耳朵，演出现场也不容易安静。

2. 灯光：舞蹈和声乐节目多以光束灯、电脑图案灯为主。

3. 服装及化妆最需要提倡的是关于化妆，许多老师经常在演出及活动中把孩子的妆容化得过于浓艳，失去了孩子本来有的美和可爱，尽量多以电视妆容为主。最好的化妆应该是裸妆，看上去自然得和没有化一样，而现在的儿童节目恨不得告诉全世界我化妆了。

4. 道具：青少年的活动，道具的设计是至关重要的，它能极大地增强节目的可看性，节目中和道具的互动也显得尤为重要。现在越来越多的节目提倡家长和孩子自己动手做道具，在一个科技时代，手工制作的美和成长多了更多的营养。

5. 摄录：活动的剧照及摄像纪录非常重要。这方面建议多邀请专业的团队来完成，现在全国各地学校宣传单上都是大全的镜头，全是人，黑漆漆的一片。哪怕一张剧照都应该像魅力校园一样精心取景拍摄。艺术教育最重要的是过程中育人。直播越来越发达了，通过星际穿越的校园电视台可以随时随地面向全球直播，家长线上互动，评论，回放。时效性越来越重要。以往的节目通常后期制作很久，直播时代，即时参与，即时分享，即时投票非常重要。

七、确定活动主视觉、音乐主旋律

1. 活动主视觉：活动主视觉的开发在视觉时代非常重要，在全国去看晚会和节目，最大的感受，就是大家不注意活动主视觉的开发。好的主视觉开发将极大提升品牌形象。一般节目都是一个红底打一堆字在上面，太俗了。俗得令人不忍直视。这方面“魅力校园”做出了很好的未例。以后参加活动多关注一下节目以外的精彩。

2. 音乐主旋律：一场活动一定要留有音乐的主旋律。很多时候我看到很多学校的主持人上场，重要环节、谢幕都没有音乐，简直令人目瞪口呆。好的音乐主旋律是主题的阐释，更是氛围的营造，最重要的是形成一种文化。比如，我在全国各地讲课，上场音乐都是《偶像万万岁》，结尾都用《圆梦》。有一次我没有参加魅力校园的一次培训，现场播放了《偶像万万岁》这首歌，当时很多校长微信我，头脑中浮现出的就是我应该上场了。这是重复的力量，是符号的力量。借助文章导演的《陆垚知马莉》中的一句台词，现在的年轻人形式感太强了，而这些形式感的点都将串联成你学校品牌成长的线。而这一点，四川的李正兰校长和乌海的石峰学得非常快。她成功地将《圆梦》这首歌作为学校的主题曲，并且与家长、孩子们共同编了一组舞蹈，这个舞蹈学校的每一个家长，每一个人都应该会跳。以后他在别的地方听到这个曲子就会想到你。而且，很多年后，这首歌会成为你们之间情感的回忆。

在第十五届校园春晚的后台，正兰姐姐跟我说希望她的孩子能够和平安合影，我说平安特别累，你先进平安的化妆间，在洗手间里面待着等机会。我和平安沟通时说，一会儿上台和全场互动一下，清唱一下《圆梦》。平安因为春节演出太多，断片了。居然问我，《圆梦》怎么唱，这时候，李正兰带着20多个孩子从洗手间边走边唱着：所有渴望，圆成梦想，心愿会在明天满分绽放。平安马上跟着合唱：小小的种子，有蓬勃的力量，每个有梦的地方，都盛开着希望。这一幕，令人吃惊，惊喜，感动。因为这个原因，当天平安和他们学校很多孩子都合影了。这就是音乐的力量。

因此，校长们一定要打造属于自己的音乐主旋律，一定不是一首高大上的校歌，而是能引发共鸣的，好听的，简单的。全世界每个人都会唱的一首歌，只要有人生日，《生日歌》就会唱起。你能做到，你的学校，只要有聚会，就有一首属于你们的歌响起。坚持五年、十年就是一笔巨大的财富。

不过，千万不能是《圆梦》了，这首歌平安真的应该感谢我，他的演唱会都没有我在全国所有讲座、所有活动都用的效果强啊。

这首歌快成为艺术教育界的神曲了。

八、重点打好传播战

一场活动如果没有策划传播规划，只是随意的发个公众号，写一篇类似“×× ×× 学校十周年晚会昨天盛大举行”是没有用的。一定要有传播主题、传播节奏、传播媒介、传播计划。重要的是要在活动中设置可以传播出去的点。一般能传递出去的都是简单的，有意思的，说人话的，不要说一大堆名字和自嗨式的说自己有多好，多么成功。你会发现在这个圈子里，演出没有不盛大举行的，掌声没有不热烈的，节目没有不精彩的，每个夜晚没有不难忘的。一定要去研究什么能够打动你的客户，能让读者感兴趣地去看，并且主动去转发。那么，你应该有同理心，什么样的文章能够让你转发？或者，建议再仔细读读本书第三幕关于 80、90、00 后人群的描写。

九、后期效果与评估

一场活动结束之后一定要专门召开效果评估会议。不要说一些废话，比如，大家辛苦了，大家都很努力，很尽力的完成了，晚会的效果也是很好的，大家都很满意。等于没有说。

至少四点需要去总结。

第一，目标达成情况，具体数据。

第二，圈粉多少？传播情况？续费情况？微信阅读？最受欢迎的是什么节目？

第三，团队成长的经验，每个人都必须说出谁应该在哪方面提高，最想感谢谁，最大的收获。

第四，兑现承诺，实施奖惩。

02 艺欣教育 15 周年梦想盛典

“爱的光芒 · 艺欣作证”

2016 中国少儿舞蹈公益文化节开幕式
暨艺欣教育十五周年梦想盛典
策划方案

一、总体目标

（一）以艺欣 15 周年为契机，站在全国少儿舞蹈的示范性、引领性、未来性的高度，为当代民办少儿舞蹈学校提供一部生动的范本。

（二）结合社会热点，传承民族文化，侧面传播艺欣教育人在少儿舞蹈教学与表演中的担当、探索和成果。

（三）以文艺演出为主线，通过互联网技术和科技手段，打造一台有内涵和文化担当与传承的有影响力的人文盛典。邀请 300 名艺术校长相聚平顶山，以盛典为模板，在 8 月 21 日举行全国民办少儿舞蹈教学、表演、编导创新论坛，以论坛成果推动少儿舞蹈教育发展。

（四）让公益爱心变成一种流行，让更多的人通过公益活动在育人的同时，传播正能量，让艺术教育绽放爱的光芒，点亮孩子和家庭的希望。

二、组织机构

主办单位：中国文学艺术基金会校园文化专项基金

承办单位：河南艺欣一意文化传媒有限公司

演出单位：河南艺欣教育　全国征集的优秀精品节目或演员

支持单位：河南省文联 河南省舞蹈家协会　共青团平顶山市委员会

策划制作：星际穿越（北京）文化艺术传媒有限公司

媒体呈现：腾讯教育　央视网 优　酷　乐　视

现场直播：艺欣一意　艺术教育家　我是好家长

电视播出：河南电视台少儿频道　平顶山电视台、平顶山教育台、平煤电视台

三、活动设计

1. 活动主题：爱的光芒 · 艺欣作证

2. 主体活动：

（1）2016 中国少儿舞蹈公益文化节开幕式

8 月 20 日　19:00－22:00

（2）2016 全国民办少儿舞蹈教学、表演、编导创新论坛

8 月 21 日　08:30－17:30

（3）艺欣教育 15 周年精品晚会暨闭幕式

8 月 21 日 19:30－22:00

3. 盛典地点：平顶山一矿体育馆

4. 观众规模：2500 人　直播观众：30 万人

5. 开幕式主持人：

任鲁豫　蒋小涵（中央电视台）

6. 主创团队：

总策划 / 总撰稿：陈　帅

总导演：李阁琪

舞蹈总监：赵飞（连续十届央视春晚、央视六一编导、空军蓝天编导）

舞美设计：许树（北京人民艺术剧院舞美设计）

导　　播：姜力（北京电视台摄像科科长、春晚总导播、著名导演）

四、主体结构及实现

开幕式　8 月 20 日 19:00－22:00

1. 星光大道

中国舞协、河南省文联、舞协、相关行业协会、学院领导专家、明星嘉宾以及 200 名全国各地的艺术教育家们走上绚丽多彩的星光大道，星光大道上行走的星族就如一道道美丽的星光，汇聚在一起就是灿烂的星座，连接起来就是温暖童心的爱的光芒。

2. 盛典序：《我的中国梦》

中国平煤神马集团文工团副团长、河南艺欣教育创始人李阁琪与梦想大使讲述心中的梦想，一个小小的教育梦，涂满爱的颜色，呼唤爱，传播爱，每个人的梦想汇聚起来就是美丽的中国梦。展示有爱心，有责任，有情怀的艺术教育家的形象。通过别具匠心的视频、舞台包装，洋溢盛典的人文情怀。

3. 开场歌舞：《五彩缤纷的世界》

十五而志，青春向上。开场为观众展示一片五彩缤纷的世界。在艺术的海洋里，通过繁花似锦、梦幻缤纷的视频设计、道具、情景展示出少年的多彩、快乐和梦想。

4. 第一篇：快乐节日 · 童心如歌　　执行编导：职菲菲

《雏鹰展翅》

以全新创作的《快乐的节日》为全篇的主题，节目表现童年生活。

通过一个个充满想象力、多姿多彩的舞蹈、动漫形象以及著名编导曹尔瑞打造的《宝贝会走了》打造的具有行业示范效应，少儿舞蹈表演的风向标。好玩的童年，炫酷的童趣，有趣的童心。

曹尔瑞《听见音乐就想跳》

采访：冯双白。

多媒体报告短片：《我爱艺欣 15 年》（15 个形象代言人体现艺欣培养出的性格特质：感恩、爱心、乐观、坚强、孝顺、创新……）

150 名少年儿童致敬词：致敬童年

第一次互动：摇一摇关注直播，参与爱的接力。

5. 第二篇：我是明星·芬芳桃李　执行编导：吕思雨

艺欣毕业的校友精品节目掐尖式地呈现，4 个来自北京舞蹈学院、中央戏剧学院等艺术高校的毕业校友表现舞蹈《绽放》，体现梅花香自苦寒来。

《课堂展示》大屏幕播放艺欣学习的场景。

个人独舞串烧。

励志故事：中国梦想秀的孩子，坚持上课。

河南平顶山籍的著名歌手黄鹤翔带来精彩串烧歌曲，爱家长的情怀，本篇通过毕业校友和明星歌手的互动。

艺欣获奖作品：《春暖花开》（艺欣 40 名舞蹈教师，体现艺欣团队的文化以及艺术质感）

多媒体报告短片：《父母和老师在艺术教育中的重要作用》

150 名少年儿童致敬词：致敬师长

6. 第三篇：爱的光芒·温暖接力　执行编导：栗婷婷

故事讲述：艺欣学员小毛蛋爸爸吸毒，妈妈改嫁，一直和奶奶相依为命，李阁琪减免了所有学费，今年考上北京舞蹈学院了，艺欣将负担他所有的学费、生活费。邀请其抵达现场，大屏幕播放爱的故事。

爱心仪式：捐助 5 个大学生，呼唤更多人加入爱的接力。

央视春晚御用音乐人，著名歌手徐子崴和孩子们带来《有你的地方是天堂》，大屏幕制作艺欣父亲节、母亲节活动的图片剪影，字幕“妈妈，你老了。我一定不让你去敬老院。爸爸，我特别希望你不要喝酒，我和妈妈一直很担心你。爸爸，你们听到了吗孩子给你们的爱。应该给孩子更多的爱，更应该爱自己，我们在一起，才能更健康，更快乐。《我的爸爸是男神》。

交响音诗画《圆梦》（200 个全国各地艺术校长共同表演，发表感言，发布少儿舞蹈时代宣言）

大型歌舞：《少年强》（融入武术、合唱、朗诵等多种形式）

多媒体报告短片：《时代呼唤的少儿舞蹈教育》

150 名少年儿童致敬词：致敬时代

7. 第四篇：飞扬时代 · 感动未来　执行编导：益伟

原创作品：《向前冲》，由空军蓝天幼儿艺术团编导赵飞编创的舞蹈。

明星节目

民族舞蹈串烧：《美丽中国》

著名舞蹈家山翀等带来精彩互动。

街舞组合：《未来》（以电影情景及未来质感的舞蹈动作，与航模、科技感。体现 00 后一代的梦想，舞蹈动作中融入手机，iPad，多屏化的一代。）

著名歌唱家雷佳演唱《爱在飞翔》

压轴表演：《好儿好女好江山》 雷佳

150 名少年儿童致敬词：致敬祖国

8. 尾 声：和未来有约

《二十年后再相会》全场形成热烈的狂欢。全场互动。（三号国旗 5 面，艺欣校旗 15 面。都做成三号的，旗杆不低于 3 米。）开场结尾所有演员谢幕，道具谢幕，最终谢幕，把爱的接力传递出去，通过大屏幕全场做一个仪式。爱的光芒，艺欣作证。

五、舞美设计

设计理念来源于活动主题“爱的光芒”，背景造型为圆形，由异型 LED 立体环绕，充满立体感和时尚感。整体造型像耀眼的太阳，散发着温暖人心的光芒。这些光芒常常做着不规则的排列组合，因而它变幻莫测，象征永恒、光芒、生机、繁荣、温暖和希望；也像眼睛，如孩童们天真无邪的个性，这时的光芒是清新的、随和的、纯净的，似乎一切事物都回归美好，顿时豁然开朗；那光彩照人的光束，象征积极向上的精神，立体环形结构像牵着的双手寓意爱的接力把世界连在一起。

六、音乐主旋律

爱的光芒

七、活动主视觉

八、策划纪实

缘起

2015 年 8 月录制《艺术教育家》特别节目的访谈，我零距离地感受到了阁琪姐姐的大气、善良，最重要的是我们都是双子座，有着太多相似的个性和共同话题，自此，我的日程表中就开辟了平顶山频道，自2015年8月至2016年8月，我前后近15次前往平顶山，在平顶山总共待了接近70天，正式接到阁琪姐姐邀请我担任15周年盛典的总策划是2015年8月，而最让人不可思议的是，直到2016年6月23日我们才正式进入15周年盛典的策划，此前的十多次来平顶山，不是做《我是好家长》的培训，就是做内训，又或者是当评委，总之阁琪姐这边的事情真是多啊，她居然能在倒计时30多天的时候，还接了一场电视剧的海选。也许，这就是阁琪姐的魅力，生来自带光芒，每逢大事必遇贵人相助。艺欣十周年的时候就在平顶山引起了轰动，阁琪姐希望15周年能够有所创新。我和团队要想创新并不难，难的是让一个做事严苛、有些完美主义的人接受，就有了接下来的很多幕。

定位

和艺欣的每一个女汉子接触，了解了艺欣的实力后，我觉得一场校庆完全不过瘾，我们必须来一次行业的震动。因此，我将艺欣的校庆升级为中国少儿舞蹈公益文化节。之所以这样定位源于三个诉求。

第一，李阁琪在平顶山拥有不可复制的资源和无人能比的影响力，平顶山15年来的大大小小的所有晚会、活动，平煤集团的所有晚会都是她担任的总导演，她学校的学生拥有其他学校不可比拟的演出机会和高频次的表现机会。他们的家长甚至都不想演出，因为真的是演的太多了，只是一场校庆承载不起李阁琪当前的影响力。

第二，艺欣拥有一支强大到不可战胜的团队，能打所有的战役，因此必须升级。

第三，艺欣未来的发展是要做中原的领军品牌，必须通过一次“现象级”的活动带动艺欣整体团队进行一次思维、身心的大练兵。

因此，有了这次“爱的光芒 · 艺欣作证”2016 中国少儿舞蹈公益文化节开幕式暨艺欣教育十五周年梦想盛典的创意。

组团连接

平顶山毕竟是四线城市，资源不是很丰富，人才也相对匮乏。要想造势，必须远距离跨界，只有距离越远，浪才掀得更高，因此，我需要做的第一件事，就是将艺欣优势推向极致，同时打造一个爆点。因此，我和阁琪姐谈的第一点就是舞美设计、音乐设计、导播、视觉设计、新媒体互动科技这几个由我在北京找顶级团队制作，她主要负责节目及当地资源的极致利用。就这样，一支更加强大的团队组成了。无论发生什么，这个阵容都将成为平顶山历史上最好的。尤其需要的是在星际穿越最强大的新媒体科技互动上，我得到了我的大哥师兄——央视春晚摇一摇的制作商，荣获电视界奥斯卡奖的天脉教育科技的 CEO 刘总的全团队协作，这次跨界，必将掀起行业的新风尚。因为这一点是任何人都无法做到的，因为我们拥有的服务器，科技创新力，新媒体运营的能力，直播的稳定度是没有任何人和任何机构可以比拟的。所以，我激动了好几天。

小插曲

没有想到的是，我们定的 8 月 20 日这一天居然和行业的另外一台节目冲撞，最重要的是我也认识这位校长，我还采访过他，并且他在 5 月份就已经开始广泛邀约了很多朋友去观摩他的节目。很多校长跟我说抱歉，不能前往。慢慢的，和我相熟的很多明星因为里约奥运会的原因也不能赶到现场。渐渐的，团队里出现了一种声音，要不换一个时间吧，有那么一刹那我的确动心了，认为应该换一个时间才是明智的。可能是因为个性的原因我和阁琪姐在这一点上高度共鸣：任何一天都会和其他的某件事冲撞，既然选择了这一天，无论怎么样，我们都要把它做成功。即使舞蹈界半壁江山都要前往，我们觉得依然还有半壁江山的机会。不是想 pk 哦，是因为既然选择，就境随心转。没有什么是不可能的，很快团队马上斗志飞扬，开启了疯狂排练的节奏。

这次与艺欣的合作，是不可复制的。一切都是上天最美好的安排。它出现在公元 2016 年，在我三十而立的这一年，我即将开启转型的人生，它让我有机会体会了 70 多天的四线城市生活，让我那么久地接触了一线的艺术教育团队，也实现了我自己的一次内心的圆梦飞跃。

03

最好的未来 · 全员加速中

2016 北京舞韵童心艺术学校跨年狂欢节

2015/12/27 15:00—19:00 蒲黄榆物美广场四楼

舞韵童心、芝麻街、好功夫、蒙斯坦国际教育、格林童趣

宠爱你的梦想 · 跨界狂欢

五项活动主题 · 全员加速中

五项活动，好玩，好吃，好实用呀！还有 iPad、小米平板、摄影代金卷、拉杆箱，全是你的哦！到场的妈妈签到和扫码并分享此活动会获得价值 30 元的面膜一片。

1. 跨年狂欢节 · 星光大道
2. 跨年狂欢节 · 我是好家长
3. 跨年狂欢节 · 宝贝加速中
4. 跨年狂欢节 · 夜宴卡哇伊
5. 跨年狂欢节 · 怦然心动新年舞会

跨年狂欢节 · 星光大道（15:00–15:30）

微信签到萌萌哒

全家身着礼服、创意服装走红毯，体验大咖秀

红毯秀将由格林大咖摄影师为你拍摄“大咖全家福”

“大咖全家福”将通过微信参评最受欢迎十组家庭（获奖图片及故事将在“我是好家长”官方微信及五家机构的官微发布）

跨年狂欢节 · 我是好家长（15:30–17:30）

年度最具人气的家庭教育全国巡讲 · 北京站

“没有人天生会做父母”、“未来需要什么样的人才”、“亲子关系和夫妻关系”、“好妈妈 + 好妻子修炼记”

两位实力派讲师为你现场免费制定家庭教育方案哦

魅力校园创始人郭海霞与艺术总监陈帅

郭海霞

中国教育电视台协会常务理事

中国艺术教育联盟副主席兼秘书长

中国教育学会舞蹈教育专业委员会副理事长

一个成功的艺术教育媒体人，社会活动家。如何兼顾事业、家庭，如何在繁忙工作之余，放养女儿高中远赴美国，女儿如何成为一名优秀的美国大学生及社会志愿者的，巡讲中首次曝光。

陈帅

一个横跨娱乐圈、传媒界、互联网 + 教育圈的 80 后电视导演、策划人。星际穿越 CEO，为你独家分享从初中开始如何赚钱一步

步考入名校，成功创业，以及明星育儿经验首次解密。

跨年狂欢节 · 宝贝加速中（15:30—17:00）

爱学习的父母最美丽，在爸爸妈妈学习好家长的时候，宝贝们将跟着老师们加速游戏，寻宝中。宝贝们在“舞韵童心”、“芝麻街英语”、“好功夫”、“蒙斯坦国际教育”、“格林童趣”的游戏区域中边玩边寻宝。

爸妈好好学习，宝宝给你奖励！宝宝们可以找到育儿图书、国际品牌化妆品、洗护套装、保健品、玩偶、玩具，只要爸爸妈妈好好学习，宝宝们加速成长中。

跨年狂欢节 · 夜宴卡哇伊（17:00—18:00）

父母和宝宝们一起学习半成品的西餐做饭哦。自己动手，有吃有喝了。全家一起动手，幸福美满乐在其中哦，幸福的不想长大了。看，爸爸在炒饭，妈妈在拍照，宝宝们也在做蛋糕，这段视频留下来日后一定会升值哦。

跨年狂欢节 · 怦然心动新年舞会 (18:00—19:00)

看舞韵童心的艺术团孩子们快乐起舞！看芝麻街的师生们演绎双语人偶剧！看好功夫团队带来的武术绝活！看蒙斯坦国际教育团队的亲子秀哦！

爸爸妈妈们，一起跳起来吧，宠爱宝宝们的梦想，最好的爱，就是陪他们一起疯起来。这个舞台，让你怦然心动，主要还是看全家福的气质！

主办方：舞韵童心 芝麻街 好功夫 蒙斯坦国际教育 格林童趣

策划呈现：星际穿越 我是好家长

画外音

2015 年跨年前夕，孙洁校长希望做一个跨界的活动，联合蒲黄榆物美广场四层的其他培训学校一起做一个跨界狂欢节，不同门类培训的联合活动是未来的一个趋势。杭州华艺艺术学校也做了尝试，据说排队都造成了交通阻塞。在这次活动的合作中，我再次被孙洁的格局所折服。所有的费用都是她自己一人承担，而且还自己请了很多做棉花糖、做蛋糕、小吃的一些商家来四层做了一条美食街，这是一次有味道、有效果、好玩受益的跨年狂欢节。这类小而美，丰富多彩的活动将会层出不穷。

案例拓展

山西孝义新义新教育创始人 武立新

三线城市更应该重视新媒体活动，通过活动促进报名更有效

新义新教育的官方公众平台2015年刚建立，关注人数比较少，我们开启了“最美笑脸”的评选活动。寻找新义新最美笑脸，我为新义新教育代言。首先我们在公众平台收集了很多孩子的照片及信息，然后让家长去帮自己的孩子投票，活动结束了之后公众平台总关注量达到了11万，通过这个活动一下子就在当地掀起了很大的影响力，尤其是最后的颁奖盛典。开场采用了魅力校园512峰会的灯光show，中场休息采用了星际穿越提供的微信私人定制的签到、抽奖、祝福语上墙等环节，还设置了梦想红毯秀，三个机位同步现场直播。当时会场有许多支持我们的铁杆家长，然后每位家长又邀请了身边一位不在我们培训学校的家长参加。最重要的是通过最后的营销环节，当时交全年学费的有32位家长，他们都感觉活动的形式很抓人、新颖，平时都在电视里面看的效果在生活中的真实体验会让很多家长尖叫。

由于我们提供了新媒体的互动形式，当晚就刷爆了朋友圈。另外，我们活动的大部分的奖品都是众筹而来，全部都是外联。这也是通过魅力校园粉丝学院学到的。我和团队说，这种活动应该常做常新，让三四线城市的家长也零距离体验到科技进步带来的快感。

当然，做教育的校长必须要考虑活动如何与公益结合，我们在当地率先组建了一个舞蹈男团特训班，20多个帅气的男孩子来学跳舞都是免费的，他们发现男孩子跳舞后的变化不像他们认识的那样，反而带动了当地男孩子学习舞蹈的热潮。我希望我们能选拔一些优秀的家庭贫苦的孩子，让他们永远免费在新义新学习艺术。

深圳舞佳舞艺术培训学校校长 唐霞

汇报演出必须变成一次让家长感动与尖叫的心灵家园

深圳是一个移民城市，生活节奏也非常快。但是和其他大型城市不同的是，我们的家长特别注重带孩子开拓眼界。我们离香港非常近，每周末很多家长都带着孩子去香港购物、休闲、体验。我们的家长在眼界上可以说是非常宽广的，见过很多很好的形式和内容。

因此，摆在我和团队面前最重要的事情就变成了——用情感融入教学和表演，只能通过能引发家长共鸣的情感活动才能打动家长。因此，我们的汇报演出除了提升节目的表现力外，最多精力投入的就是三件事：

第一，邀请家长深度参与，从前期策划，到中期筹备，最后到现场的舞台呈现，我们的家长全程和我们的团队融入进来。

第二，我们特别注重在节目中融入对父母的感恩、致谢，还有推向生活的具体场景的应用，我们也在做尝试。单纯的舞蹈展示活动已经不能满足这个时代家长的需求了。

第三，互联网上有很多很好的内容，我每个月会带着团队去咖啡厅一起学习一些好看的节目、好的内容。最重要的我希望能形成制度保持下去的就是，轮流分享制。每个月由一线的老师自己分享打动他的内容，每个月都轮换不同的人，让他们养成爱学习的习惯以及提升公众演说的能力。长期坚持，必定能花开千万朵。

广州小角尖艺术培训中心校长 司马思思

我是这样做活动策划的

首先就是前期的策划，这非常重要，把活动的细节全部构思好，然后按部就班地执行，哪怕环节再多，我们也能够细致入微地把各个环节都做好。

策划这一块，如果是大型活动，往往需要多次商讨，才能确定具体的方案。这种商讨，每次大概在几个小时之内，参与的人，一起发表意见，提出各自的想法和观点。每次商讨，不一定要把所有的人全部召集到位，每次找不同的人，每次就有不同的想法和创意，结合几次讨论，最后总结出一个最佳的方案。

先期的策划，要探讨哪些东西？首要的就是主题和立意。也就是我们办这场活动的主旨是什么，就像写一篇作文，它的标题，它的核心。给活动定下了主旋律，有了这个主旋律，接下来，很多问题就迎刃而解了。

确定主题之后，就像房子的框架已经搭出来了，然后就是房子的装修。活动有了主题，舞美、灯光、音效、特效、音频、视频、电视特效、道具、造型等各种工种设计人员共同着手活动的具体方案制定和实施操作探讨。大家一起参与进来，一起为活动的呈现添砖加瓦。

这时，我们要考虑到的就是，我们的活动，放在上面场地比较合适？舞台的氛围要怎么去营造？音效等要怎么选择，才能符合活动主题？等等。这些方面，都会给整个活动增添色彩。就像我们看一场电影，电影院的感觉和居家的感觉肯定完全不同。再明显一点，一首好的插曲，都可能给电影的效果带来一个飞跃式的提升。办活动也是这样，各方面的助力，对活动本身的提高很有必要。

经过了一系列的讨论，初步的方案已经出来了。整理会议的纪要，我们就有了一个活动的初步方案，这个方案中包括了主题和立意，活动的特点和理念，具体的实现方式，以及节目的安排。更重要的是，我们已经把活动的各个方面都计划好了，这能让我们更好地办好这个活动，给观众更好的视听感受。通过成功地落实策划，我们也能向观众表达清楚我们想要传达的东西。

原创插图：慢条斯理为《艺术教育+》创作

第六幕

未来学院与访谈录

未来学院与访谈录

01 纵横未来的爆品“全能综艺班”上线

02 可能的爆点：正在影响行业和创造未来的人

北京舞韵童心艺术学校 孙洁

相关阅读 天佑孙洁：倔强的柔美，自信的善良

冠军演讲再现：我愿意燃烧我自己，用我的光亮，

照亮同行前进

河南平顶山艺欣教育 李阁琪

杭州华艺艺术学校 杜易泽

江苏徐州靓点舞蹈学校 王敏

大庆艺林花儿艺术学校 刘广英

孤独的创业者

湖北红安曦艺盟舞蹈教育 秦曦

圆梦

艺林花儿艺术学校艺术高考教学 魏伟

做人，做事，做自己

“魅力校园”国内活动部总监兼高端事业部总监 刘文琪

第六幕 未来学院与访谈录

我们从艺术教育本身开始说起，从创始人，到教学、到服务、到活动，我们试图在探寻的，就是未来艺术教育的道路。从整个社会来看，中国体制内的教育，还有一些不足需要弥补，但可以想见，这种不足在未来不久就将有所改观。

体制内的教育，需要培养的，就是一个个合格的职员，勤奋、刻苦、服从命令。这也是我们现如今教育的特色，事实上，工业革命以来，欧美等国的教育，同样也是这样过来的。

这种教育可以满足社会发展，但是对人个性和天赋的培养，却存在着先天不足。而现如今的社会，中国的廉价劳动力渐渐失去了竞争优势，外资企业大量撤资。总理开始提倡，大众创业，万众创新。创业和创新，都将依靠自己去摸索，没有现成的路径可循，所以，我们要培养的人才，必须有探索和创造的能力。随着世界经济的一体化，全人类社会史无前例的深刻变革，教育必然会往这方面发展。

欧美等发达国家，他们的教育无疑比我们更快一步，他们的学校，特别是基础教育学校，对成绩本身并不是特别在意，教的知识也非常简单，所以，中国的学生到欧美等国，在成绩上基本是一片

横扫。以至于前阵子爆出新闻，中国孩子的优异成绩在美国某城市造成学生恐慌，很多美国学生因压力过大患上抑郁症……

我们可以揣摩出美国人的理念，对于一个人来说，最基础的教育，就像数学的加减法，这是都需要的，所以，他们会普及最基本的教育，而难度加深的教育，对很多人来说就不是特别必须了，因此，在这方面的教学上，他们相对薄弱，只有真正想往那方面发展的，才会深度培养。这背后的逻辑其实就是，教育只建立一个基础，而未来的路，需要根据自己的特性去选择和追寻。

传统的学校，往往难以顾及个性化的教学，但是互联网发展起来之后，这一切开始具有了可能性。如今，网络课程的发展甚嚣尘上，全球数以亿计的人开始在网上学习知识。这种学习方式的好处是显而易见的，首先，我们可以自己安排学习时间，其次，我们可以自主选择学习内容，最后，我们可以找到全球最优秀的老师给我们讲课。传统教育无法给到的，在互联网上得到了实现。

我们看美国做的特别好的一些互联网教育机构，先谈一谈可汗学院。这是由一个孟加拉裔的美国人萨尔曼·可汗创办成立的。有趣的是，可汗从来没想过要涉足互联网教育，最开始，他只是用一款绘图软件作为共享记事本，教成绩不好的弟弟妹妹学习数学。他把知识点的解读做成了视频，放到 YouTube 后，引起了巨大反响。

可汗由此开始萌生了视频教学的想法，并创办了一家以非营利性定位的可汗学院，只是为了让更多人能够享受到更高品质的教学。没想到的是，仅仅两年之后，靠他一个人，一台电脑，聚集起了 1000 万个来自世界各地的学生。一些美国的学校，也开始使用可汗学院的一些教学片来代替知识点的教授。

值得一提的是，可汗学院创办之后，可汗为了能够做好这件事，辞去了基金会的稳定工作。公司也没有引进风投资金，仅靠自身资金维持运营。我们分析可汗学院的成功原因，不得不提一下他背后

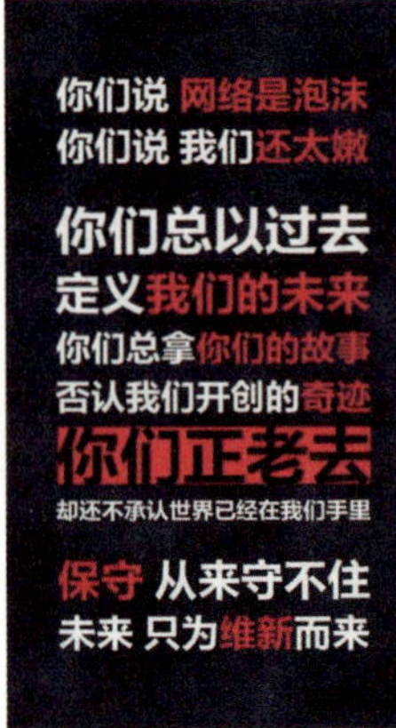

对教育的情怀。教育事业和其他行业不同，没有情怀，往往难以做到极致。

撇开这一点，可汗学院的教学视频，从系统性、趣味性等方面，确实是符合受众群体的。这些视频能够像课堂教学一样，教会大家知识，也就是说，从内容层面来讲，这些视频并不输于课堂教学。加之互联网的传播优势，可汗学院迅速发展了起来。

再来说一下时下非常热门的慕课（MOOC），这几个字母是Mass Open Online Courses的简写，翻译过来是，大规模在线公开课程。慕课的理念很简单，希望达成的是，任何人在任何时间任何地方，可以学习到任何知识。可以说，慕课本身，就是借助互联网的优势，把教育本身更好地呈现了出来。

互联网教育兴起之前，哈佛、牛津等大学，并不是谁都可以进去听课的。但是现如今，所有的课程逐渐在网络上呈现，用户只需支付少量费用，甚至更多的是免费即可得到，让知识的传递变得没有界限。可以说，慕课，把教育公平推向了极致，更重要的是，能够让更多的人得到优质的教育资源。

我们要探询未来的艺术学校，那么，我们看一看现如今的教育形式，是不是有所启发？除了教育本质这一点不变外，我们的艺术教育学校，又应该融入哪些新的因素呢？

互联网教育的兴起，是因为互联网具备了传统课堂不具备的优势，而艺术学校保持竞争优势，就必须有更多互联网无法实现的地方。首先，从技能的教授来说，仅仅依靠线上视频，显然还很不够，譬如舞蹈的教学等，必须在线下才能完成，所以，艺术学校仍然保持着先天的优势。然而艺术学校的竞争，不是学校和学校的竞争，而是生态系统的竞争。无疑，互联网在这里面起到了不可逆的重要作用。互联网不是一种工具，而是一种思维方式。不是说我们建个微信公众平台，发几篇网络宣传就是互联网思维了。而是一种思考问题的方式，一种定位，甚至是一种武器，一种能够在未来存活下去，和空气、电、水一样重要的能源。

现如今许多巨头，都在往艺术培训行业渗透，他们打造的艺术学校，从硬件设施来讲，比之以往更加梦幻，更重视体验式教学。未来的艺术学校，在设施环境上，必然也会往这个方向发展。

接下来，终端的运用，把互联网硬件和软件用到教学中。现在，世界各地优秀的艺术教育资源都在网上，用好这样的资源，无疑能增加自己的竞争优势。事实上，现如今的很多学校和机构，已经在做这样的事了。课程之中，打开网络，立即有名师或者明星加入了互动，线上线下配合教学，不仅增加了乐趣，也提高了教学质量。

最后，我们要想明白的一个问题是，未来的世界，需要的是什么样的人才？以往我们的技术院校，教授特定的技术技能，学好这些技能，出来找相应的工作。也就是说，有这样一种工作岗位，需要符合条件的人才，技术学院负责教学培养。那么，未来的世界，需要的是什么样的人才呢？

这当然不是一个学校就能够完全教会的，但至少我们可以往这个方向做一点努力。我们说，教育归位，归位的最后，就是培养真正适应社会和引领社会的人才。当一个人从学校走出来，若干年后，那些纯粹知识性的内容他可能完全不记得了，而真正改变他的，一定是他的价值观。

01 纵横未来的爆品：“全能综艺班”上线

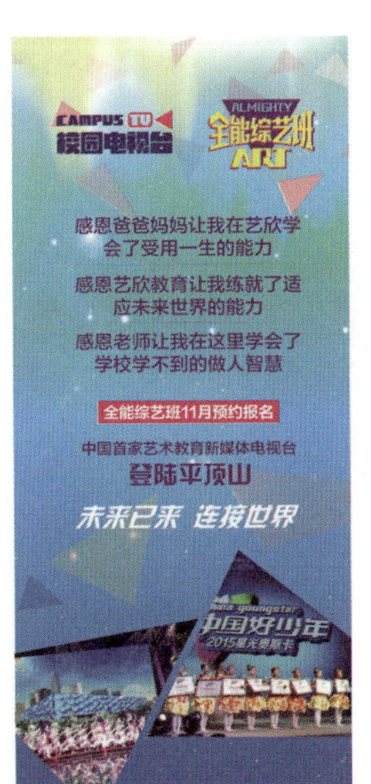

未来一切行业都是艺术娱乐业，所以没有学过艺术的孩子将会彻底失业。在一个智能机器时代，人和人之间最大的区别就是有没有接受艺术教育。

全能综艺班对于所有艺术教育机构来说就是一种爆品思维，一种极致的产品法则。

全能综艺班

每一节课都是一期综艺节目。每一期节目都是孩子的成长大片。

跨界的时代，人们越来越全能，身份角色越来越模糊。

全能综艺班

每一个学校都应该有一款爆品，是学校核心资源打造，能够提升学校整体形象，同时定位高端人群盈利最多，同时，全校师生都争先恐后争取学习的课程。

全能综艺班

主要以舞蹈、声乐、语言表演三门课为基础课程+受益一生的能力。注重孩子的创新能力、国际交往能力、信息分析处理能力的培养，让孩子成为一个有意思的人。

全能综艺班 校园电视台 效果图

全能综艺班详细课程模版及内容登陆艺术教育家公众平台。

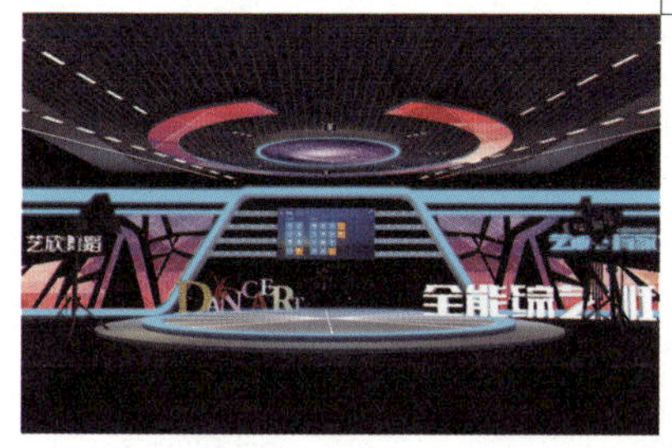

北京舞韵童心艺术学校

校　长：孙洁

办学格言：如果想让你的孩子变得优秀，那么请你把自己变得更优秀，因为言传身教最有力量！作为老师，我们要把育人作为最终的目标，把爱和责任传递下去。

陈帅：**你是把学校当成第二个家呢，还是希望给大家营造一个家的场景？**

孙洁：我觉得更多的还是营造一个家的氛围，因为从我自身来讲，我是一个妈妈，我所有的学生就像我的孩子一样，我想让他们在这里，不要把它当作一个学本领的地方，而是一个成长的地方，我是他们的妈妈——第二个妈妈，然后让我所有的孩子都像我自己的孩子一样，我去给予他们很多我能够给予他们的东西。可以这样说，我把这个地方当家，我会把这个地方布置得很好很温馨，让孩子感觉到这个地方没有拘谨感，不像是课堂，然后我在课程上面，不仅仅教孩子跳舞，更多在德育一些其他的方向去呵护孩子，可能他学习知识本领是一方面，但是呵护心灵，更是我们最主要的一方面。

陈帅：**家长对你们的期待、评价、关注点在现阶段，你们之间有一些什么样的互动？**

孙洁：是这样的，我们在上课的时候，可能我更多会在外面和家长沟通、交流，因为我们怎么塑造孩子，其实是所有妈妈一个共同的话题，我们不想把孩子变得很机械，我们想孩子每个人都真真正正地去变成他本来的样子，在这方面，我可能会花一些功夫，因为有一些妈妈，也是第一次当妈妈，很多时候，有一些观念和想法可能会有一点点不太适合教育孩子，我可能会通过很好的例子，慢慢地引导她，共同在这个地方来塑造这个孩子好的人格、好的心灵，再通过舞蹈让她认识美、发现美，再来塑造孩子。

陈帅：**现在国家越来越重视艺术教育了，今年两会也有许多将舞蹈课纳入义务教育的呼吁，很快学校艺术教育也将会有舞蹈课程，校外艺术教育和学校艺术教育怎么衔接和互补？**

孙洁：对于越来越多的艺术机构来讲，它就要有一个梳理了，这个梳理就是陪伴的过程，是不是也可以设计一些环节，必须家长陪着孩子一起来上舞蹈课？

因为作为我来说，我可以说我在这里面是个好老师，但是其实我并不是一个好妈妈，因为更多时候，他的课程我无法去参与，我现在只能尽自己的最大努力去陪伴他，我觉得孩子的童年很短暂，只有几年，如果说妈妈爸爸都能够参与进来，对孩子的成长是非常有利的。

陈帅：**除了参与以外，近几年来，国学教育、礼仪文化的教育，包括我们刚刚谈到的美育，可能在校外艺术教育机构更多时候是融入日常的细节当中，日常的这些教学，我们在重新审视我们教学大纲的时候，技能的培养部分是不是要缩小，体验课、互动课，开拓他以艺术作为启发人生思考的课我觉得可能更重要的。**

就是你刚才谈到的参与感，我觉得这个是很好的课题，落地的去讲，比如说这面墙，包括每一个细节，这样他都可以想办法了，

我们众筹家长的智慧。未来，教好舞蹈的好学校是标配，这时候人就变得更关键，学校的思维，更好的校长，更好的老师，你自己有没有这方面的感知？或者有没有发现家长已经有这方面的期待了？

孙洁：我觉得家长对一个学校的认可，可能是跟一个学校的负责人有很大的关系，这个校长的理念是什么样的，他是一个什么样的人，是很关键的，所以我现在也在努力去让自己变得更强大，让自己更具人格魅力。

陈帅：**你的微信当中加了有多少个家长？**

孙洁：我现在微信大概有两千人，基本上所有的家长都有我的微信，因为他们也是通过我的微信去了解我，然后了解我们学校的动态。

陈帅：**在这个交流过程当中，你觉得你家长的水平，他们现在对艺术教育的认知是到一个什么层次了？是像以前觉得需要比赛，需要考级呢；还是说有好转，性格养成方面已经有导向了？**

孙洁：我觉得跟我们的引导有关系，因为我们教学不仅是比赛、交流、考级，去学好什么样的东西，我们现在家长一个整体的感觉就是我的孩子在你这儿，能够得到的是一种心灵的成长，然后是一个品格的养成，是一个好的习惯的养成，所以说，更多的时候我们以舞蹈为一个点，然后去塑造一个全面的孩子，养成一个很好性格的一个孩子。

陈帅：**是不是可以暑假带着一群家长出去，在北京的郊区搞一些互动野外综艺节目？**

孙洁：那我觉得太赞了。

陈帅：**你觉得家长会愿意这样的活动吗？**

孙洁：对。

陈帅：**北京这个地方，好像有很多小的、不同的艺术机构，大家会采用就近的原则去上学，你觉得你的家长，他们目前对于舞韵**

童心最关注，认为最好的是哪几个部分？

孙洁：最重要的可以说是校长的魅力，因为很多孩子就是冲着我来的，还有很多孩子是陪伴我好多年的，我可以举一个例子，我有一个学生，她其实家门口有一个培训中心，但是她一直跟着我，然后她妈妈有一次受伤了，脚裂了，但是她需要妈妈送她来，但是妈妈拄着拐杖送她来，然后妈妈跟她商量说，咱不去孙老师那儿了，咱们在家门口跳，因为妈妈不想让你跳舞跳成什么样的，就想练练气质，她说不行，我必须到孙老师那儿。

有一次“六一”儿童节，我做了个公益的合唱课，因为很多孩子都想去学声乐，学合唱，只是找不到合适的地方，我就请了一个最好的老师来，让老师免费给他们上课，我来付钱，家长们知道这个消息就特别感动，这个受伤的妈妈就对我说，孙老师，我们的孩子没白跟着您，您为我们想得太多了，因为这句话，我有源源不断的动力去要想教好他们。

现在我们已经免费开了一门合唱课，可能下一期我们还会再开一门免费的课程，只要是我的孩子，我想从更全面的方向去发展他们，不仅是舞蹈、声乐，还有绘画，就是尽我最大的能力去教育他们。

陈帅：**好校长、好老师是两个标配，您认为家长最关注的是什么？**

孙洁：像这些照片是孩子参加一些比赛或者出去交流的照片，我觉得一个孩子的成长过程，他需要很丰富，因为只有丰富的人生才能让他变得更加完美，然后让他的人生观、世界观有所改变，我是希望我们的孩子可以行万里路，然后读万卷书。

陈帅：**这个舞蹈课上都会呈现些什么？教些什么？**

孙洁：现在舞韵童心更注重孩子的一种性格、一个自信、一个形体，还有基本功的一个锻炼。

陈帅：**我想问一下孙老师，基本功一定在你们每一节教学过**

程中？

孙洁：贯穿始终。

陈帅：孩子自己可以练习吗？

孙洁：可以。

陈帅：在整个教学当中，老师变成主持人？

孙洁：可以。

陈帅：在尽可能多地让他们看到在这样一个空间里怎么去延伸，靠的可能只有多媒体的手段。

孙洁：对，还有老师的引导。

陈帅：看好的一些作品欣赏，是不是可以像一门大学课一样，有舞蹈欣赏，让孩子自由表达？

孙洁：对。

陈帅：最后自己自由去训练，自己互相当老师，然后给他们布置作业，回去和妈妈一起跳舞，然后录制回来，一起互动，我觉得这会不会更加连接，更加亲近？而不仅仅是把学校塑造成这么一个线下的空间？

孙洁：对，这是一个很好的创意，我觉得舞蹈课就应该丰富多彩，就应该展现孩子自我。

陈帅：我现在有一个困惑，走进很多艺术机构，我看到他们上课的时候，都在学习基本功，这个过程，我不知道孩子真的会不会跳舞，还是就会那个动作本身？

孙洁：我是这样理解的，基本功是贯穿始终的，然后会配一些相应的能够激发孩子兴趣的动作，比如说我们会给她一个音乐，让她自己想象，她就是天空中的小鸟，她就是一片云，让她自己变成一个主导者，不是说老师让你做什么，你再做什么。

陈帅：做到这点难吗？

孙洁：有一点一点困难。

陈帅：最大的困难在哪儿？

孙洁：最大的困难在于看老师怎么引导他，然后孩子没有通过一个具体的形象看到自己。

陈帅：**摄像机可以解决吗?**

孙洁：可以。

陈帅：**舞韵童心未来该怎么走?**

孙洁：未来，我不会刻意去扩大它的规模，我想舞韵童心如果是一个家、是一个大家庭，我就会对我所有的孩子负责任，我会开设很多更好的课程，然后来丰富、来锻炼我的学生，让这些孩子在舞韵童心里面，学到更多知识和本领，让他们在爱的家庭里面快乐成长。

陈帅：**为什么一定要你个人去做呢？你可以培养一大批人去做。**

孙洁：是，但是作为我来说，我太爱这个学校了，它真的就像我的家一样。

陈帅：**你没有办法抽空出去做更多学校，只有跟他们在一起才使你有成就感和快乐，是吗?**

孙洁：或许以后我会出去，但于目前的状况来说，我割舍不下。我觉得所有的事情脚踏实地一步一步走，未来是个未知数，就像我从六个人到今天这样，我没想到会有今天这样子，当时我就想把这六个孩子教好了会是什么样的，应该说我没有任何的招生，目前通过我们自己的孩子，口碑带来的孩子，就已经每天都有增长了。

陈帅：**校长办学校，确实是因为自己有一个舞蹈的梦想，因为一分热爱，但是在办学的过程中，是不是有的时候，在未来的情境中，放下自己的一种视角，能不能从孩子的角度去想一想他的语言、他的一些感受?**

孙洁：首先孩子给我的感觉就是特别纯真，其实在他们的表达方面特别干净，不会有任何多余的东西。

陈帅：**有一个特别火的外卖叫“饿了吗”。**

孙洁：直接。

陈帅：**直接，你就知道它干什么，不需要任何品牌，至少你可以解决让我吃的问题，你把自己的一种感悟或者对同行的分享说成一句话，也送给他们，希望在他们的办学路上，你们能够彼此温暖。**

孙洁：这么多年，我觉得一个人不管做任何事情，应该脚踏实地、一步一步的，然后一定要充满爱，对这个社会充满爱，对所有的人充满爱，你爱了，别人自然也会爱你，坚持自己想做的事情，我想明天的美好自然就会呈现。

相关阅读

天佑孙洁：
倔强的柔美，自性的善良

大学毕业后，留在了北京，2008年，我在自己租住的屋子招了6个学生，当时我的想法很简单：周末没事，带带孩子，一来打发下时间，二来也借此锻炼和提升自己。

到了2009年，生源渐渐多起来，我才开始转变，在一个60平方米的小房子里，和一个兼职老师，两人把培训学校办了起来。办学之初，我基本没做任何宣传，只扎扎实实地给孩子教课，但学生仍然渐渐地多了起来。

我希望家长把孩子带来我这里，真正能够有所收获，所以，一路走来，我所想的，就是怎么才能给孩子带来更多。在培训中心，我们持续不间断地举办一些诸如家长讲座等活动，外面有好看的节

目、公益演出、演唱会，我们也会自己买票，发放给孩子们。

来到我们这里的家长，空余时间，我会一个个和他们聊天，聊他们的孩子，不仅局限于舞蹈，而是生活的各个方面，探讨孩子出现的一些问题，及时去弥补。有时候家长在教育上也存在疏忽，我也会跟他们沟通。

2014 年，学校搬迁，整整花了 4 个月去装修，所有的材料我们都严格挑选，必须确保绿色健康，装修完毕之后，在孩子到来之前，我还特别检测了室内的环境质量，真正做到了零污染。再如教室的灯，购买的也全部都是品牌灯。新装修的全能综艺班教室，请了专门的设计师设计，设备全部是演出级别的，让孩子在教室里就能有舞台的效果。

单单从装修上，我们可能就比别的培训学校多花了几百万。办学这几年来，学校有一定的盈利，而我基本把大多数的盈利，又全部投进去了，只是希望，能够给孩子带来更好的教学设施和服务。因为，这才是我办学的初心。

非常高兴的是，我的付出也得到了大家的认可，甚至有一个廊坊的孩子，天天来回坐车 5 个小时，到我这边来上课。暑期的集训课，从河北和内蒙古等地跑来参加的孩子，也有不少。作为一个老师，这是最让我高兴的事。

有一次陈帅和我聊天，说你都怀二胎了，怎么还不多招几个人，把事情都交给其他人去做，自己多休息休息。我坚定地跟他说了三点。第一，我生第一胎帅帅的前一天还在陪孩子们演出。第二，现在的这个也特别懂事，他的预产期是十月份，七八月份我陪孩子们参加完出国交流和暑训营，九月份忙完开学季的事情，十月份正好国庆假期，也不是很忙，孩子出生休息几天，又可以和孩子们在一起了。第三，我觉得我不需要休息，这些都是我的乐趣，你不能让我把最大的乐趣都放弃吧。说完以后，我看着平时很健谈的陈帅竟无言以对，我想当时他的内心一定是崩溃的。

冠军演讲再现：我愿意燃烧我自己，用我的光亮，照亮同行前进

大家好，我是孙洁，大家可能注意到了我是光着脚上来的，为什么？因为我想彻底地放下来。很感谢魅力校园、感谢艺术教育家、感谢星际穿越能够给我们提供这样的一个机会，让我回到这个家里面来。现在我跟大家一起回到这个家，讲讲我的故事。其实我的办学没有很多的经验，但是我心中有一份爱、一份善良、一份责任。我很愿意跟大家分享一下。

说起我自己，影响最深的人是我的父亲，从小他就教育我做人要善良，要对每个人都有责任，永远不要占别人的便宜，要学会吃亏，因为吃亏是福。我现在得到了，我真的得到了。2014 年 11 月 1 号装修好，11 月 2 号开业，当时学生只有几十个人，今年同样 11 月份，我的学生已经有 400 人。为什么？可能就是一份爱，是一份家长对我的信任。我想告诉大家，我们作为教育者，最该传递的是什么？教学、育人、做人。很多时候我们不要把自己当成老师，什么样的老师？教专业的老师，这不够，为什么？因为我们以后也会是父母，我们会有自己的孩子，我们想要让自己的孩子成为什么样的人？你可能也会要求你孩子的老师是什么样的？我现在在努力地去做家长和孩子心目当中最优秀的老师。每个人的幸福感不一样，很多人觉得我办学校赚钱，我可以过好的生活，但是我的幸福感是什么？我的幸福感就是我有一批优秀的学生在若干年以后，当我慢慢老去，他们能够记得我。当我即使变成一把灰，他们也能记住我，而不是我有多么富有，多么强大，我不要这个，我要的只是孩子们的快乐，是孩子们的回忆。所以，当我没有去追逐名利的时候，家长们反而会追着给我投资。有好几个家长说要给我投资，合作开幼儿园，这也许就是你不追逐，只要付出自会有收获。

分享一个小的故事，假如现在我们所有人站在悬崖上，这个悬崖只有一条很窄的路，我们怎么过去？有人可以告诉我吗？我们怎么才能过去？下面是万丈深渊。

非常好，只有我们手拉手，才能慢慢地渡过去，你们想一想站在第一个的人和最后一个人是不是最危险的？是的，因为第一个人不知道前面的路是什么样的，后面的人他没有后援，他也不知道是什么样的，很可能第一个和最后一个就是牺牲的那一个，但是我现在告诉大家，我愿意做第一个人。如果说第一个人掉下去，你们会觉得应该怎么做？没有办法了，我告诉大家，如果第一个人是我，我掉下去了，我会选择放手，因为我放手了，所有的人就得救了，大家都可以顺利过去。虽然我掉下去了，我牺牲了，但是我觉得那是我的重生。现在，在这里，我作为艺术教育家的一分子，作为兄弟姐妹当中的一员，我愿意为大家奉献自己。谢谢大家。

——孙洁的真诚、善良、毫无保留使她荣获 2015 艺术教育家年度特别节目《超级演说家》总冠军

画外音

孙洁的这篇演讲稿现在看来仍然朴实无华，可她又是那样拥有穿透人心的力量。尤其当她脱掉鞋上台的时候，完全放下自己，坦诚地把自己交给了观众。有一位师者曾经给我建议，让我在讲课中要把台下的人当老师，把自己当成学生。我一直不容易做到这一点，而孙洁恰好做到了。

《超级演说家》的 10 名校长的演讲稿我都看过。当时我心里预测的冠军并不是孙洁，因为我当时从文稿及演讲的技巧来看，其他稿件甚至都超过了这篇稿件。而观众似乎并没有被深深打动。有时候，打动人心的不见得是多么伟大的壮举和激情，反而是一种朴实、一种真诚。正如艺术教育应该追寻的那样。

河南平顶山艺欣教育

总校长：李阁琪

办学格言：一心一意做教育

陈帅：**你作为一名校长来讲应该如何规划自己的时间？**

李阁琪：我作为校长，我觉得更多的时间可以学习，我可以把自己的学习时间留出来，和外面的世界对接一些资源，开阔一下自己的思维，还有我要去挖掘更多的人才进入我们的学校来，这样我们的学校才会越来越好，各个方面你才能够更加完善，而且作为一个校长你才能够更加轻松。

陈帅：**目前你认为艺欣舞蹈给全平顶山的市民留下的是一个什么样的口碑和印象？**

李阁琪：在我们学校不止会跳舞，学到舞蹈，我希望他们在我们学校能够通过舞蹈学到其他的品质，比如坚强、自信、美丽，能够知道感恩，懂得爱。从我办学的第一天起跟着我的姐妹就没有离开过我，所以一直以来我们身边的教师团队是很紧密的，而且大家在一起爱舞蹈、爱孩子的心从来没有变过。

陈帅：昨天在平顶山的时候看到了你的第一批学员的家长带着已经快要上大学的孩子找您。

李阁琪：是的。

陈帅：十五年来，你从 15 个孩子到今天的 2000 多人，怎么做到跟他们一直保持这么长久的联系。你认为你给到他们什么不可替代的东西了？

李阁琪：我觉得就是发自内心的爱，你真的把这个爱传递给他们，他们也会回报你，孩子和家长一定会回报你的。从 15 个孩子来的那天起，我就没有想过要从这些孩子身上得到什么，我就是想作为一个老师，我就认认真真、踏踏实实的把这些孩子教好，让孩子能够从我身边感受到我对他们的爱，这样就可以了。

陈帅：你是怎么做到确保每一个校区，每一个员工都朝着统一的目标去行动呢？

李阁琪：我就是通过我的言传身教吧，我觉得首先我是爱我所有来到我身边的每一个老师，我把他们当成我自己的兄弟姐妹，真心的去爱他们。

陈帅：你觉得在这样一个快速变化的互联网时代，作为校长本人来讲什么样的能力是核心能力？

李阁琪：永远要有一个忧患思维，我是这样想的，虽然我们学校一直往前走，包括同行们也都说我们学生人多，包括在平顶山整个影响力比较大，但是我一直都有一个想法，我不能停止我的脚步，我必须要往前走，要不断的超越自己，你要永远觉得你现在做的还不够，我要继续往前超越自己，这样你才能够不断的往前走。

陈帅：超越自己你做了哪些事？

李阁琪：要不停的打破现有的东西，可能有一些东西我们要不停的去改变，除了学习之外，更重要的是你的思维，你要改变自己的思想，改变现在固有的模式，可能这些做起来很难，但是我们必须要坚持这样的想法。

陈帅：你做了哪些活动？产生了什么样的效果？

李阁琪：活动做了很多，比如说我们会搞一些亲子的户外活动，通过这样的活动让孩子知道去感恩父母，家长和孩子也会有一个情感的贴近，还有我们会利用像母亲节、父亲节这样的节日，去做一些特殊的特别的活动，通过活动当中的游戏设计的环节，让孩子们在玩中体会到人和人之间要传递爱，要知道孝敬父母，要知道感恩社会、感恩父母这样的一种情感。

陈帅：家长配合度高吗？

李阁琪：非常感动，作为家长来说，比如我们父亲节的活动，活动都是免费的，报名的家长，爸爸并不知道孩子提前给他写了一封信，当然我们参加的孩子可能有四五岁的，有十几岁的，孩子年龄段不一样。大一点的孩子，感情真的非常真实，也非常充沛。作为小孩子他不会写，他就用拼音写出来然后画上画，现场很多爸爸真的感动的，一般男人是不容易流泪的，这种情感我觉得可能世界上最幸福的事情就是爱的传递。现在我们把这个活动升级一个名称叫《我的爸爸是男神》。

陈帅：现在很多人没有时间去思考，疲于奔于解决一些现在的事情和遇到的困难，就觉得自己离开学校几天都不行，对于这种现象你怎么看？

李阁琪：我觉得如果是这样的话，你的学校肯定是发展不好的，发展不起来的。现在我的目标带着我的团队，我每次出来学习只要允许，除非要求我自己一个人去，只要允许的情况下，我必须带着我的团队一起出来学习，我要培养我下面的这些骨干，我要让我的

姐妹们跟着我一起成长，学习必须一个人一生都要去做的事情，我觉得不能停止学习的脚步。如果你连出来学习的时间都没有，你想你的学校怎么去发展呢？你怎么知道社会的变化呢？你怎么知道未来的变化呢？困难不可怕，关键是你自己首先就被打败了。

陈帅：你现在为了把学校做大，还自己干了很多事情，你觉得这样会不会影响一个人的发挥？

李阁琪：可能有时候大家会挖空心思想着我怎么样把我的学校做大，我怎么样多一些学生。我觉得有一些东西可能当你做到极致的时候，这些东西自然就来了。我觉得作为发展初期的一些学校来说，最主要的是把你自己做好，把你的教学、服务做好，给你现有的家长、孩子，用心做好这一切，自然他们就会给你去传播，口碑是特别重要的。

陈帅：你对于现在很多没有做大的学校或者遇到困难的校长是不是有他本身自身的思维局限？

李阁琪：我觉得可能是有一点吧，因为不见得我们每个人一生下来就会管理学校或者我们知道这个事情应该怎么做。作为我来说，我也是在一路摸索的过程当中走过来的，不断的去寻找自己要调整的方向，当然作为校长本身来说最重要的还是要提升自己个人的综合素质和个人魅力。

陈帅：更重要的一点就是让你自己变成一个有意思的人，因为只有你自己才是这个时代商业模式的核心是吗？

李阁琪：是的。我也在逐渐学习，想要变成一个更有意思的人。因为我们现在这个社会，包括我们孩子的父母，孩子要学习，父母要工作，他们都很忙，当你把他们带到一个有意思的环境当中，让他们放松自我的时候，这个时候他们就会觉得特别好玩，他们会融入其中，他们会觉得很有意思，下一次他们一定跟着你继续走。我们学校做了一个圣诞节的活动，我们在做这个活动之前，我就给我们老师开会，我就说这次我们要打造一个圣

诞的梦幻王国，我们每个人，包括我自己，我也要是梦幻王国里面的一个人物，我们每个人都要把孩子代入这样的一个梦境里面去，首先我给我们的老师造了一个梦，所以我们老师回去之后，每一个班主任又给孩子造了这样的一个梦。当时我们本身预计只是做一个小的活动，我们想做百十人的活动，结果我们一下子报了一千多人，我们做了两个晚上的盛大的圣诞聚会，让每一个来到这个活动现场的孩子和家长，感受到真的来到了圣诞的梦幻王国，我们每个人都身临其境。

陈帅：**非常开心和阎琪姐姐聊完了，我有一个感受就是真正的能够做成功的人都是从容的，每一个细节的成功与失败都决定着这个创始人自己的思维空间，我想对于网络前正在收看这期节目的所有的校长们提一个建议，就是不要再聚焦于具体的困难了，因为我们今天所有的人都在谈布局，我相信阎琪姐姐今天能收获这些，她一路上也是不断的快速的去拥抱变化，不断的快速试错，还有不断的给自己信心和挑战，敢于去做出改变这是最重要的，每一天比昨天改变多一点，我相信你的未来都会将更加地精彩。我们不能成为更好的别人，但是一定能够成为更好的自己。**

采访艺术教育员工环节：

陈帅：**你觉得这个平台给你最大的成长是什么？**

中心校区校长职菲菲：我感觉四年半里面艺欣，包括我们阎琪姐姐给我一个很好的平台让我去发展，再一个包括我的情感，包括我一切的一切都是在这里实现的，给予我很多。

陈帅：**你们之间经常会争吵吗？**

菲菲：没有争吵，但是有批评，有很多的批评。首先第一项就是接受，但是有一些时候肯定会有自己的想法，这是很正常的，但是最终还是要改变自己，因为我知道阎琪姐姐对我的每一句话，包

括对我们姐妹们的每一句话都是特别地重要，为我们好。

陈帅：**你觉得怎么样能做好一个分校校长？**

郏县校区校长孙世杰：我首先要像我姐姐一样对每一件事情要有执着的信念，不管怎么样，哪怕头撞到墙上我也要闯过去，我也要走下去。还有一点，我觉得在分校里面，我是希望我的每一个姐妹，我并没有把她们当成员工来看，这点也是向姐姐学习，当作亲姐妹来看，而且我希望她们在以后的发展路途上，每个人都能够成为一个独当一面的人。

陈帅：**现在最大的压力是什么？**

郏县校区校长孙世杰：我的压力因为我现在还在总校负责活动部这一块，所以有的时候可能觉得时间不够用，两边可能精力不太够。我的压力一方面是姐给我的压力，还有一方面的压力是我怕老师承受的压力撑不住，这方面就是我的一个困扰。

陈帅：**我为什么采访完两个小宝宝之后，你们两位满含热泪，你们是这么热爱这份事业还是太感性了？**

郏县校区校长孙世杰：热爱，爱这个家庭。

陈帅：**其实有的时候可能不在这环境当中外人感受不了，我觉得阁琪姐姐今天可能用爱呈现了一个大家庭，让你们能如此追随。**

郏县校区校长孙世杰：对。我觉得成长经历有很多，每一次给予我的我觉得我完成不了的时候，姐不会考虑你说什么理由，就会告诉你一定行，你非常棒。在这个时候我相信每一个姐妹都是，我们只能打碎牙往肚子里面咽，不管怎么样我也要闯过去，还是属于逼自己吧，其实有很多时候觉得这个东西可能完成不了。

陈帅：**但还是完成了？**

郏县校区校长孙世杰：对。

陈帅：**这个过程中阁琪姐陪你们一起完成的？**

郏县校区校长孙世杰：对，是的。

陈帅：**团队能理解吗？**

郏县校区校长孙世杰：理解。

陈帅：他们不理解你们怎么办？

郏县校区校长孙世杰：我觉得心与心的交流与沟通。

少年校区校长高梦：最初我来到艺欣的时候还是一个少女，现在思考最多的就是眼前嘛，因为我们是教舞蹈的老师，所以我们眼前最重要的要把教学这块，怎么样让孩子喜欢这个课堂，让家长喜欢老师。我们在对待孩子的时候真的要把他们当成自己的孩子一样爱护，要像妈妈一样去亲近孩子、聆听孩子的心声。

陈帅：有一瞬间我甚至在想她们为什么会如此感性？接触下来我发现，原来就像阎琪姐姐刚才说的家的文化，其实在这样一个时代家的文化不容易做到。她把每一个孩子，每一个员工真的当作自己的孩子去爱。放心的、放手的让你的分校校长和执行者去大胆的干吧，陪他们一起去失败，一起去经历风雨。

陈帅：我身边的这四位美女就是来自我们艺欣舞蹈学校各个分校的一线员工，让我们首先欢迎她们。现在我首先问一下掖县的这位班主任，在艺欣多久了？

教师代表赵鑫雨：我在艺欣三年多了。

陈帅：真实地评价一下它的文化好吗？

教师代表赵鑫雨：像家一样，有姐姐们带我们，也得到了非常多的锻炼。

陈帅：评价一下你的上级吧。

教师代表赵鑫雨：我的上级是掖县校区的吕思雨校长，她也是比较随阎琪大姐，特别有姐姐范儿，平时也是特别的关照我们，对待我们就像亲妹妹一样。

教师代表益伟：其实我对我的上级感触是特别深的，因为我进校时间不长，还不到两年。我在没进学校之前跟我的上级是特别好的闺密，可能很多事情没有来之前会想得比较简单一些，但是来到学校了以后，我的上级特别公正无私，并没有因为私底下我们的关系而对我放松，反而一次一次的鞭策我，不断的提升我，让我在短短两年之内我觉得有了巨大的改变。

陈帅：**我觉得你也快哭了，艺欣所有人都泪腺如此的发达吗？**

教师代表益伟：不是的，因为我真的不能提到我的上级，不管是我的分校校长，甚至是我们的老大李阁琪校长，对我来说都是人生中的贵人。

陈帅：**我想听一点不一样的，你再跟我们分享一下咱们艺欣哪一条让你觉得目前还不够？**

教师代表陈佳敏：因为现在还没有家庭，没有孩子，可能更注重一些打拼，给我们更多的平台，让我们更能发展自己，去展示自己。

陈帅：**现在最大的梦想是什么？**

教师代表陈佳敏：最大的梦想就是通过自己的努力得到自己想得到的。

陈帅：**假如你是校长，你会做出哪些改变？**

教师代表李尧：在工作课余时间，周一到周五其他的生活时间空余的时候，我会多组织我的老师们一起唱 K、吃饭，经过大家都喜欢的活动去联系感情，从而更好的去工作。

陈帅：**现在上级做的比较少是吗？**

教师代表李尧：也不是少，因为我的校长赵珍结婚了，更多的时间可能有家庭、老人，很多别的事情。像我们的老师们都是 90 后，有的还没有男朋友，比较多的时间是自己一个人。我觉得除了朋友之间的陪伴，还需要同事之间的这种爱和关心，因为在我们艺欣都是家人，不是单纯的只是工作关系。

陈帅：**每一份事业都源于热爱，你今天能做这份事业肯定是因为你爱，你能坚持下来，但是长久的把事情做下去，你觉得最需要这所学校给你们提供什么？**

教师代表李尧：我觉得我现在特别爱我们学校，爱我们姐是因为姐总是派我们出去学习，让我们在自身的原有的层次上面，不光是学习舞蹈，去学习做人，去学习处事，全方面的，以后我也希望能代表我们学校，能代表我们校区多多地出去学习，出去见识不一样的世界，回来为我们学校多尽一份我的能力。

教师代表赵鑫雨：我觉得来到艺欣舞蹈学校，在这里得到最多的就是平台，各种各样展示自己的平台，让别人有机会能认可自己。在平顶山市内工资应该是最好的。

陈帅：**有幸福感?**

教师代表赵鑫雨：特别有幸福感，身为艺欣的所有老师应该都特别有幸福感。

陈帅：**我听到这个的时候，我都感觉到很开心的。**

教师代表益伟：姐的思维也是比较超前的，作为一个女强人来说她一直在奋斗的路上，可能脚步快了一些，姐妹们无形中会感到有一丝丝压力，但是我觉得压力看个人理解，有的时候压力我觉得反倒像健身房里面加重片，有时候适当给我们压力，可能能够让我们更加地突破自我获得成就感。

陈帅：**我特别希望有你这样的员工，因为在这样的时代不进则退，你还希望能多一点压力，我觉得你的臂力也特别好，大有前途，怎么办呢?**

教师代表益伟：我会继续努力。

教师代表陈佳敏：在互联网特别发达的时代，我们肯定也像帅帅老师说的一样，要用现在的时间去看以后未来要发展的一些事情，所以首先我们就要时刻准备好，去面对以后将要发生的一些事情，有可能这个过程很漫长、很痛苦，但是我们要时刻准备好来补充自己、完整自己。

陈帅：**只要你把你的员工像自己的家人那样去对待，回报你的一定将超出你的期待。**

画外音

可能由于采访的时间限制和水平的不足，没有把艺欣的精彩和不可复制表现出来。但是，有一点是肯定的，对于你而言，这不仅仅是一个故事。

杭州华艺艺术学校

校长：杜易泽

陈帅：**我们随机抓到了一个老师，亲爱的老师你是刚下课对不对？我们刚刚抓到了一位刚下课的老师，先给大家做一个自我介绍吧。**

舞蹈部副部长唐惟彬：我叫唐惟彬，教拉丁舞的。

陈帅：**你觉得你们校长在你心中是怎样的一个感觉？**

舞蹈部副部长唐惟彬：很亲近的感觉，说直接一点，我们的杜校长其实就跟我的哥哥一样，就是这种感觉，但这是在别的地方感受不到的。如果我为一个哥哥和为一个校长，我肯定更愿意为我的哥哥做的事情更多一点。

陈帅：**我觉得这个话特别经典，我觉得这个话太感动了，你太会说了。**

唐惟彬：我不会说，我真的不会说。

陈帅：**你现在带了几个班？**

唐惟彬：目前有12个、13个左右。

陈帅：带了十几个班，那你应该会赚很多钱。

唐惟彬：这个属于隐私吧。

陈帅：你觉得几年教学下来，你自己做了哪些思考？

唐惟彬：从一开始出来教学，就是觉得自己的目标是如何把自己的技术教给孩子，这肯定是作为一个老师的首要目标，因为我想把我学到的全部教给他们，后来发现因为有的孩子可能不太愿意去学或者不太感兴趣，我这个时候很着急，因为我再逼他，他也不愿意学，我觉得我没有办法。后来有一次是去年的时候，有一个学生突然改变了我，他刚开始可能不愿意学，到后面我没有强逼他，我尝试从改变他的想法开始，后来突然有一天他妈妈过来跟我讲他报了一年，我说为什么？他说现在我不让他学都不行，他自己非要学，从那一次我就意识到，我应该改变孩子的兴趣才是重中之重，而不是我教给他的什么动作，家长关心的是这些东西，我觉得他不关心这些，他跳的多好和跳的多少东西家长们根本不在乎的。如果这个孩子的想法改变了，家长会发自内心感谢你，我觉得真的是深有体会的一点。

陈帅：你为孩子做了什么样的事情让他马上改变？

唐惟彬：因为像传统的老师，我觉得我们只是死教过程，你学不会我再教，我从他的身上尝试去引导他，我把这个动作尝试用一些新鲜的事情，比如说比喻，这些方法大家可能会用到，我尝试深入地勾起他对学习的兴趣，因为我觉得孩子是有好奇心的，我尝试勾起他的好奇心，可能一节课他不感兴趣，慢慢地他的兴趣点出来之后，今天唐老师会讲什么？下一节课唐老师又讲什么？我勾起他的兴趣之后，他对这个课感兴趣了就好了。

舞蹈部部长计宜岑：大家好，我是华艺的舞蹈部部长，我叫计宜岑。

陈帅：部分家长最关注的是你们学校给他们提供什么样的服务？

舞蹈部部长计宜岑：现在的家长都是比较注重孩子的表演能力、表现能力，他希望我们学任何一门艺术都可以在我们华艺，但是一定要有很多的表演上台展示的机会，80后有这样的让孩子展示的机会，因为可能他们那一代不是特多的，所以想让孩子有这个。其实我是90后。

陈帅：你评价一下你的团队吧。

舞蹈部部长计宜岑：原来我还不服老，总觉得我90年也是90后。

陈帅：90后到了服老的阶段了吗？

舞蹈部部长计宜岑：真的，我说的这个老是这样的，但是有时候可能太过于按部就班，那个想法，对于新奇的地方不是特别多，但是现在我的团队老师不是这样的，因为他们很年轻，他们出来的时候就是初生之犊不畏虎了，什么都敢说、敢做，有的时候做的就会很好，我觉得效果反而比我这样慢慢的要好很多，我就会去学习，我唯一觉得自己好的地方就是我愿意去学习。就像现在我们的街舞老师我特别有印象，因为我们平时只是觉得教小孩，我们平时负责的任务就是教小孩，他把家长引进来，让家长和孩子一起跳，第一让家长感受到，这个其实并不是我看到的那么简单，他自己做了，他不会总说老师为什么总是教这个动作，他会觉得是有一点难度。第二家长回家督促孩子，是这样跳的，让家长和孩子一起学，留生率百分之百。

陈帅：你刚才说的这个其实家长参与感特别重要，像我们之间做过一件事情，让新生一进入我们这个学校的时候，他上了一堂课之后，今天回去必须布置一个家庭作业就是亲一下爸爸妈妈，说我爱你，家里人会觉得很不一样。现在有很多所学校都用了行业外的一些管理方法，比如说考勤、绩效管理制度，团队建设、互相团队PK，还有一种从90后的这种自律性上去激励，包括让他自己去

绽放，只是给一个游戏规则，大家去互动，这两种体系当中你更喜欢哪一种?

舞蹈部部长计宜岑：天性喜欢自己玩，我觉得现在唯一做的不好的地方，因为自己可能也是课程的原因，有时候还是有一点多的课程，缺少太多的时间去跟原来的老师，还有现在我们进来的新老师去交流，去告诉他怎么从那个时候新老师会遇到什么问题？去帮他解决问题，怎么度过这个时期变成一个比较自信的好老师。（哭）

陈帅：**很真诚，想让别人喜欢上你对吗？其实新人是最难的，你会感觉你自己已经付出了很多努力。**

舞蹈部部长计宜岑：我也是从一个新老师过来的（使劲地哭），我也是因为信任我的校长，因为我在那个时候有很多你不知道的，其实我是一个对自己要求很高，我觉得做的不好。

陈帅：**其实这是你特别大的优点，你能够反思自己，这点不是很容易，作为 90 后，可能 90 后刚刚入职场的时候，你从一名专业的老师过渡到管理者，其实学校可能也没有做那么多的培训，全靠你自己的探索，你还要上课，你上了最多的班，已经很难能可贵了。**

舞蹈部部长计宜岑：因为我觉得我就是没有像你说的换位思考，原来我是新老师的时候，上级对我的关怀，对我的指导，慢慢的让我变成现在这样，他们去管我，我会愿意，因为我觉得他说的是对的，而且他原来对我的照顾让我觉得我感恩他，我愿意为他去付出。现在我做成这样的职位，我就忽略了这一步，我觉得做的有一点很不对。

陈帅：**很多 90 后的老师都走上了舞台，全国各地有无数家的艺术机构可能都是面临这样的问题，都是 90 后在当老师，你对那么多的 90 后的姐妹们说一说自己的心里话。**

舞蹈部部长计宜岑：说给他们也是说给自己，必须要给自己

时间去学习、去充电，这是肯定要的。因为你不断的挖就空了，你还得自己不断的往里填，这是一个。老师还要再去学习不是你的专业的东西，去借鉴一下艺术怎么去融合，我觉得是更重要的。

合伙人副校长周雨诗：大家好，我是华艺艺校的副校长，也是华艺艺校的合伙人兼创始人，我叫周雨诗。

陈帅：**你有没有觉得目前阶段遇到很多困惑？**

合伙人副校长周雨诗：我现在感觉中国式教学没有给孩子发挥他们空间的感觉，像我们老师以前就是像所有的老师一样，按照老师的要求一板一眼去做，但是我觉得我教了这么多年之后放在孩子身上，感觉他们是按我的要求去做的，而且是做的还不错的那种，但是我怎么感觉他们被我上完课之后，感觉自己没有自己的创造力了。有一次我就是临时的，我放段音乐带着孩子们，你们给我表现什么样的感觉？孩子们愣在那里说老师我们不会，那时候我觉得我的教学好失败。比如一个动作我教你，你会联想到什么？我会用这样引导式的方式给他们去教学，这是在学生方面。在家长方面，我跟你说一个特别搞笑的事情，因为杭州下沙原来是一个城乡接合部的这么一个关系，所以在我刚开始接触家长的时候，可能他们的思想没有这么超前的感觉，他们就觉得孩子上好课、读好书，这是关键。你舞蹈跳的好不好没关系，我只是当一个兴趣，但是你考试一定要考一百分，这就是我刚开始接触家长的心态，但是经过五年的时间，慢慢去引导家长，去给家长聊天上一些课，我就会说你孩子考一百分，考完一百分之后他会什么？他会与人去交流吗？他会感谢你吗？去感谢老师吗？家长说不会了，他除了考、学习，其他什么都不会，所以你们要在你们家长这方面去改变。

陈帅：**现在最大的渴望是什么？**

合伙人副校长周雨诗：我希望孩子他们会有自己的思想，会知

道什么是感恩，什么叫创造性思维那种感觉。

陈帅：**你有没有感觉这两年艺术教育这个行业一些什么样的变化？**

合伙人副校长周雨诗：按我们旁边来说突然就冒出很多家，这个压力是有的，我会经常去了解一下，但是我的两位合伙人感觉要做好自己，把自己做到最好。我的感觉就是我要在做好自己的同时，我还得去观察别人，我看别人有什么奇思妙想，我是不是应该在他的基础上再做一个提升。工作就是要不断的吸取经验，不断的借鉴，不断的创新，就是要这种感觉。

陈帅：**其实现在已经进入了一个合伙人的时代了，我不知道你看过《中国合伙人》这部电影了吗？**

投资人合伙人徐宇武：看过。

陈帅：**看过有什么样的启发？**

投资人合伙人徐宇武：其实我对他们里面每个人的人物印象比较深的是每个人的分工都很明确。

陈帅：**渐渐进入合伙人的状态，合伙人的水平、思维、等级或者是性格直接决定了成败，我不知道你们三位合伙人中间会不会发生矛盾？**

投资人合伙人徐宇武：其实会有矛盾，因为我是比较慢的，像我们副校长周老师他就属于性格比较急，包括杜老师，杜校长他其实考虑的比较周全，但是经常我们有时候在没有碰头的情况下，中间有一个人做了决定，马上我们另外两个人忽然发现怎么就会有这个决定出来，完全没有经过商量，而且后果没有想到，会出现这样的情况，而且经常会发生口角，因为一些事情，基本上我们达成了一致是不对人只对事。有事我们拿出来说，哪怕真吵，哪怕怎么样都没有关系，我们只是为了这件事。

陈帅：**其实你投了很多钱到学校，艺术教育的投资生效是比较**

慢的，并且不会像别的行业有那么大的经济回报，你觉得这是艺术教育无论怎么发展都会是这么一个阶段吗？还是说我们没有找一个好的模式，或者你认为艺术教育就不要太商业化了？有一部分确实就是情怀，而不应该是商业？

投资人合伙人徐宇武：其实最实在的讲法，我不懂其他任何行业，我只会教书，我只会教书中的舞蹈，所以我们原先的出发点就是艺术、舞蹈，很纯粹，其他的行业我都不懂，包括到现在我们整个学校没有太多的商业气息，我们的出发点完全围绕着我们的老师，我们的老师就是我们的根本，从这一点出发，所以现在华艺做成这样出乎我的意料，包括接下来我们还要不停的去学习，不停的去一些思维上的变化、模式的变化，因为有可能我们现在只停留在一个传统的模式，都是原先我小时候九几年的时候学的一些东西的教学方式、方法，现在已经进入 2015 年了，其实这个时代不停的在变，每天都会发生变化，一个不小心我就跟不上了。

陈帅：**你觉得有一些东西在艺术教育的办学过程当中是需要坚持的，有一些东西是需要不断放弃的，就像喝茶一样，不断的去换新茶才会喝出不同的滋味。你觉得你应该坚持的是什么？应该放弃的是什么？**

投资人合伙人徐宇武：我觉得坚持的是艺术教育的根本是育人，育人是本质，其他的我们根据时代的发展、变化，我们适当的去转变。

陈帅：**无论你现在身处于哪一个阶段，你只要记住你坚持把眼前的根本做好，那就是你教育好每一个小孩，不要看你现在困难的是什么？去想想你拥有什么？无论你是拥有一百个孩子还是五十个、五百个孩子，你只要把每一个你拥有的孩子教好，可能其他的事情一切都会迎刃而解。**

陈帅：**杜校长，其实刚刚跟你的老师，看完你的学校，聊完之**

后，我觉得感受很特别，你们老师还是很专业的，这五年来你用一句话来总结一下，你觉得是什么样的一个感受？

杜易泽：不经一番彻骨寒，怎得梅花扑鼻香。我觉得就是坚持两个字，我坚持我的初心，一路走过来。

陈帅：**你现在是什么阶段？**

杜易泽：现在我觉得还是初级阶段，别人看我们人挺多挺大的，但是我觉得我们还有很多东西不足，很多很多的不足。比如说我们团队的架构，我们面临最大的问题，我们每一个老师的目标和他们的梦想，我还没有给他们去实现，我想把我手底下的老师他们自己的梦想我帮他们都去实现。

陈帅：**接下来我们做的方向你有没有找到？比如说在哪方面下点功夫？**

杜易泽：现在受到你的启发有一点小想法了，第一，互动，家长要互动，跟孩子的互动。第二，把我们的学校再稍微弄得有趣一点，让孩子真正参与一样，不是说来了以后我就是来跳舞的，就是来画画的，并不是这样的，他可以来到我们学校以后有可能是来玩的，我今天可能没课，但是我还想去那玩一会儿，可能会往这方面下功夫。

陈帅：**现在有一种说法我们要打造爆品，你学校有一个最大的特色是别人不能替代的，把这个特色做到第一，你就是不错了。不可能我们做到全国老大，至少在这个区域里面，我这个地方就是不可替代的，你认为你们学校在当前哪一个地方是别人没有的？**

杜易泽：就是我们的教学理念，教学理念给孩子的一些知识，这个是我们自己研究出来的。

陈帅：**有没有思考一下，想象一下五年之后，你们的学校会是什么样的？**

杜易泽：好玩，参与性很好，把咱们的互联网多媒体引进进来，就是这一样东西，别人是无可复制的。

陈帅：**我们到底应该把定位放在是一所教孩子们舞蹈的学校还是一个给所有年轻热爱舞蹈的人创造一个平台呢？还是说我们是一家媒体，这个定位有没有思考一下？**

杜易泽：想把它做成一个平台，前期可能还是按部就班的去做，就是一个平台。你给我启发了以后，你给我说了以后，我觉得作为一个媒体、媒介应该是以后的方向。

陈帅：**现在创业办学的特别多，走到哪里全国都是艺术学校，面对这种情况，你觉得给这些创业办学的同行有什么样的寄语？**

杜易泽：我们作为校长，我们原先也是在学校扮演一个大管家的角色，什么事情都是自己去做，我觉得这样就会把你手下的一些人才，还有他们的潜力给埋没了，就激发不出来，所以我希望校长们以后能抽出时间，自己再去学习和进步，把一些机会让给你的这些老师和你的这些小伙伴们，让他们有更好的进步，把他们的潜力和他们的才能展现出来。我自己坚信的一句话"勿忘初心"。帅帅说的一句话"一生一梦想"，一定要把自己的初心与梦想坚持，坚持自己的信念去做好、做到极致，那你就会成功。

三年以后，我们的艺术教育机构将会面临什么样的生存困境呢？我想更多的是不是在这样一个时代，所有的学校教好舞蹈都是标准配置，所有的学校的老师都会在专业性上，在快乐舞蹈上为孩子营造一个很好的空间，我们之间决胜在哪里呢？如果说教好舞蹈就是一所学校能够 75 分的标准，从 75 分到 90 分这个档，我觉得就是舞蹈除艺术技能以外我们还能做一些什么？我想这是我们这期节目留给大家的思索。

江苏徐州靓点舞蹈学校

校长：王敏

今天我们艺术教育家为各位请到了中国艺术教育界的一位领军人物，他有很多社会头衔，同时他本人在江苏徐州的艺术教育圈可谓是名声鹊起。所有的人只要是在徐州那片土地上生活的人都不可能不知道他的名字，他就是我们艺术教育界不可多得的领军校长——王敏

陈帅：**王校长，非常开心采访你，你们的徐州靓点可能在当地已经做的最好，在江苏都很有名，乃至全国。分享一下你这么多年探索出来的一条关于少儿舞蹈培训的一个理念好吗?**

王敏：以前做这个的时候，我们学校曾经经历了很多，我们为了鼓舞我们学校和团队的士气，我们真的有过很多不同年龄段、不同时段的口号也罢或者是理念也罢，但是我认为归根结底其实做少儿舞蹈培训脱离不了跟孩子打交道的过往。我说句实在话，不管是舞蹈还是其他，只要和教育能画等号的，首先就是育人，我认为育人的同时首先要育己。做老师我认为就要有一个最起码的老师的德与行，去爱孩子的同时可能就像我们交朋友一样，你要包容孩子的天真、烂漫、阳光，你也要包容他的脾气、任性，也包容他们的淘气，但是我认为孩子给予我的一切，我都很喜欢。这是我感觉可能从舞蹈小教开始我对这个身份的排斥，可能更多的时候开始做少儿舞蹈培训。归根结底，当时想为自己找一个更好的定位，就是在社会上的定位。虽然说舞蹈小教教育这一块当时在我们启蒙阶段的时候市场还不像现在这么蓬勃，但是我认为我还是找对了。

陈帅：**所以每当王校长讲到孩子的时候，我都能从他的眼神当中看到他已经浸满的泪水。虽然是一位很刚强的男人，但是一说到其他，还是透露出他性格当中柔软的一面，我觉得刚刚的这段话其实给我很大的启发，我看到他们学校目前的一个定位就是育人为本、德艺双馨，这其实是很高的一个目标，很多人都在追求。**

王敏：可能一辈子都要追求的目标。

陈帅：**对的，在创业过程当中肯定每个人都有一段辛酸的故事，我特别想了解一下在你身上到底发生了哪一些坎坷?**

王敏：在部队的时候，我可能对于钱、经济能力、生活质量提升这块特别有想法，回到地方以后也做过很多其他门类的事情，包括去学王启明开毛衣编织厂，也做过服装，但是总感觉找不到位置，在这些领域当中真的找不到定位，我在服装可能做的当时已经起步很好的时候，我决定开始做我的培训。因为那个时候，我妈妈思想比较传统，她会认为我们从小把你培养出来，而且在他们心目当中我还比较优秀，但是你割舍了电视台的工作，现在你要去做一个个体户，那个时候我们叫作个体户，我妈妈认为是特别没有颜面的。从我刚开始创业做这个培训招生特别难，全徐州市各个厂矿，哪怕有一个人只要愿意听，我都会给你讲舞蹈到底要什么？为什么孩子要接受常规的舞蹈教育？它给孩子能带来什么样的一辈子的收获和收益?

我在 2001 年，就那一年我可能做舞蹈讲座做了 40 多场，最少的时候只有两个人，特别难。有时候想想创业的时候，其实我很多时候都不太想回忆创业初期的的过程。后期在 2003 年，我从最初奢望能有 100 个孩子，到了逐步有了 150 个孩子，以前的教学面积不够用的时候，我妈意见非常大，我就想搬家，我妈的常话是搬一次家穷三年。你的装修各方面都要费钱，但是我依然要搬家，所以我 2000 年创办了徐州靓点舞蹈工作室，2001 年搬家、2002 年搬家、2003 年搬家，搬了一次大家，就是我们现在 3000 多平方米的房子，我妈当时认为我疯了，在 2003 年的那个情况下用 3000 多平方米的房子去培训，徐州认为是天方夜谭，但是我认为如果你不敢想就不敢做，但现实是很残酷的，你没有钱，没有这么多的资金储备，但是我父亲支持我，我爸爸一直给我最大的支持，到了 2003 年我们在区的支持下，我准备买下那块产权，其实当时是很艰难的。

陈帅：**资金是怎么来的?**

王敏：当时手里面是那些年做生意遗留下来的一点钱，但是那套房子在 2003 年是价值 1170 万，别人是不敢想的。你用 100 多万怎么去买一千多万的房子? 当时也很苦恼，但是我当时带的两个班的家长很好，他们想支持我。

陈帅：**2003 年?**

王敏：对。当时在我最为艰难、最犹豫不决，我觉得好像在 2003 年是我人生当中比较灰色，也比较彷徨的一年，你有想法，但是你实现不了，可能每一个创业人都会有这样的瓶颈期，吃不好也睡不下。那个房子当时面临着三角债出局，你不要就会被拍卖。我爸带着我，我爸一辈子从来没有向别人借过钱，每次有时候提到我父亲的时候，我都感到心里特别难受，尤其是很难面对。到了 2004 年，由于我爱人跟我的意见不是很统一，分开了，也是我们最为艰难还钱的那些日子里面，也是我爸陪着我走过来的。我是一个没有经历过什么坎坷的人，一直很顺，包括在徐州市歌舞剧院，然后到部队，然后回到地方，我一直认为我是较为顺利的，但是从2003年到2006年，我认为那几年是我以前不曾有过的日子，最艰难的。

陈帅：**奠定了你的人生的一个根基。**

王敏：对，但是我庆幸我有家长，很多人都认为跟家长打交道是非常艰难的事情，我不是这样认为。我父亲影响了我一辈子，他曾经跟我说了一句话“与己为善、与人为善”，你想让别人善待于你，你首先要善待于他，我认为这句话让我受用了一辈子，我也得到了很多的朋友和家长对我的支持。2004年我们家长自愿凑资给学校，是60万的启动资金，帮助学校走出最大的困境。到2004年年末，我们家长以每三万块钱一股，第一次的60万是赞助型的，但是差距太大，到2004年年末，我们当时家长发动了大约500万，每家3万向学校援资、集资买房。

陈帅：**你是用了什么样的方法？就是很真诚的跟他们聊出来的吗？**

王敏：是的，当时我爱人的父亲实在是有一点想不通我，如果我是一个父亲，我是非常理解的，我也不会让我的孩子背负这么大的一个外债走一个没有希望的明天，因为当时很多人都认为这个房子会把我们打垮，所以在购买这个房子的时候的意见是非常不统一，意见非常大，我当时已经有了一百多人，我打着吊水可以上课。如果我今天有一天的课，可能我的办公桌上会有5份不同的饭菜都是家长在家里烧了以后带过来，这种过程跟我以前做服装或者去开其他的店，各方面是完全得不到的，我认为我爸小时候曾经说过的一句话，我爸说其实儿子不该让你干这个，做艺术为富不为贵，但是他特别支持我去做一个老师，他说老师的那种得到。其实想做一件事情，就像我现在成长为一个父亲，包括我学校的团队，我一直把自己往下拉，我认为和孩子打交道或者和我儿子打交道，成为朋友，用你自己的东西影响他，可能让他一辈子真的不容易的收获。就像在我最难，我认为我最艰难的那五年，如果没有父亲就没有我，他是唯一支持我走到底的人，真的是这样。

陈帅：**其实你很幸运，不是每一个父亲都可以为孩子，特别为儿子。**

王敏：因为就只有他一个人支持我，我妈是非常非常反对的，我妈一直都不是很坚持让我做这个，但是从我离异以后，我父亲知道，当然我只想跟我爸讲，我不想让我妈知道，我是 2004 年离异，我妈 2006 年才知道这个事情，在 2006 年之前她从来没有来过我的学校，她认为我是一个个体户，这不是她希望给我规划的人生，是她不能接受的一方面，但是 2006 年有一天晚上很晚了，其实那几年基本上睡的都很晚，回家也很晚，基本上都在学校两点一线，有一天我一开门，我妈坐在客厅里面没有开灯，我是第一次看到我妈哭，我妈是一个四川辣妹子，14 岁抗美援朝，她的骨性很强，在我们家一直是非常强势的主导地位。我从来没有见过我妈的眼泪，但是那一次我见到了我妈的眼泪，我妈说不管你是什么样，我都跟你爸一样支持你，从 2006 年我妈开始跟着我，在我的学校里帮忙。

陈帅：**她是怎么转变的?**

王敏：其实我妈以前认为我最不靠谱、顽劣、不定性，她两年之后知道我离异这个事情之后，我妈突然感觉到我不再是以前那种没心没肺玩的孩子了，我能够把这个事情隐下来自己去顶。因为她是我的母亲，她就算对我有 N 种看法和 N 种想法，依然改变不了她是我的妈妈，她希望我会好。我认为你做任何事情绝对不是偶然的，也真的不是那么简单。我从来没有把靓点当成我个人的，走到任何一个地方我都说，我依然很庆幸的就是我有这么好的教师团队，有这么多的人围在你跟前，你才能够有战胜困难的信心，不管你遇到什么。

陈帅：**我觉得你是一个超级有魅力的人，短短十几分钟的采访让我几次想落泪，那种感染力，我想可能也正是因为你这种真诚和用生命去教孩子的这种初心，让家长感受到了，让你的团队感受到了，是因为这么多年你自己的付出让家长得以信赖，这是这个时代最缺的一种信任，只要王敏在那个地方立住，这是你没有放弃一线的原因吧。**

王敏：我现在说实话，说一点轻松的话，我常常会开玩笑，有很多的时候我要忙着外面的事情，还要忙着课堂上课。现在孩子也多了，跟家长这种沟通可能很难达到像我刚开始那个时候，你再晚来找我谈话我都会陪你那种状态了，所以在徐州只要提到王敏跟舞蹈这个词可能都知道，但是很多人真的不知道我是谁，包括我们很多新生的家长都认为王敏这个人一定是个女的，但是我认为家长的力量是可以转存的，你可以把它汇聚起来。首先第一点你要想有家长对你的支持，你就要沟通的很好，你要让家长知道学校的教学目的是什么？学校的未来发展是什么？学校给予孩子的是什么？

陈帅：**你是通过什么手段跟他们沟通的？**

王敏：我从来没有认为我自己是校长，跟家长之间的沟通有家长会，也有电话往来或者是你随时到，我们有校长公开日。靓点虽然不是最大的，但是说句实在话，带将近两千人的队伍很难，所以我们在 2008 年成立了我们的志愿妈妈团队，让一部分有热心的家长走进来，她们可以用另一种眼光去看待学校的发展，把家长好的意见带到学校，也把学校的精神给家长传达，起到一个纽带作用。尤其是我们十周年大典，海霞老师当时特别感动，我们的志愿妈妈她们宁愿不吃，整宿打扮，都来帮学校把晚会各方面的事情做好，其实靓点有很多感人的事情。

陈帅：**我觉得这真的不是所有人可以复制来的，它一定是由于你的善念和你刚才说的没有私欲心换来的这份福报。所有人在今天**

这个时代没有私欲心的做着与孩子有关的事情，还有一堆家长陪你一起玩，这是2015年最流行的一种商业运作的方式，可能很多互联网行业的人，现在都说跟用户，跟你的客户交朋友，你在2008年已经玩了众筹，把家长玩起来，这是我们现在极力推崇的概念，你已经做出了成果。

王敏：对，我有一个很好的哥们儿也是做老师，在我确定我要去做培训的时候，他曾经告诉过我一句话家长是现实的，他对你的保鲜期永远不会超过三年。这句话可能是有一定的道理，就像我们舞蹈训练一样你可以改善，这样细致入微的去做，你完全可以改善这种关系。

陈帅：**王校长能不能举一个例子，你做了哪一件事情之后家长们非常愿意为你付出?**

王敏：其实我还真的没有什么大的实例可以举，我认为从我们学校的家长对我的那种感觉。

陈帅：**你觉得这里面有个人魅力的成分吗?**

王敏：也应该有一点，其实我认为不管你是做领头人，还是做家长心目中的一个校长，我认为重要的是做他们的偶像。其实这个偶像很累，你要加大十倍、加大一百倍来约束你自己，包括你的言行举止，你所有的一切。如果这个偶像树立不起来，你的团队，包括家长对你的信任和依赖都产生不了。

陈帅：**我可不可以这么理解，你这十几年其实是在克己，在不断的修正自己，把自己打造成为别人偶像的时候，越来越多的人不是你给他们带来什么，而是带来一种人生的示范，是这样的吗?**

王敏：真是这样的，我们十周年大典，我带的学生有的都已经离开靓点四五年了，但是他们依然保持着对靓点的那种喜欢和热爱，我认为这点是让我欣慰的地方。孩子越来越多，目前可能全中国大的院校有我们靓点的孩子达到了470多人。

陈帅：**把他们集结起来，你们就可以做春晚了。**

王敏：真的是非常大，五周年的时候我挺激动，我第一次做徐州市少儿舞蹈专场，我在现场特别激动，但是十周年我突然没有那种激动了，我特别高兴，我当时特别嗨，为什么呢？在十周年的时候你看到了很多的老面孔，因为到了十周年的时候，我的心态已经逐步放宽，随着我们还款越来越小，你的团队也越来越成熟，学校进入一个良性的运作和循环，你这一块本来带给你的这种感觉就很好，但是突然在现场你会看到忙碌的人都是那种熟悉的面孔，有的他可能脱离你的视线已经三四年、四五年了，甚至更长的时间，他都在忙，从摆花篮的，到去帮孩子忙饭的，都是自发的，所以我认为我们的家长让我很感动，我认为跟家长去相处，如果你不把他当家长，你不把他只是作为一个家长，你跟他的关系可能就是朋友，也有可能更近一点，像我说的亲人。

陈帅：王校长有没有感觉到2015年艺术教育行业正在发生着各种各样微妙的变化，感觉到跨界的力量对这个行业的改变了吗？

王敏：肯定冲击力是非常大的，其实从互联网时代，包括现在微信、微网这一块的渗透，也会让我们的培训借助这种形式进入一个好的新的春天，是资源共享。其实市场分久必合，合久必分，这种规律是存在的，从互联网的这块渗透可以让我们更多的信息，以及我们的教学，各方面能够达到一致，其实这个平台是非常好的。

陈帅：现在的艺术教育也是走的有一点急，可能很多人都进来做，但是也有有功利心的，也有想赚钱的，真正想培养孩子，把孩子的性格培育好或者真的做一点示范性、引领性的人并不多。当前可能引领这个行业的，像你这种六七十年代的占为主体，但是当80、90逐渐的起来，他们更多的是新思想的代言人，他们可能会主张艺术教育分成了几个派系，有的是走专业的，有的就像你刚才说练气质，让它好玩一些。还有的是一门才艺，或者纯是用互联网或者用未来的思维经营的，这几个派系在一起的时候，我们讲是“战

国时代”，各种势力杂交在一起，未来属于谁，谁也说不好。

你对于当前艺术教育存在的最主要的三个问题，第一，在于高度模仿，从舞蹈教学老师的教学方式再到表演形态，我觉得属于一个高度模仿的阶段。就像我上次采访田培培跟我们表达的一样，因为她们在学院里学的就是几十个组合，再去教孩子的时候，她没有办法，她还是用这种方式，其实你们在学校学的这些可能是 90 年代大家创造出来的，而今天已经走到 2015 年的时候，大家没有说说未来的人到底适应什么？还是在高度模仿期，这个我觉得是最大的一个问题。

第二个问题是妥协，其实今天的采访当中讲到的你不是一个特别盲目跟风的人，要坚持做自己，这里面是不是引领现在，你需要付出代价的，你得立得住，但不是每一个人都像你这样坚定。家长说要技巧，要好看，要漂亮，化妆也是浓妆艳抹，整个家长对于学校应该坚持的东西。

第三个也是最严重的一个问题就是在于社会心态，社会心态对于艺术教育本身是不太重视的，前一些年是英语和文化课的市场，当这个时候冲击的时候势必艺术教育就要为很多现实的生存问题让路，这时候大家不得已去做各种各样的妥协到了今天，你觉得我们是有能力重新立起来的时代了吗？

王敏：其实你说的特别对，我听了以后带给我的感触特别大，你虽然不是做培训的，但是你对培训的了解真的不次于我。其实我认为给予孩子的是什么？其实我认为老师很重要，我给我的孩子讲，你的心有多大，你的舞台就有多大，其实我也曾经跟自己说 N 遍，你当老师的，你心有多大，你的舞台就有多大。我一直把我的孩子在那瞬间当成我自己，我才会让我的孩子要立起来。此外，我认为只要是做教育的永远改变不了教育本体，要有一颗真正能够静下来，愿意享受这种孤独的心。还有我说我不盲从家长，首先家长他不懂舞蹈，真正懂舞蹈训练的是我们，因为我们是老师。不懂者我们不怪，我认为第一点就是家长的讲座和课堂尤为重要，让他们真正能够站在跟你一条线上配合。其实我认为市场的规律不可能说你这个培训几千人都走到这样的道路当中来，现在国家提出“快乐舞蹈”让孩子们能够在跳舞的过程当中享受这种跳舞的乐趣和快乐，我认为是对的，但是国家这块舞蹈的人才输送也尤为重要，像现在中国舞蹈的文化在国际市场上也有一定的影响力，同时也被国际所包容和接纳，人才的这块培养毕竟也是我们每个舞蹈小教工作者的工作和义务，作为我们来讲，你做老师能够合理地安排训练，精致地带动课堂，我认为不管这个孩子他是一个什么样的想法，他只要在那个课堂里面，你给予他的得到就是他一辈子的得到。

陈帅：**现在有几种说法，一、通过舞蹈塑造性格，享受这个过程。包括很多家长，很多课程已经让家长一起学了，包括还有很多是综艺节目的模式，把这种节目放到户外，大自然当中去，让孩子听到音乐就能知道什么是舞蹈。就像我们现在存在一个最大的问题是孩子学了这么多年，应该说属于命题舞蹈可能会跳得很好，但是真正的舞蹈是什么，他们也不一定能够通过自己尽兴的表达传递出来。我觉得是不是未来的舞蹈教育更多的会体现出让每一个孩子自由地去舞动，自由地去创作或者说国际化的理念，包括现在流行的一种形式，更多地嫁接到这个舞蹈教育里面来，可能会展开更有想象力的空间。因为教育和舞台其实是连接起来的，我们都说每年的校园春晚节目其实都不用看，可能十年前的孩子能看到一些很好的节目，但是你看今年的节目居然是十几年前经典的节目还在不断的巡演，对于这个问题，你觉得在舞蹈教育创新上你做了哪一些思考?**

王敏：其实现在市场被不断的模仿和复制，中国舞蹈家协会，包括现在各省级的文联都在提倡编导，我认为是一个导向的问题。从这些年，少儿舞蹈作品被不断的复制，比如曹尔瑞老师的《下雪啦真滑》，这个作品不错，但是它迅速在全国舞蹈培训市场。你去看一场比赛，这个节目可能出现了五次、六次、七次，最开始的时候这种教学的确可以让弱小一点的舞蹈培训机构，在编导难、作曲难，各方面服装、资金困难的情况下，能够让一部分的孩子随着这种模式的复制性站到舞台上，的确有它存在的必要，但是长期这样对舞蹈少儿培训这个市场来讲损伤也是非常大的，我们所有的舞蹈教育、舞蹈老师、舞蹈者，他们全部懒了。就像我只要把这本书的某一个章节背下来，它就支撑了我一个培训网点或者支撑了我一份教学，我认为这是不可取的。做培训机构首先我认为真的要有一种精神，麻雀虽小，五脏也要俱全，我们靓点一直强调的我们靓点的产业要有企业精神，我们要有我们自己的企业精神。我们靓点有四个字叫作“靓点如家”，希望靓点像家一样温暖。

陈帅：**也成立了相关的研发机构是吗？**

王敏：对，我们自己这些年主要在作品各方面最起码在我们附近能够起到一个导向和带动。

陈帅：**都学习了一些什么呢？**

王敏：去年学校拿出来 30 万，我们做了两个非遗的少儿舞蹈，一个是我们遂宁的《荷花烙》，因为它是在明朝的时候遗存下来的一种祈祷的民间艺人的一个手法，今年我们把它搬上了舞台。包括我们的《跑祖玛》，我认为让孩子能够在舞蹈课堂了解你的本土文化，热爱家乡。我是徐州人，其实我很眷恋徐州，北京、上海、广州、深圳对我也有这样、那样的诱惑，但是我依然很享受在徐州的那种小生活，我认为很小资，有这么多爱你的孩子和家长，从一个朋友都没有到现在这么多的朋友，我认为有这么多人宠爱你是一种幸福。

陈帅：**其实可不可以这样讲，未来会产生各种各样有自己特色，把一点做好的小的机构，他不一定做的特别大，人也不一定特别多。比如说有的走专业的，我走了很多的培训机构，有很多我纯粹为国**

家输送人才的，你就做好人才。有很多纯是把性格练得很好，让大家很丰富，很形式化，有的人纯走演出，不同的汇聚到一起，可能我们市场才会百花齐放。

王敏：因为需求决定市场，其实我认为这样是对的，让所有的舞蹈活起来，而不是一潭死水，大家统一模式都是一样的，就像每天去看同一个物件，每天去吃同一个菜，你也会厌烦。

陈帅：**你当下思考最多的是什么？**

王敏：其实我还是希望自己能够保持我现在的现状，我昨天跟我的同学们讲，我说我一直压低我的年龄跟你们在一起，真的是这样的。我一直自欺欺人地生活在35岁，不是人家说的那种男怕装纯情，我是认为让我自己的心态能够有一个很好的战斗力，我和你们在一起就没有代沟，跟孩子们在一起也没有代沟。到我们那里的小朋友，我基本上都喊姐姐，我带的班里的小朋友，我都喊他们哥哥、姐姐，我不允许我对我的孩子的称呼是谁或者那，如果我要是对我新来的孩子，新到我班里来的孩子不了解我都喊宝贝。

陈帅：**其实现在是一个不进则亡的时代，你还要保持一种慢节奏，是不是你会认为无论时代怎么发展，用心做好事情的人一定能活下来？**

王敏：其实像我这样的人很多，在全国能够专心下来做这种舞蹈小教教育工作的人，我认为他们都非常高尚。做舞蹈领域的小教教育可能在经济方面会带来一定的利润，但是付出是非常大的，我就希望我的同行们或者是跟我一样依然奋斗在战斗第一线的老师们，你们要真爱自己，爱惜自己的身体。其实只有我们走在这个行列的人才懂得这里面最大的甘苦。

陈帅：**如果说我们没有一些抗风险的能力，在这样一个洗牌的时代，在80，90后快要接管这个世界的时候，如果我们的70年代的人没有一种未来布局的眼光的时候，还是一直专注着只做好自己的事情，是不是有一点跟时代脱节？**

王敏：如果是这样就真的是脱节了，我刚才跟你说过，我说我们可能跟80后的思维、思想不同，他们的超前意识要远远超越我们，但是我们比他们早占领了10年市场。

陈帅：对他们说一句你的寄语，也是这么多年最打动你的一句话吧，温暖他们。

王敏：老天不会辜负每一个人，你只要有付出，你必定有收获。

陈帅：今天我想给大家诉说王敏校长带给我的三个感动。第一个感动就是在我预约这期采访的时候，王敏校长跟我说，老师你能不能把我们时间提前一点？我问他原因，他居然告诉我的是一个令我很惊讶的原因，他说我的孩子们一点钟抵达北京，我要去接站，他是一名有着2000多名学生的校长，即将在《小荷风采》的舞台上给大家带来精彩节目的展示，但是最重要的是这位校长把自己所有的事情都看得没那么重要，而把孩子抵达北京的那一刻要见到王敏校长的那种亲切，那种开心看得那么重要，大家就不难看出为什么这些年那些家长和孩子们愿意跟随他。

第二个感动就是在王敏校长给我们传递到在他初始五年创业的那段过程当中，他带给我们创业精神的分享。很多校长都愿意用“坚持”这个词，但是我觉得王敏校长给出了新的含义，那就是不盲目去跟从，坚定自己的内心，跟着自己的心走。我觉得在这样一个嘈杂的时代，不是每一个人都能够有勇气去坚持，因为方向比努力更重要，他真的是通过创业的过程，在办学的过程当中不断的修复了自己，才让自己变成了徐州所有家长的偶像。

第三个感动就是在面向未来的时候，王敏校长他始终坚持着自己的那份初心，任何事业、任何时代都不可以把艺术教育的本体怎么样，也就是他学校的口号，“育人为本，德艺双馨”，有了这八个字在这里夯实着他的基础，我相信王敏校长用生命连接起来的靓点舞蹈一定会带给我们更多的惊喜。

画外音

生命的精彩就在于有太多让你意想不到的事情发生。我在2015年的暑假采访了李阁琪校长和王敏校长。而2016年8月20日同一天。艺欣教育在河南平顶山一矿体育馆举行了盛大的“爱的光芒 艺欣作证”中国少儿舞蹈公益文化节暨艺欣教育15周年梦想盛典。徐州靓点舞校举行了“靓点说”十五周年的特别剧目，相隔千里的两人，各自请来了艺术教育界的“半壁江山”助阵。2016年8月20日的这一天，对于少儿民办艺术教育界来说，是划时代的一天，标志着少儿民办艺术机构已经有能力为时代发声，承担起大型舞台演出，把一个校庆做成了现象级的事件。阁琪大姐和王敏大哥，谢谢你们。也很感恩在这个创造的过程中，有我和你，你们的缘分。这场精彩未完，随缘待续。

大庆艺林花儿艺术学校

校长：刘广英

传奇：办学一年 1000 人。

陈帅：**今天看到这所学校虽然还在紧锣密鼓的筹备和升级，但是我想大家最期待的应该是这所学校从零到一，从零人到 500 人是怎么招生的？两个月就五六百人了？**

刘广英：因为毕竟我做过媒体，宣传这方面是我的强项，所以第一个先做营销的就是把微信平台做起来，我们微信平台做的非常漂亮。第二个，是把校园电视台做起来。我们做了几件事，一个是先拍微电影，在我们这个校区还没有建成的时候，我们就开拍微电影，等我们开学之后第一集就已经出来了。微电影在大庆还是一个新鲜事物，大家很感兴趣，但其实拍微电影对我们来说也是非常难的，刚开始我们只有一个人懂微电影，团队的其他人全都不懂，但是我就想我们出来第一张牌，哪一张牌能打响一定是别人没做过的东西。第一天拍完了之后，所有人都不干了，这太难了。我说正因为很难，正因为别人做不了我们才要做，这才能显出你的不同。如

果是别人都能做的，对不起，我们不要做。

陈帅：**非常好，这个理念很好。**

刘广英：做了微电影之后，我们又做的是微栏目，微栏目是完全电视化的栏目，其实是给我们推荐老师、介绍学校，给孩子一个展示的平台。我们用微信平台实时地传送孩子他的表演、上课这些动态的视频的东西，所以家长就很喜欢。这两点一个是做微电影，一个是做微栏目，迅速让我们学校传播开。我们最高的时候选微电影小演员，大庆是一个三线城市，而且它又比较分散，在中心区域我们用四天左右的时间，大概整个微电影的选拔最高人次达到30万。

陈帅：**有30万人报名?**

刘广英：30万人参与。

陈帅：**那这是一个很大的事件，一下子大家就都知道了?**

刘广英：对。

陈帅：**所以对于很多新办学校，你不要分散地用力。**

刘广英：别人用好你去用就没用了。

陈帅：**聚焦做好一个事情，让影响力最大化，一下子就爆炸了，就促成了两个月六百人?**

刘广英：对。

陈帅：**我们畅想一下到明年三月份应该是1000人了吧。**

刘广英：我给自己定了目标，到明年6月份的时候能达到1000人，到我们一周年的时候争取在1500人，我这儿几乎都是专职老师，我不用兼职老师，我觉得你做一个产业也好，做一项事业也好，一定要有自己的“御林军”，你不要让他分心，我不分心，别人也不能分心。

陈帅：**当然，一所学校无外乎教学质量做的好，让家长通过活动展示得到成就感，同时去不断传播，这个传播的过程其实就是一个服务的过程。其实也就是这几点，我们大家虽然都知道，**

但是最重要的一点刘校长有这样的一种勇气，把大庆广电艺校做到了 4000 人以后，她毅然决然地带着她的团队放弃了一份稳定的收入，从零开始起步，放弃了原来所有优厚的条件。现在我知道从 9 月份到 11 月份，他们已经 600 人，并且快速找到了 4000 平方米的一所商场的场地以及昨天我们去了北校区有大概 700 多平，600 多人，你是怎么做到这么快的执行力的?

刘广英：我们从原来的学校出来之后，实际上我们面对的困难和压力是非常大的，因为当时的决断没有任何前期的思想准备，决定出来实际上更多的是想做真正的教育。我的想法大庆是一个三线城市，不论是文化氛围还是家长的观念还是稍稍落后于我们的一线城市，因此我们特意在北京注册了这样的公司，目的是把全国最先进的教育理念都引进到大庆，给大庆孩子做最好的艺术教育，同时我们也跟星际穿越建立了合作的关系，目的是把孩子在推向全国的同时也能把他们培养成能适应未来的人才。

陈帅：**但是他们凭什么知道跟着你就一定会有希望呢? 他们都辞去工作?**

刘广英：对，都辞去工作，这点我也没想到，我也挺欣慰的，因为我在原来的这个学校工作四年，我们怎么打拼过来的? 我们像亲兄妹一样一起打拼过来，所以他们对我是极其信赖的，而且不是简单的一种信赖，更多的是志同道合，大家有一个共同的愿景。

陈帅：**你为他们做过一些什么让他们死心塌地跟着你?**

刘广英：多方面的，我觉得带团队首先你要给大家目标感，你要知道你未来到哪儿去? 这一点非常重要。如果我们都不知道我们到哪里去，人家跟着你干什么呢? 一定要知道你到哪儿去? 你的目标是什么? 大家的目标是不是一致?

陈帅：**造梦?**

刘广英：对。所以我们这些人的目标是一致的，而我又是一个目标感极强的人，我给自己定的目标头几年是做大庆第一，之后我

们要走出黑龙江省，要走向全国，这是我的目标，所以我带着这些年轻人，一群有梦的人我们走到了一起。另外，带领团队我觉得还有很重要的一点，你得真的替他们着想，你要以身作则，而且在这个过程当中你要吃苦在先，享受在后，甚至我在这个团队里，大家都想象不到我是拿的最少的。我给老师开很多工资，我拿的最少，他们是我的两倍到三倍。

陈帅：**你们学校是一个股份制的公司？**

刘广英：对，我们这些骨干是合伙人，我们十个教学骨干，联合成立了一个合伙人制的公司，所以大家既是教师，同时也是这里的股东，也是公司的股东。

陈帅：**所以我们感觉到大家可以放弃很多公职，其实可能在电视台，在一个三线城市目前还是蛮受尊重的。**

刘广英：对，他们的地位和收入还是不错的。

陈帅：**我刚刚看到你们现在很多老师的课程，其实就跟一期节目是一样的。**

刘广英：我从事教育之后，我就把我们的教室打造成了一个舞台。无论是声乐还是口才，在整个教学过程当中都有表演的东西，这也是我一直在努力实践的，我们现在的教学课堂也是这样呈现的，让每一堂课像一期节目一样，孩子上一堂课就像体验了一次节目一样。

陈帅：**我看了所有的家长在玻璃外面拿着手机在录像，每一期都已然形成了一个病毒在朋友圈里发布是吗？**

刘广英：对，我们的教学环境刚开始的时候，我也不知道什么样的更合适？但是我发现这种开放式的教学，完全可以让家长在玻璃外面看得清清楚楚，了解整个教学的全过程，这样你还省得监督了，同时还是一个展示。

陈帅：**你是不是认为可能跨界过来做一个校长更容易成功？因为不会局限到细节或者是教学的具体当中？**

刘广英：其实是思维方式的不同，我觉得当老师做好教学是他发自内心特别想要成就的一件事情，所以好多的老师他会特别迷恋于他的教学过程，所以他在管理、运营、营销以及其他方面可能会有短板，我恰恰把我们的优秀的骨干老师让他们发挥极大的作用，这块教学完全教给他们，我更多的做运营和管理。这样等于一批骨干和我这个管理很好地结合起来，我又善于调动他们的积极性，所以我们的团队是很强悍的。虽然女老师比较多，但是都像女汉子一样，我们这个团队的执行力、奋斗精神、吃苦精神是非常好的。

陈帅：**我们有一些校长可能比较纠结，我是不是培养了一个人，培养了半天就走了，所以我就不培养他了。我们对老师这么好，我自己也觉得他教的还不如我好，都有这种放不下的情结，所以他的学校做不大，对此问题你怎么看?**

刘广英：我从来不担心谁走，如果他走的话，我觉得他不属于这个团队。如果他到别的机构了，我全当给他培养了一种本领，让他能生存下去的本领，他走了就等于没有缘分吧，能够在一起的人在一起继续努力去做，但是到目前为止，我们的团队没有走的。我始终抱有这样一个观念就是来去自由，如果他喜欢这里，他在这里，我们一起去努力，去实现我们人生共同的人生价值。如果他不喜欢这里，他走了，一方面可能是我没做好，再一个他有更高的目标，人往高处走一定是允许的，所以我在这方面想得很开，但是我培养老师是不遗余力的，我不在乎他未来怎么样。你越这么坦诚地对待他，他越会留下来。

陈帅：**反而防着他，你的起心动念就已经注定了你有这么一个结果。**

刘广英：对，所以我的团队里从来就没有离开的，他进来以后就留在这里了，即使刚开始的时候生源比较少，他也不离开。

陈帅：**当你的团队中有人离开，不论是什么原因，一个是祝福他，第二个要从自身找原因，这其实也是给你的一个好事，因为让**

你从中能收获什么。刘校长你觉得当前创业办学的热潮可谓是一浪高过一浪，在这个过程当中你怎么去定义未来的艺术教育？它会是一个怎样的发展趋势？

刘广英：可能未来的艺术教育发展趋势也是多元化的，有一类机构可能越做越大，它吸引了资本，资本对他的投入可能会让他迅速更加规模放大，这是一种趋势。还有一种趋势是小而美的，有一些人专注于去做教育，可能在地点，还有规模上不会刻意放大。

陈帅：**比如说他专门教芭蕾，他专门教好考学的，专门为北京舞蹈学院输送的，那种也能活下去的匠心精神。**

刘广英：小而精，这样一般艺术类的老师去办的，他可能没有更大的我要做成什么样，但是小而精，在当地可能口碑也不错，这是一种方式。还有一种方式就是那种跨界的、联合的、多向的，像我们这种艺术教育跟媒体的联合，可能也有未来的艺术教育和文化课的联合，可能还有其他的一种方式吧，艺术教育 + 的方式，可能跟互联网结合，会是多方面的。

画外音

刘校长已经完成了她的梦想，艺林花儿创办一年，超过了1000 人。并且他们的课程还被新东方百学汇选中，她再次用她敏锐的媒体直觉和行动力创造了传奇。与此同时，她在微信上开办了个人的网络电台，每周一期节目和她的粉丝一起聊人生，聊修心，聊她热爱的教育。在这样一个个体生命空前绽放的时代，校长打造魅力人格体和自媒体是一种必然。

湖北红安曦艺盟舞蹈教育

校长：秦曦

古人云三人行必有我师，今天在场的每一位都是我的老师，感谢今天这样的陪伴。我演讲的题目是《孤独的创业者》，鸡汤喝多了会胖，往事回首一定会哭。我来自一个偏僻纯朴的小县城，如果创业的初期是因为热爱舞蹈，到后来更多的是责任，但是这一路走来，我有太多的委屈伴着眼泪，也有太多的感动和欣慰，是这个支持着我坚持了下来。我想回顾着创业的历程，在座的每一位都有太多的回忆，感同身受着。

2007 年的一个暑假，是我第一次在当地的电视台举办个人成果讲演，那个时候我怀着我 6 个月的宝宝，从前期的策划、准备工作、排练到最后的演出，我一步都没有离开过，很多家长都默默地看到了眼里。当 9 月份新学期开学的时候，没有一个孩子因为我不能上课而离开，都留了下来，而我坚持到了生产的最后一周，在这样的坚持下上完了最后一堂课。

好多人说你真拼，可那个时候并不觉得。那些家长的信任，孩子们的渴望，让我不能停下。2008 年的 5 月，当我的女儿 7 个月的时候，孩子的爸爸经历了一场严重的车祸，一面是幼小的孩子，一面是在医院治疗的丈夫，一面是暑假的到来最繁忙的教学工作的时候。半年的时间里，武汉、红安、医院、学校、家里几头跑，现在回想起来要感谢身边亲朋好友的鼎力相助，也要感谢那时候的我如此坚强，扛下了所有的一切。

夜深人静的时候，流下了眼泪，而那些脆弱、难过，第二天天一亮依然是一个委婉的妈妈，亲切的老师，毫无怨言的妻子，那一年我 25 岁。好在一切都过去了。日子也在岁月当中游走，当你经历了一切都慢慢的让你不断的去感悟生命，感受生活，不断的去更新你的想法，而这个时候我的婚姻也出现了问题。孩子的爸爸是一名公务员，过惯了朝九晚五、安宁的生活，而我的工作常年没有节假日，没有双休，当演出活动到来的时候，更是早出晚归的没日没夜，当你拖着疲惫的身躯回到家里的时候，你所有的付出和努力换不来身边最亲近的人对你的理解和支持，于是我们有了争吵，在孩子撕心裂肺的哭声当中，我们慢慢地变成了冷战，最痛苦的时候我几乎快得抑郁症了。我不愿意孩子在父母的争吵当中长大，我不愿意他看到世界上最应该相爱的人如此地背离和冷漠，可我放不下，放不下用青春建立下来热爱的事业，我更放不下一个不支持你、不欣赏你的男人的感情，在痛苦的抉择后，我们和平分开了。我对我的孩子说，分开的只是爸妈的生活，对你并没有改变，我们永远是这个世界上最爱你的人。于是一个人带着孩子开始了一段新的旅程，那段时间对我来说是一个解脱。在我眼里最好的生活无非是做着自己喜欢的事，爱一生中应该爱的人。当我的孩子慢慢长大，当他的求知欲越来越多的时候，作为一个母亲，一个教育工作者最多的是反省。忙碌的工作，缺乏的陪伴，关系的不和谐导致家庭的破裂，孩子到底需要的是什么？回想起我个人成长的记录，父母的争吵是一段不愿意回想的岁月。

我从品学兼优的孩子到青春期的叛逆，到如今努力的发光发热，这一路经历了太多太多，但是我要感谢我所从事的职业和我热爱的事业，因为是他们让我放下了偏执、敏感、抱怨、多疑以及对事实的不信任感和缺乏的安全感，在舞蹈里我看到了我最美的样子，跟孩子们在一起，我感受到了这个世界上最善良、最美好的童真。在教学反思里，我不断反思自己，去努力接受所有身边一切的好的、坏的，并善待每一个跟我相遇的人，至此我没有再抱怨过我的父母，没有抱怨过生活当中经历的一切不如意，我展开我的心扉拥抱所有人。

大庆艺林花儿艺术学校

艺术高考教学总监：魏伟

所有经历风雨的温柔与坚强，所有青春无悔的繁忙与成长，所有奔向未来的理想与张扬，所有冲破捆绑的热爱与癫狂，今天的魏伟站在了圆梦的现场，请您为我骄傲、鼓掌。这是一场催人泪下的演说，如果我的话语落到这里，你肯定会告诉我，这小丫头片子要跟我讲故事，打感情牌。的确我心中有跌宕起伏的故事，我曾是一个初入江湖就战功无数的校长。我经历了一个 27 岁的女孩该经历的一切创业风浪，我拥有企及巅峰的心态，又敢于挣开束缚重头再来，这故事犹如惊涛骇浪。

但是今天我不说故事，我想起陈坤在当《快乐男生》评委时说过的一句话，收起你的故事，你不是这里唯一有故事的人。的确在艺术教育的这条道路上，谁不曾有过艰难？谁不曾面对过质疑，谁不孤单地为自己代言，谁不曾因为一个团队而点燃了梦想？我因为有梦，所以变得有能量。

一个二十多岁的我，如果沉浸在社会体制教育内一校之长的职务，与我而言失去的将是为梦想奋斗的激情。所以在我选择放下的那一刻，这何尝不是一种圆梦？我梦想着能让更多的孩子对艺术有更多的热情；我梦想着能做纯粹的艺术教育；我梦想着让他们也有追梦的幸福。如果我说你曾在你的朋友圈体会过一把，我们站着什么都不说就十分美好，这是源自艺术的修养，您信吗？如果不信的话，为什么你曾在朋友圈当中跟风晒照并附一句，主要看气质。这气质上的自信来源于艺术的修养，我对艺术心怀感恩，因为它让我这么一个主要看气质的女孩在一群帅哥美女当中脱颖而出，这不得不说是一种圆梦的幸福。

尤其是在当下，当各种跨界力量和资本纷纷涌入艺术资源的这场争夺战时，如果我们还是小打小闹地只对传统的东西做打补丁的工作，而不是更换操作系统，我们终将被淘汰。因为我们的对手不是同行，也不是跨界力量，而是我们没有跟上这个时代。所以我们不能等到别家线上、线下都开发的时候才感慨自己求生的技能，弱爆了。我想让我们团队赢得文化尊重，因为做大靠团队，做久靠文化，我想此番星际穿越之旅就是我们团队应该做大的文化之旅，只有这样才能造福更多有梦想的孩子。

在我团队当中，有十六个字来形容我："天赋情商，舌灿留花、心开破浪、厚积薄发"。然而在我结识了我的师父陈帅以后，我学会了一句话，每个人生来就是一个品牌。所以从今以后我不再需要别的形容词，我要坚定的活成自己的品牌，我牢记师父的话：一生一梦想，一世一追寻。我坚信、我相信即使缤纷四季，在座的各位也会为我点亮一盏柳暗花明。最后借用歌词当中的一句话结束我今天的演讲：穷极一生做不完，一场梦。

“魅力校园”国内活动部总监兼高端事业部

主任：刘文琪

春节档上映了这么一部电影——《西游记三打白骨精》，剧中一个恶贯满盈的国王侮辱唐僧说：“佛祖怎么派了你这么个没用的和尚去取经，你要不是仗着这几个有本事的徒弟，你连我这里都走不到，早就死了！”，听了这些你有什么思考？看了《三国演义》你怎么看待刘关张三个人，中国古往今来有多少优秀的领导者不是率领着一群比他有能力、比他有天赋、比他有才华的人建功立业的，他们凭借的又是什么，德行，除此以外他们还具备一种能力，他们能够激发别人的生命动力（良知、良心、良能，激发每个人的智慧和活力，开发别人的生命能量），这是最内核的东西。大愿法师曾经说过：“能量可以激活能量，人心可以感动人心”，我个人认为做到这点需要具备两样东西：第一，口才，第二，开境界（打开心胸格局、提高思想段位）。

这一年大家不难发现我们国内部和高端事业部的每个人能力越来越强，能人越来越多，我是比较差的一个，论条理性我远不如雪晴，论亲和力我不如巧莉，论文笔不如关玲，论现场灵活反应我不

如何苗，论电脑知识和服务意识我不如雪纯，论勤奋努力我不如赵玲，论口才我不如张敏，总之我真的在我们团队里是个弱者，好在我们团队人内心善良，都比较尊老爱幼，所以一直以来得益于团队的照顾，内心感激不尽！我给大家鞠一躬啊！我告诉大家一个秘密，出不了几年，我就将成为我部门里最弱的那个人，因为我部门里的人都会比我有本事，那也是我最向往的境界，那大家可能就会问，你傻啊，你部门的人都强大了，你还有存在的价值吗？我告诉大家，我一点不担心，到那时我更有价值，因为我不做珠子，我要做的是这根穿心的绳子，没有绳子，珠子不成器。作为一个管理者我必须要明白，我们绝非要去做以强比强的事情，因为那会让你疲惫不堪、焦头烂额，如果让唐僧跟孙悟空比强是什么后果，孙悟空最后保他十万八千里取经是因为唐僧比他有本事吗？还不是因为紧箍咒吗？我们要做不是跟强者比强、能者比能，而是激发别人的生命动力，这样才能驾驭强者和能者，怎么激发，要先打开自己的境界和智慧，如职场很多种人因为生活在不同维度，而有着不同的意识行为，一维境界的人分两种：弱者不上不下，没能力也不努力；强者眼前只有一条直线，努力向上爬，但因为他只停止在一维空间，所以他只有干掉别人才觉得是唯一方法；二维世界有能者，他们看到的是一个面，他知道左拐右拐都可向上，不必伤害他人，但是因为是平面所以少不了塞车，因为这个境界的人太多，到了三维世界又是一番境界，他们知道除了有平面还有高架桥和地道，并且人少没红绿灯，一路畅通，每高一个境界的人往下看都会觉得他们很可怜对吗？所以我们日后看到比自己低一个境界的众生不必怨恨，更多应该是怜悯，例如一维境界那些不择手段往上爬的，对吧？所以要想做一个优秀的管理者，我们要做的不是跟强者比强、能者比能，而是要开自己的境界，这样才能驾驭强者和能者，因为你的境界不仅决定着你是否可以驾驭他们，还决定着你将带领你的团队怎么个走法、走什么样的路。有个观点我不知道大家

是否认同，成功的方法包罗万象，但没有一种方法是完全可以被你套用的，因为你面对的境不同、人不同、事不同，我们很多人去学方法，学手段，靠奖罚措施，你怎么样我就罚你 2000 块钱，人的良知是被罚出来、奖出来的吗？有些人学一个管理软件，用一套公式就想管理团队，我觉得没有生命力的东西怎么能管得了我们万物之灵的人呢，因此我目前的境界觉得能管理人的方法是："能量激活能量，人心感动人心"！

人生势必要经历的三个阶段：做事，做人，做自己；由外向内延展，走向生命的内核，做事的方向是走向成功，做人的方向是走向幸福，而做自己的方向是走向觉醒，生命的觉醒。人生短短几十个春秋，愿我每一步都正走在通往觉醒的路上！

原创插图：慢条斯理为《艺术教育+》创作

第七幕

探索与发现

探索与发现

01 失控的时代 我们在恐惧什么

02 哈佛大学 幸福课 每个人都需要学习的幸福课

03 艺术教育 + 财商教育

艺术校长最缺乏的一门课，也是未来最具竞争力的能力

04 正在改变 创业的金句

第七幕 探索与发现

这是烧脑的一幕，选择了三位不同背景的人，他们中间有哈佛大学教授，有80后创业者，有财商教育的实践者。他们身上有一个共同点，以个体生命探索时代，发现在一个不确定的时代，事业与人生永恒的价值观，观照当下与未来，为广大艺术教育机构的从业人员生成一份关于追寻、成功、幸福、事业、财富、创业、教育、未来、信仰的蓝本。

在本幕的最后，选取了25条金句作为结尾。这几乎囊括了近年来影响时代和商业的20多本书。25条金句足以启发出250条创业金点子，有了这25句金句，至少为你节省出阅读25本畅销书的时间，用这个时间再仔细读读《艺术教育+》吧。

腾讯智慧校园首个合作伙伴小柚APP CEO李建伟从自身创业经历，给出了一份时代教育的思考。他是一个典型的80后文艺新青年，能将工作变得有趣、好玩；又是教育创业者中的"知道分子"，能侃会写，极有情怀和担当。读着他写的文字是一种享受，与他共事是一种幸福。有颜有范有情怀，有车有房有底线，80后创业者这个范儿就对啦。

被哈佛学生推选为最受欢迎率排名第一和第三的课程，“其奇妙之处在于，当学生们离开教室的时候，都迈着春天一样的步子”。泰勒在哈佛被称为“最受欢迎的导师”，同时他还受聘为多家著名跨国公司的心理咨询师和培训师，他的课程具有实用性和可操作性，被众多企业家和高管们誉为“摸得着的幸福”。他却说，他的课程启发来源于中国文化，老子、孔子等中国古圣先贤信手拈来。给我们的启发是，我们该从哪里去找寻我们的人生坐标。像圣人学习。《哈佛大学幸福课：每个人都需要学习的幸福课》你真的需要读，而且去做。

《富爸爸，穷爸爸》这本书影响了当代国人对财富的认知，许多人因为这本书改变了理财习惯，拥有了财商。而对于专业出身，几乎零财商的艺术校长来说，财商教育集团副总裁，星际穿越执行董事于海滨的这篇《艺术教育＋财商教育：艺术校长最缺乏的一门课，也是未来最具竞争力的能力》可能会对艺术校长起到醍醐灌顶的作用。然而，这一切才是个开始，关于财商教育与青少年教育的结合，将改变这个国家未来的生活方式。长久以来，艺术校长有一个认知误区，避讳谈钱，许多人也有一种奇怪的认知，觉得教育和钱挂钩是不道德的。就是因为金钱是万恶之源，我们才更应该去认知，去总结，从而最终驾驭它。

创业办学的路径千万条，但是只有一条大道：那就是让人成为人，恢复人类本有的良知良能。它的价值，将随着时间的流逝而越发凸显。

开始探索与发现吧，启发自己换个姿势奔跑。

失控的时代

01 我们在恐惧什么

李建伟

腾讯校园前产品总监、
小柚科技 APP CEO

小柚正式上线 9 个月，用户下载超过 130 万，日活 10%，在下载、活跃和留存上优于同期上线的其他校园产品，每天有数万大学生在小柚结交同校同学，讨论校园内的新鲜事儿。

李建伟在繁忙的工作之余，受邀为艺术教育界的朋友撰写了这篇文章。

这是一个失控的时代。

互联网 +，大数据挖掘，人工智能，O2O，云计算，VR……这些陌生的词汇像是野蛮生长的丛林，瞬间充满了我们的世界，作为一个互联网行业的从业者，这些专业向的词汇像是流淌的溪流在汇聚江河，是科技生长的结果，细腻温婉，而给我洪流般撞击感的，是由这些词汇引发的传统行业的恐惧。

再锦绣繁华，热闹喧嚣的夜，总有寂寞而恐慌的路人。

最繁忙的时候，我每周要收到十几个传统企业管理者的邀约，谈互联网 + 对传统行业的改变，谈颠覆，希望我给出一些在这场覆灭的战斗中如何生存下去的建议。

有一次，谈完后，我收到一位聊天者发给我的一条微信，他引了互联网预言教父凯文 · 凯利在《必然》中的一句话，**“水分会腐蚀金属，空气会氧化防水膜，润滑油会蒸发。有什么是不会坏掉的呢？很显然没有。如果拒绝进行不断的小升级，那么积累起来的变化最终会变成一项巨大的更新，大到足以带来‘创伤’级别的**

干扰。”我们就处在这样的一个腐蚀的年代，我们引以自豪的，总有一天会被一点点的老化掉，我想起了柯达。”

而我也用凯文·凯利在《失控》中的一句话回复了他。

“人们都说，没有什么能逃脱冷酷的热力学第二定律，宇宙的最后归宿是一片热死寂。但这不是故事的全部，宇宙在沉寂的同时，也在热闹起来，从旧物中带来新生、增加复杂性的新层次。宇宙充满了无尽的创造力。熵和进化，两者就像两支时间之矢，一头在拖拽着我们退入无穷的黑暗，一头在拉扯着我们走向永恒的光明。”

新物种创造，从来都不是造物者的信手拈来，而是给旧有的生物提供一个极其富饶的变异环境，结合这种变异的适应与思考，逐渐进化直到蜕变。

这种进化，蕴含在每一个空气分子中，总有一天我们会与之遭逢，融入我们的身体里，就好像雪花融化在水中。

当然，要成为新的物种，就要经历你不会再扮演的角色，这种痛苦，是一种从茧到蝶的蜕变。

万物有阴阳，我们看到颠覆，也必须看到美丽的未来，看到互联网渗透所带来的机会和价值。

互联网仍处在传递价值和创造价值的临界点，自媒体的蓬勃发展和 O2O 模式的出现让我们享受到品牌快速传播、企业文化输出和小成本引入客户的红利。在线课程的出现，为我们增加了复用课程及人力资源、打破区域授课限制获取更多商业价值的机会。VR 技术让我们的授课从枯燥变得充满想象力，学生从“你得学习”变成“我要学习”，大数据让我们能更好的对自己用户分层，通过更加精准的方式提供更好的服务，人工智能让我们能更好的运用人类的智慧，规避个人的能力短板，释放高昂的人力成本，更好的为用户服务。**互联网 + 教育的整体连接属性在推动终生学习、多元评估和数字化简历的出现，让我们的教育成果与社会应用接轨，提升了价值，众筹和众包让我们通过新的模式获取传统方式**

难获取的资源，同时提升了影响张力。

商业的本质是资源交换，从教育企业的角度来讲，我们的资源没有变少，我们客户没有变少，我们的资源交换方式没有减少，反而因为互联网的出现，我们的资源变得更加丰满，我们的客户开始了打破地域限制的增加，我们的资源交换方式随着各类平台的涌现，变得更加多元，我们在恐惧什么?

从教育者的角度来讲，教育的本质是经验传递，并在传递中推动世界的发展，我们育人的初心还在，育人的主体在跨越时空增加，育人的形式变得更加有趣和高效，受教育者变得更多，更积极主动，我们在恐惧什么?

现在我无法去谈随着互联网技术的发展，艺术教育和我们的生活会发生什么样的变化，就像马云所说的，“现在谈互联网 +，很多人是站在工业时代思考未来”，我个人一直有一个看法，时代的发展是科技推动人文，人文发展到极致又会推动新科技的发展。我们今天所见到的一切所谓的新型产品，包含我个人在做的小柚校园APP 和智慧校园，我们已经是除人人外学生最大的校园社区产品，都只是对站在互联网技术的层面做的人文角度的初级探索，在这场变革之中，我们每个人都应该是变革的贡献者，我们每个人，都有可能成为这个时代的弄潮儿。

多年以前，我坐在颠簸的火车上，惬意是有一张卧铺车票，半梦半醒间度过漫长的 8 小时，而当高铁技术出来后，2 个小时到家，当初的惬意成了无奈中最好的选择。

这一刻，再看现在的教育，我仿佛躺在一辆长途车的卧铺上，梦到了我用 1/4 的时间回到家的场景。

失控的时代，我们又开始了一段新生的旅程，这一次，我们的征途是星辰大海。

干柴遍地，请用你的火，把这世界点燃。

我站在最热闹的角落，等待着被更热烈的声音包围。

哈佛大学幸福课

02 每个人都需要学习的幸福课

泰勒 · 本－沙哈尔
Tal Ben-Shahar

哈佛大学心理学硕士、哲学和组织行为学博士，近年专事个人和组织机构的优势开发、自信心，以及领袖力的提升研究。其开设的“积极心理学”和“领袖心理学”被哈佛学生推选为最受欢迎率排名第一和第三的课程，“其奇妙之处在于，当学生们离开教室的时候，都迈着春天一样的步子”。泰勒在哈佛被称为“最受欢迎的导师”，同时他还受聘为多家著名跨国公司的心理咨询师和培训师，他的课程具有实用性和可操作性，被众多企业家和高管们誉为“摸得着的幸福”。

很多人以为我的“积极心理学”的基础研究是来自西方的理念，其实恰恰相反，很多是来自中国的，包括孔子、老子、道家、儒家，都体现在积极心理学里面。

一、成功不会带来永远的幸福

戴维 · 西蒙教授是知名的心理学家，也是一位精神治疗教授，写了《自由地爱，自由地疗愈》，帮助很多人生活得更美好。他是怎么做的呢？原先，戴维给很多他的病人吃很多西药，但是他们还是抑郁，受到焦虑的折磨，不断复诊。他只得放弃对他们的治疗，后来当他在马路上再次遇见他们的时候，他们看起来还不错，于是就问为什么？

原来，他们去做了中医、针灸、喝了中药，然后感觉很舒服，就好了。戴维很好奇，对于没有被自己治好的客户却被中医治好了，是什么让他们被治愈的呢？于是做了一个测试。戴维发现了一个现象：很多传统的中医智慧很有用，关于冥想、针灸、身体和心灵结合的研究，这些源远流长的东方医道，在西方被忽略很多年，所以他写了《自由地爱，自由地疗愈》。

里面介绍了一些做法，通过营养、冥想、身体运动以及其他形式，让大脑和身体更好地结合，把人看作一个整体，不是把人看成肢体的组合，整体疗法的实践一种全新的方式。这其实就是中国的方法，戴维成为整个心理学的鼻祖之一，是身心医学运动的先驱。

其实，我来教“积极心理学”，也是为了帮助大家获得幸福的。**我可能没有真正教会大家什么东西，但是我想提醒大家：中华拥有上下五千年的智慧，我对在座的各位有些嫉妒、羡慕、恨。我去看老子、孔子、佛家的书，却无法阅读原文。我想跟大家分享我最近追求幸福过程中的一些思考，这些思考其实是也许已经被你们遗忘的东西。我坚信，中国在将来会成为“积极心理学”的研究领袖，因为你们有深厚的文化根源，会长成蓬勃大树，为世界提供树荫。**

很多人看我的时候，会觉得我很完美，但是其实我内心很糟糕。我在大学的时候，不想学计算机，想去学哲学，因为我总是不开心。我想让自己变得开心一些，于是后来我去学了哲学和心理学，也开始关注中国哲学，**我认为人性最重要的东西就是帮助自己、他人和组织更幸福。**

然后，在过去的20多年，首先，我学到了“积极心理学”对生活每个领域（包括对企业界）的重要性。幸福，对爱情、孩子成长很重要，那么和商业有什么关系呢？为什么对商业界也很重要呢？

确实，成功和幸福的关系都是有坚实联系的。很多人以为提高成功的程度，就会幸福，比如：升职、加薪、成名，但事实是这样吗？并不一定吧！大家可能还记得领到的第一笔工资，当时有多么地欢心雀跃，可能拿着工资犒劳自己，也可能买东西给父母，但是这种幸福感会持续多久？你成为了一个重要的人，这种幸福感会持续多久？你成功造就了一件事情，幸福感又能持续多久呢？

丹妮也是我哈佛的老师之一，她在哈佛获得终身教授这个职位，然后她这一辈子都有一个就业的保障，未来她想做什么就可以做什么，这对教授来说是一件极度开心和幸福的事情，也不用再每年发布文章了。

是的，拿到终身教授，是什么感觉呢？开心、狂喜，但会持续多久呢？很多人以为没有压力后，接下来的一辈子都会很开心。而对于没有拿到的教授呢？感觉会很糟糕。这种感觉会持续多久？可能很多年吧，也许直到到另外一个学校拿到终身教授职位之后。

我们试着如果在三个月后，再去找这些有拿到或者没拿到终身制的教授，他们是什么状态呢？他们又回到了正常的状态，回到了原来的水平，拿到或者没拿到，成功与否，都只会带来暂时的幸福或者不幸福。

人一生当中是这样子的：成功会有快乐的情绪，不成功会有低落的情绪，人的一辈子起起伏伏，成功不会带来永远的幸福。

二、幸福会带来更大的成功

我们想要获得幸福，就要理解这两个变量之间的关系：成功和幸福。其实不是成功带来幸福，而是幸福带来成功。

1. 幸福会带来积极情绪

越来越多的研究表明：哪怕你只是增加一点点积极的情绪，都会为你的职场带来很多影响。拥有更多积极的情绪，就会带来更大的创造力、更多新的见解和创意，这对企业来讲是很重要的。对于自己、员工、公司，都是同一个道理，更多的参与，就有更多的动力。

2. 幸福会增加员工的积极参与度

现在职场最大的问题是：人们不够专注。我们面临各种各样

分心的东西，比如：手机、微信等，因为精力总是被分散出去。人们来上班的时候，人在，心却不在工作上。你如果想让员工参与进来，你稍微提升自己或员工的幸福感，就会增加他们的更多参与了。

3. 幸福可以提高生产力，完成更多的工作

4. 幸福会降低员工离职率

工作的环境是开心的，员工就不会大量离开，这对公司是非常重要的事情，因为重新培养员工要花费更大的精力。

5. 幸福会让你的身体更健康

对员工来说，身体健康就不大会请病假，也意味着你免疫系统会更强大，寿命会更长，就算你生病了，康复也会更快。幸福就像预防性的药一样，可以预防你生病。

6. 幸福会让你团队的关系得到改进

包括家庭以及和社区的关系，都会得到改善，有幸福感的人，人际关系会更好。归根结底，让员工更加幸福和快乐，会帮助公司更加成功和带来更多利润。

成功不会给你带来更多的快乐，即使再怎么样，都会回到原来的起点。那么，难道不管我多成功或者表现多好，接下来的一辈子都是这样一条情绪的水平线吗？　起起伏伏的情绪是无法消除的，但是我们可以去享受这些起起伏伏，然后一天比一天更幸福。

三、要变得更加现实，就必须关注现实

积极心理学很简单：它是聚焦在成功上的。假如我去找一个心理医生，他会问第一个问题："你出现了什么问题？"其实问这个问题是远远不够的，积极心理学家会这样问："你生活中有什么开心的事情？你的优点在哪里？"这个提问不是忽视问题，而是关

注在有用的地方、有效的东西。

积极心理学不是让大家做鸵鸟，不去看问题，装作视而不见，它是让大家不要忽视你的优点，要全面看待你要研讨的东西。

《秘密》是一本畅销书，别人问我获得幸福的秘密是什么？**幸福没有任何秘密！如果有，我回答三个，第一：现实；第二，现实；第三，现实。**大家问世界上最成功的 CEO 杰克 · 韦尔奇："你为什么这么成功，你给所有人提个建议。"他的答案是："学会正视问题。"

你要看到现在发挥作用的地方。大概 20 年前，有一本书《基业长青》，是哈佛两位教授吉姆 · 柯林斯和杰里 · 波拉斯合著的，阐述的是当时世界上最伟大的企业有什么特色和不同。

研究表明，**基业长青的秘诀之一是："不要跟随独裁者获得的暴政，要拥抱'和'，不要选择非此即彼。"**

很多公司说："成功重要的一点是授权，经理人应该管理一切。"

伟大的公司说："有时候你可以授权和分权，在某一些情况下，一切又都要按照计划完美执行，也要微观管理，具体情况具体分析。既要授权分权，也要适当控制。"

这就是"和"的天才。你不要以为你关注了问题就够了，其实这是不够的。**关注问题很重要，还必须要看看生活和组织中美好的、有优势的地方，这也是一种中国的思维方式："阴阳平衡"。**

西方关注"非此即彼"，要么对、要么错，没有中间地带，但是在东方，中国哲学中都在强调营造一体化的系统，这个对于西方人是一种很新的概念。针灸对中国人来说很正常，但西方人会很奇怪，西方人习惯"头痛医头，脚痛医脚"，但是为什么针灸是在不同的位置呢？**东方人认为，一切息息关联，要看待全面的情况，而不是小小的部分，看看人的整体、人与人之间的整体。**

那么，要变得更加现实，我们就必须关注现实、现实、现实。

现实意味着什么？我们要看到更多的现实：好和不好的。

在现实生活中，大家会遇到很多苦难。正因为生活不容易、有挑战，我们才需要坚韧不拔的精神。每个人都会遇到困难的情况，只有两种人在生活中是没有困难和痛苦情绪的，他们也不会面对失败的苦难：心理有疾病的人和死去的人。如果你有痛苦的情绪，这是一个好的现象，说明你不是精神病人或者死人。

积极心理学不是去消除你生活中的苦难，正如佛祖，他是要替大家受苦受难的，说明他正视这个世界是有苦难的。

研究表明：普通的孩子身上为什么会有坚韧不拔的精神呢？

1. 他们设定了未来的目标，也许是小目标，也许是宏观的目标，但对于他们来说，这是重要且关心的。

2. 他们愿意付出，愿意做志愿者，不遗余力地去帮助别人。

在付出和得到之间，其实是有关系的，增加幸福感最好的方式就是帮助别人。事实上，付出和给予是一回事。

五年前，我想离开哈佛大学，我当时做了一个练习，因为我的家庭并不是生活在美国，我知道跟家人待在一起才是最重要的事情。这个练习让我明白，我最重要的目标是什么，最有意义的事情是什么，不管你接下来会不会采取行动，但这个会让你提升意识度。对于现在的学校，可以试着去做的最好项目就是让学生去帮助别人；对于现在的公司，可以让员工去帮助真正需要帮助的人们。帮助别人，就是在帮助自己。

3. 他们乐观看待未来。

他们有自己的榜样，可能是老师、父母或者历史上的人，这些榜样能够鼓舞他们，另外，提升孩子或者成人的乐观度，要让孩子找到榜样。

4. 关注自己的优势。

你要知道你的优点在哪里？是对数字很敏感吗？你的热情在哪

里？演讲？战略？什么东西让你有无限的激情？

5. 体育运动非常活跃。

积极的身体就会帮助积极的头脑，规律的体育运动会大幅度提高幸福感。

6. 集中力量。

四、阴阳平衡：要关注优点也要关注缺点

很多时候感情的失败，大家会说是因为不合适。那么，到底很多感情关系都失败的原因是什么？**如果你想要长期稳定的爱情关系，你要关注有用的地方。如果你总是忽视配偶美好的地方，纠结在小问题上，关系是不会长久的。**

每对夫妻都有不太顺的地方，都有起起伏伏的地方。不要觉得对方和我在一起是理所当然的事情。如果你认为你的伴侣并不完美，这是一个大问题，因为你也不完美。如果不去欣赏对方的优点，也不很好地处理，那么关系肯定很难顺利，**欣赏优点之后，要正面去打造积极的体验，关注关系中好的方面，那么，彼此之间的关系就会不断成长。**

什么时候老师或校长会把你叫到学校去？当孩子有问题的时候。事实上，如果只是关注问题，孩子很难有自尊心和自信心。当然，在美国，大家常常会看到另外一面。大家知道美国的问题是什么吗？特别是在南加州。

那里的家长只会告诉他们的孩子：“你真棒！”那么，去看看孩子在学校的表现，数学成绩最好的国家是韩国，第二名是新加坡，美国是排名最后的，美国 13 岁的孩子数学成绩非常差，但是你把这个研究放到孩子身上：“你数学到底怎么样？哪个国家的孩子分数最高呢？”美国的孩子总认为自己是最棒的。

显然，小孩子没有直面现实，没有用正确的方法直面现实，这是美国的问题，因为只关注正面的东西。我在新加坡住了超过十年，在这个国家不太强调优点，不管是职场还是学校，我不是说要变成像美国那样，美国那样太不健康了，对幸福感也不是好事。其实我要说的是阴阳平衡，中国的传统就是告诉大家要两者兼备，要关注优点也要关注缺点。其实，不管是在孩子问题上，或者职场上，都一样。

五、学会感恩，我们会有更多的幸福感和成功

心理学上最著名的研究就是感恩的力量。**经常感恩的人免疫系统更加强大。问题是：我们常常不能去感激和欣赏生活。**什么时候我们会有感激和欣赏呢？生病的时候，要失去某种东西的时候，或者即将失去的时候，才学会有一颗感恩之心。

一个教授研究了一位即将离世的人，这位病人一次又一次发现他有生以来第一次发现自己是活着的，真正地去欣赏不完美但非常棒的伴侣、家庭，真正去享受美味。其实，这些之前都存在，但是他之前都没有意识到，只是因为快离世了，所以重新意识到了。

积极心理学的问题是："我们是不是要等待悲剧发生的时候，才会欣赏内心或者外在的事物？"**如果你要提高幸福感，你要学会感恩之心，对世界、周围要感恩。**

在英文中，感恩的第一个意思是："谢谢"，它的另外一个意思是："它的价值要成长"。就像我们把钱放在银行，就会增值，会有利息。当我欣赏好的东西并为之感恩，好的东西就会增值。当我们欣赏伴侣，对方就会增值，反之则贬值和减少。我们不是在忽视问题，不要忽略我们要纠正的东西，但要关注

好的东西。

六、不断欣赏好的东西，从而创造出更好的东西

斯塔夫和托雷斯说："我们看到了我们寻找的事物，我们错过很多我们没有去寻找的，即使它就在那儿……我们对世界的经验，很大程度上受到我们把注意力放在哪里的影响。"

现代管理学之父彼得·德鲁克将要离世的时候，他做出一个这样的结论："在管理决策中最常见的错误是我们强调寻找正确的答案，而不是正确的问题。"他还说：**"最严重的错误，不是因为回答错误，真正危险的事，是问错了问题。"**

随着问题的改变，他们也改变了现实，当你询问"为什么有人在同样的环境中获得了成功？"从而现实就是：目标、灵活性、榜样、运动、找到自己的优点、特长和激情。这看起来一切都显而易见，但之前为什么没有看到呢？因为提出的问题打造了现实，而我们没有意识到这点。

在问问题的时候，要好好地进行思考和考虑！这是一位好的父母、领袖、管理者所要具备的能力。什么是管用的？员工的优点是什么？这些问题会营造一个更好的小世界。

通过改变问题，可以改变业务程序。以英国航空公司为例，80 年代我住在伦敦，那时候我要去参加很多板球锦标赛。后来我拒绝搭乘英航，因为我丢了三次行李，他们的口碑非常糟糕，恶名昭彰。

他们意识到了这点，也想做出改变，他们找了心理学家，想要改善。刚开始的问题是："我们如何减少丢失和损坏的行李索赔？"

当你是一位英航的雇员，你来上班的第一件事是减少行李的丢失和损坏的索赔，这个时候你会充满激情去工作吗？你会觉得很无聊，所以这个问题的方案所带来的改变非常小。

在80年代后期，他们又遇到了大卫·库伯，他不再问这个问题，他改变了一下问题："我们如何创造超出乘客期望的到达体验？"这个问题让员工更有动力，营造了全新的方法，然后又提出了一系列的问题："描述你作为客户，或者作为航空公司人员最难忘的飞行到达体验。"

即使英航当时很困难，面临困境，但是在糟糕的环境中，还是有很多好人好事和成功的案例，依然可以找到闪光点，**一定要先感谢好的东西，好的东西会增值。**

当时对于英航来说，一切都不顺利，但是在小世界中，依然有很好的乘客体验。"告诉我一个关于你最强大服务补救的故事，描述具体精彩。"**大部分人在大部分组织中都忽略了闪光点，如果你不发现和感激好东西，好东西就会消失殆尽。**

积极心理学绝对是既看优点也看缺点。你可以从好的事件中学习，并不断反复地去做，无论在企业界、在家里，都是这样。仅仅通过这种办法，英航得到了极大的改善，目前是几十亿美元市值的公司，**他们都能够通过问题的力量改变自我，而我们太少问自己问题，对问题的关注太少。**

普华永道，是非常大的会计师事务所。他们在澳大利亚遇到了一些情况：很多女性进入普华永道，她们都很聪明，但她们在公司晋升的时候，很难晋升为合伙人。

于是她们引进了两位积极心理学的女性。传统的问法是："什么导致女性高管失误或不积极？"不过她们两位不问这样的问题，她们不问障碍，虽然这些问题很重要，但是不应该只是这样问，她们这样问："那些在高级职位上蓬勃发展，取得成功和满意的女性有什么积极的区别因素？她们有什么可学性能力和可建设能力？"

于是开始对成功及成熟的年轻女性进行采访："为什么你能走到那么高的位置，什么因素让你这么成功？"有的回答是："未婚，不用长时间陪伴家人。"当然，很多年轻女孩并不愿意这样去学和做。

有的回答是："我们做好，是因为我们独特的优势，然后加以放大。"在现在的社会中，很多人说女性比男性有更多的优势，这些女性就是专注于自己的优势。你看，**问题营造了现实，而且营造了不同的现实。**

那么，最后这家会计公司的结果呢？2005 年的时候 13％的合伙人是女性，而经过这两位女性的问题之后，2010 年，41％的女性被任命为合伙人。现实发生了变化，首先是因为你的问题发生了变化。

艺术教育+/财商教育 03

艺术校长最缺乏的一门课，也是未来最具竞争力的能力

告诉我，什么最重要?

工作！家庭！时间！金钱！一个也不能少！

在生活中的不同阶段，我们可能会暂时将注意力集中在其中某一个方面。

生活中最关键的是主动地在工作、家庭、时间和金钱之间建立一种动态的、互相促进的生活平衡。

致艺术学校校长

1. 艺术学校从基本组织形态来说首先是企业，是商业服务机构，是通过不断经营获得利润才能持续经营的机构，必须提供商品和服务，必须遵守市场运行和竞争法则。

2. 艺术学校校长是艺术家，同时也是一个创业者，一个企业家。作为一名艺术学校校长，不管背景或经验有什么不同，要获得成功，至少有一个共同点：他们都能辨识需求，并且满足它。

3. 建立艺术学校的初衷，有的校长出于自身专长，有的是艺术情结，有的希望获得更多收入，有的希望选择不一样的人生和事业，有的无意中踏入……不管什么缘由，要想做好，都必须懂得资源整合，懂得经营管理。

4. 艺术学校需要以营利为目的，运用各种生产要素（场地、人员、资本、技术和企业家才能），向市场提供音乐、舞蹈、美术、戏剧等艺术商品和服务，实行自主经营、自负盈亏、独立核算的企业组织。

5. 没有成功的校长、没有成功的学校，只有时代的校长和时代的学校。新时代需要具有新思维、新素质、新财富观、新价值观的校长。

关于财商教育

于海滨

星际穿越（北京）艺术传媒有限公司执行董事
财商教育集团副总裁

财商教育是新素质教育，是中国人普遍缺乏的教育。因为我国的教育体系里多年没有开设过这方面的课程。

什么是财商。财商是“财富指数”（简写为FQ），简单一点说就是一个人与金钱打交道的能力，是一个人处理经济问题的能力（素养）。复杂一点说是一个人发现、调动、管理资源、进行资源整合的能力。

财商与智商、情商并列为现代人不可或缺的三大素质。

财商教育的目的是什么

财商教育的根本目的是把人们培养成为理性、智慧的“经济人”。简单地说就是努力实现个人的财富自由。通往“财富自由”的道路分为三个阶段。

第一阶段：不论你有多少财富，你都处在不断挣钱、不断消费的境况中，这个时候你只是财富的奴隶；

第二阶段：即使你只有 10 元钱，但这 10 元钱在为你工作，而不是你在为它工作，这时你是财富的主人；

第三阶段：你和财富形成了伙伴关系，能够在平等对话的基础上，互相帮助、共同成长，这就是“财富自由”。财富自由是一个人实现高品质的社会生活的重要保障，也是实现圆满、和谐、幸福的精神生活的坚实基础。

财商教育的方法是什么

财商教育主要是从动机、行为习惯、路径三方面教育训练，挖掘人们的创富动机、改善人们创富的行为习惯、找到人们创富的路径。

通过财商教材和课程学习，了解资产和负债的秘密，财富是如何创造和积累的；清楚财务自由的三个阶段和两大路径；什么是不要为钱工作，让钱为自己工作；认识到拥有几百万资产不是一种机会，而是一种选择；了解穷人、中产阶级、富人三个群体的现金流向图的差异；了解金钱世界的四个象限（ESBI 象限，E 雇员、S 自雇者或专业人士、B 企业所有者、I 投资者）所揭示的四种收入模式及组合；了解富人投资的项目正是穷人和中产阶级不投资的项目；了解为什么 A 等生为 C 等生工作，到处都是有才华的穷人。

通过现金流游戏，知道什么是现金流，钱从哪里来，钱到哪里去，钱有什么用，你的现金流模式决定你是富人还是穷人；在 2 个小时内经历人们 10－20 年、甚至一辈子都未完成的财富自由之路；深入检视现实生活的财务状况，并调整改进；看到自己与别人的不同的财富观念、财富习惯和创富动机；在高度模拟现实的环境中，训练自己的 BMW。通过游戏，去感受一下富人和穷人不同的世界及不同的生活方式。体验失业和破产。

关于艺术教育 + 财商教育

共同之处是都必须以他人利益最大化为使命，否则不可能获得事业成功和财富积累。

将每个人的“利己之心”转换为“利他之行”才能实现办学的利己目的。也就是说，在市场经济中，一个人只有为他人创造价值，才能获得自己的利益，这就是市场经济的奇妙之处，也是艺术校长必须永远坚持的中心。你服务的群体有多大，就决定了你的生意有多大。

艺术教育和财商的结合，就是在办学中，要以实现投资人、学员、教职工、社会大众的主要利益为使命，让艺术学校成为团队创业致富的平台，让用户参与到艺术教育产品和服务的研发设计、互动创新、体验消费中来，并不断创新迭代保持学校持久鲜活的生命力。

世界变了，金钱游戏的规则也变了。对于校长和老师来说，也要应时而变，理解金钱的语言、学会金钱的游戏。只有这样，你才能玩转艺术教育和金钱游戏、实现学校资金良性循环和不断增值。**从这个意义上说，世界上只有两种校长：一种懂得财商，让金钱成为自己办学的得力工具；另一种校长，不懂财商，又不懂得让贤专业人士，从而为金钱工作，或因不具备与金钱打交道的良好能力而陷入经营困境。**

推荐艺术学校的校长、老师读一些财商方面的图书、体验一下世界上最好的财商教具——现金流游戏。财商图书如《富爸爸，穷爸爸》、《财务自由之路》、《发现你孩子的财富基因》、《女人一定要有钱》、《管道的故事》、《教孩子学会理财》、《创业百道》等。

作为一本介绍投资知识、强调财商智慧的大众通俗读物，“富爸爸”系列丛书不仅带给读者耳目一新的投资观念，冲击了陈旧的理财观、事业观、人生观，更在中国掀起了一股创业致富的风潮。很多受到“富爸爸”财商观影响的读者均以自身的创业经历实践了“富爸爸”在书中提到的投资方法。

商业和投资活动是团队运动。有些艺术学校之所以做不大、经营亏本是因为他们不是一个团队。他们单打独斗，因此总在那些聪明的团队面前一败涂地。

关于青少年财商教育

财商是人生必备的素养之一，需要从小培养。

我们留给孩子的财富，不仅仅是物质财富，还包括性格、经济头脑和积极处理与金钱打交道问题的能力。由于金钱与人们生活各个方面息息相关，密不可分，改善青少年管理金钱的能力对他们的生活中其他每一个方面都产生重要影响。现在比以往任何时候都更需要青少年具备财商素养。

为提升青少年学生综合素质，帮助他们树立自强、自信、自立的精神和正确的人生观、价值观，中国教育学会专门成立了财商教育中心，印发了《中国青少年学生财富素养成长计划》，并在全国举办了首届财商教育教师培训班。建议有条件的艺术教育学校逐步将财商教育课程纳入学校特色办学和新素质教育范畴。

推荐几本适合青少年阅读和学习的财商读物：风靡欧美的少儿性格养成读物《小狗钱钱》、国内第一套青少年财商教材——金钥匙系列《走进神奇的财商大门》、《探究金钱的语言》、《与金钱约会的好习惯》、《我有一个财富梦想》、《富爸爸，穷爸爸青少版——从小就学会像富人那样思考》、《财商伴我成长——初级版、中级版》、《当孩子遇到钱——绕不开的财商》，等等。

04 创业的金句

传统企业认为这个世界是确定性的，也是可预测的，所以管理模式就是计划管控，年初做规划，定时间表，做好预算与人力安排，互联网思维认为世界已经进入“失控”时代，所有的需求的变化都是随机的、不可预测的。所以，企业要将对技术关注的工程师思维转变为对人的理解和用户思维。

——源自《重新定义组织》

现在看来，前几拨的开拓者好像已经开疆拓土，把每一个可能的角落都开发得一干二净。但如果我们能够乘坐时光机前往 30 年以后，我们就会意识到，在 2050 年，大部分运转人类生活的伟大产品，在 2016 年以前，都还没被发明出来。此时此刻，今天，2016 年，就是创业的最佳时机。你没迟到！

——源自《必然》

一个优秀的人，一定是在任何地方都表现出自己的优秀。需要经常想三个问题：领导还有哪些值得学习？工作有哪里可以提升的？目前手头的工作如何可以做得更好？所谓职业就是，不管有没有欲望、灵感活状态，随时都可以让自己进入那个角色，在过程中找到感觉。当然，如果有可能尽量让自己体会到快乐。

——源自罗辑思维微信公众号

只要公司创新，创业就还没结束，一旦创新停止，创业就结束了。

——源自《从 0 到 1》

我们的生活在某种程度上有固定的形态，是习惯的集合体。有现实生活的习惯、感情生活的习惯，还有思维习惯。这些习惯系统化地构成了我们的喜怒哀乐，让我们走向自己的命运。不管最终命运如何，我们都无法抗拒。

——源自《习惯的力量》

人总是喜欢轻易的作评判、下定论、贴标签，用过于简单的概括代替细致深入的观察。可是在你还没有深入了解一件事情之前，你对它的判断很可能会差得十万八千里。这像是一个死循环：由于了解不足而判断失误，而判断失误又妨碍了深入了解。

——源自《精进，如何成为一个很厉害的人》

领导者的成长过程实际上是一个不断吸取知识、经验和智慧的过程。你工作的一个重要组成部分就是把这些知识和经验传递给下一代领导者，而自己也正是通过这种方式来不断提高组织中个人和集体的能力。这既是你今天取得成就的秘诀，也是在未来能够引以为荣的资本。

——源自《执行》

你看到一家餐馆有人排队。你会想：“这家餐馆一定不错，人们都在排队呢。”于是你也加入队列中。又来了一些人，他们也是如此认为餐馆很棒，开始排队。这就是“羊群效应”，即基于其他人的行为来推断某事物的好坏，以决定我们是否仿效。

——源自《怪诞行为学 2》

苹果卖的是科技之美，NIKE 卖的是运动的生活方式，哈根达斯卖的是爱，黄太吉卖的是互联网思维，伏牛堂卖的是年轻人的霸蛮精神。在商业领域，最伟大的公司属于那些能够制造共同想象和感知的公司，他们可以拿走最多的利润。

——源自《伏牛传》

一名新领导看见工人们都在忙碌着，只有一个人斜靠在墙上，四处张望。他径直走到这名男子面前说，“去领两周的工资，你被开除了。”在返回办公室的路上，他向其中一名员工询问刚才那个人在公司里到底是做什么的，员工回答说：“那人是送披萨的。”想在不熟悉的领域行使专权时，其结果通常都是很可笑的。

——源自《重新定义管理》

研究发现，一个人如果在学龄前生活在一个被动的环境中，这会强烈预示着他成年后有更多的性伙伴、更具攻击性、更容易违约并且可能有犯罪记录。因为动荡的生活环境已经不可避免地对他们的思维造成影响：如果明天是不可预期的，那么“今朝有酒今朝醉”的生活态度也就不难理解了。

——源自《理性动物》

不要把目标与方法混淆。企业应该不遗余力优化和改进工作方式，以此提高工作效率，但这并非我们的目标——打造出游戏产品才是我们真正的目标。每个公司都有许多导致大家不能坦诚相见的障碍，管理者的任务就是挖掘并扫除这些障碍。

——源自《创新公司》

品牌能通过定位的调整，创造出惊人的生产力差距。比如百事可乐利用可口可乐强调传统、正宗的特点，界定出自己“年轻人的可乐”的定位，使其在年轻人中备受欢迎；云南白药创可贴针对邦迪创可贴“无药”的弱点，定位出“带药”的创可贴，反客为主成为创可贴的领导品牌。

——源自《定位》

品牌体验是消费者关系的精华。它应该令人愉悦、超乎预料、令人瞩目甚至能够激发人们积极地互动交流。卓越的品牌体验能够成为品牌价值主张的一个具有区别性的特征。

——源自《品牌大师》

在现实生活中，人们留在一个社群中的最主要原因，有一群自己的好友是一大主因。因此在社群运营中，企业需要做的，是去企业化，去 KPI 化，放弃控制的意愿。让用户在小圈子中自由组合，分别扮演不同角色。因为对于用户来说，维护小社群比大社群简单得多，维护兴趣圈子比维护陌生人圈子简单得多。

——源自《社交红利 2.0》

在社交网络中，用户理解成本是诸多成本环节中的一个，背后是环环相扣的消费成本、创造成本、创意成本、分享成本等。每多一点点的成本，哪怕是让用户多点一下按钮，或者多令其无谓地多停留一秒钟，都会看到更大比例的用户流失。

——源自《社交红利 2.0》

你是 CEO，不负责培养人才。如果你的副手总是需要太多的指导和培养，他就是不合格的。

——源自《创业维艰》

钱要用在丰富个人体验和感受上，这才算是为自己投资。要带着给自己播下种子的意识使用金钱。给自己的投资有很多种类，学习就是其中之一。这种时候，千万不要吝啬金钱。大家思考的都是“怎样经济实惠地学习”，但真正要学习一件事，最快最直接的方式难道不该是毫不犹豫地花钱吗?

——源自松浦弥太郎

如何与团队里那些违规的人沟通？当团队中有同事没有做到应该做到的工作或者违反规定时，你要当面指出他们的问题，而不是把责任推给老板或期望问题自行解决。

——源自《关键对话》

餐馆老板认为做尽天下名菜就能提升餐厅的美誉度，到最后却总是无一精通。而厨师拉姆齐却从 30 多个菜式减少到 10 多个品种。“不是先增加菜品，而是先删减菜品，然后再把菜单上剩下的东西做成精品。”通过做减法，你可以把目光放在更核心更长远的目标上，而不会被“潮流”牵着走。

——源自《重来》

大家都卖咖啡，怎么就卖成了星巴克；大家都卖汉堡包，怎么就卖成了麦当劳。他们有一个共通点，把商业模式的创新作为最重要的创新。将商业模式创造再造，组织模式创新再造，这样一来竞争优势就有了。

——源自《万达哲学：王健林首次自述经营之道》

持久卓越的公司在恪守他们的核心价值观和核心目标的同时，不断转换商业策略和运营方式以适应这个变幻莫测的世界。这就是发扬核心和促进发展的奇妙结合。

——源自《从优秀到卓越》

用互联网思维，做离互联网最远的事儿。虽然线上入口已被垄断，但线下入口大有可为。用二流的互联网人才，从事传统的三流行业，做细分行业中的一流企业。

——源自《裂变式创业》

互联网时代，用户的真正需求是什么？就是“更”。我们去看现在的用户需求，基本上没有用户需求空白。所有的互联网产品，应该想的是如何更好、更便宜、更方便、更快捷、更好玩地满足用户需求；互联网产品一定是在原有需求基础之上更好地满足，这就是我们谈到的互联网用户的真实需求。

——源自《用户力》

在人际交往中，我们应该训练自己具备两种基本素养：一是不刨根问底，一旦看到别人露出内心脆弱的一面时，一定要体谅对方，不追根究底，不咄咄逼人；二是要及时闭嘴，尤其在话题过于尖锐或痛苦时，要学会及时打住，如果对方不愿意开口，那最好的方法就是缓一步，选择晚些时候或是转天再解释沟通。

——源自《高效能人士的七个习惯》

尾声 致管理者和员工

最近我在李翔商业内参里看到一则材料，说马斯克，就是特斯拉那位老板，开除了十几年来忠心耿耿跟着他的女助理。为啥呢？就因为这女助理天天加班觉得很辛苦要求加工资。马斯克说这样吧！你先休假，你休假期间你干的那些活儿我自个儿来，我看看到底有多辛苦。等到这助理休假回来马斯克说我不想用你了。这些活儿我自个儿都能干就把她给开了，哎呀这事儿看得我是目瞪口呆啊！那么大的老板那么有钱至于这么不近人情吗？哎！我这儿正感慨呢，旁边一位朋友说我们对马斯克这个人高看一眼不就是因为他在全人类未来的层次上搞创新吗？那他的道德观跟这个层次也就是配套的呀！你有啥不能理解的。想想也是哈！不同层次的人看到不同层次的未来和不同层次的是非。

——罗辑思维语音

一个不遵守制度的人，是一个不可靠的人；一个不遵循制度的民族，是一个不可靠的名族。

我们在工作中一定要将复杂问题简单化，一旦变成简单的问题，就要十二万分认真地加以研究解决。切记：简单不等于草率；复杂不等于认真。

热情等于机会。

我们要推行“自责程序”。遇到事情要自责，先自我反思，自己对这件事情有哪些不可推卸的责任。我们如果没有“自责程序”，就等于是永远把责任推给别人。

如果你把事情做得很出色，你有点重要；如果你把事情做得一般，你不重要；如果你把事情做得不好，你是一个起反面作用的人，哪有重要可言呢？所以对自己重不重要的问题，你自己是能评价的，要有自知之明，一定要有清醒的认识。我曾经对一个辞职的人说：“你辞职，明天就开始有新人代替你。”这就是我的原则。

一定要对讲信用的人和懂得感恩的人给予优厚的回报和关爱。要让懂得感恩的人有一种自豪、快乐的感觉。

对一个人的观察，一定要看他持之以恒、始终如一的东西。要看他今天是否比昨天进步了，哪怕是一点点的改变都是有希望的。

当一个下属不停地向管理人员提出问题，问他不懂的问题，你千万不要不耐烦，他可能是一个非常好的下属，他这样不会把事情搞错。某些人一讲就会，总觉得这个问题简单，最后是一做就错。

实际工作中一定要把忙和乱区分开来，忙并不是乱的理由，忙和乱一定要通过员工的能力把它们区分开来。忙也要走程序，闲也要走程序。只要你按程序走，你忙就不会乱。

智商是天生的，但优秀是教出来的。

我实在没有大的本事，我只有认真工作（学习）的态度。

高尚的品德是最宝贵的智慧。

说到做到是君子，做到再说是伟人，做到不说那是圣人，当然最重要的还有一句，说了不做是骗子。

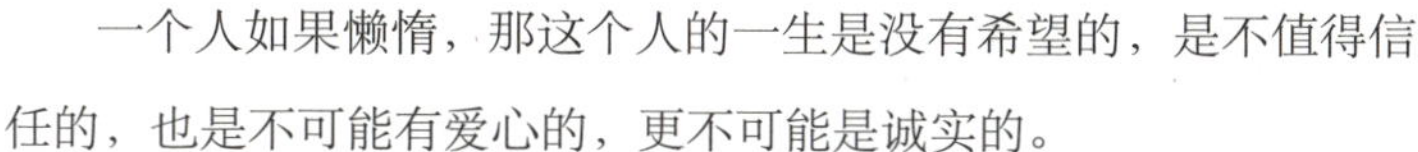

一个人如果懒惰，那这个人的一生是没有希望的，是不值得信任的，也是不可能有爱心的，更不可能是诚实的。

误解大多数情况下比恶意更可怕。

经验表明，猜测百分之九十九是错误的。如果你不信，可以随时随地测试一下，然后，你就有结论了。

经常有人说起公司就说到做强、做大，我反对这种说法，强和大是有本质区别的。比如说瑞士的手表公司都不是很大，但领军表业一两百年，你能说它不强吗？有些牛奶公司虽然很大，但你能说它强吗？这样的公司一夜之间倒闭的比比皆是。行业不同，就不能一个模式，有的公司能做大，比如说，牛奶每人每天能喝一杯，卫生纸两天用一卷，这样的公司再大能不能强就难说了。但瑞士手表每人一生中只可能买一两块，不可能像牛奶一样每天一袋。一千头猪虽然数量大，也不可能比一头狮子强，强和大有时候是没有必然联系的。

初生牛犊不怕虎，原本的意思是夸奖年轻气盛有勇气之人。这种所谓的勇气导致的结果是牛犊被老虎吃掉，是一个悲剧的结局。所以，年轻人要“初生牛犊知虎威，虎有虎路，牛有牛途。走老牛的路，让虎去吼吧！”

读了这么多书才知道有百分之九十的书是没有价值的。但是，如果不读那么多的书，到哪里去得到那百分之十呢？这和挖金矿一样，挖出来的沙子是多数，但金子就藏在这沙子里。

从一个人的谈吐和修养中就能看出，这个人这五年来是和什么样的人交往与读了哪些书。

拿破仑“不想当将军的士兵不是好士兵”的谬论是对每一个恪守职责、只想把自己的事情做好而无非分之想的普通士兵最大的侮辱。

拿破仑那句“不想当将军的士兵不是好士兵”是说给在兢兢业业地做好自己本分事情的士兵听的，这句话流传到现在竟然被曲解成一些刚入职场还没踏踏实实做事的人来形容他们所谓的“目标”。

中国传统文化里有这么一句话：“这个人是很好的，但是这件事情 他没有做好，他好心办了坏事”，或者说“这个人的用意是很好的，但他把事情办砸了”。我们不能认同这一观点，我们只能以事论事，最后只能以事论人。如果一个人他的心是好的，他一辈子基本上做的都是坏事情，那么这个人基本就是一个坏人；如果一个人心是坏的，但他一辈子基本干的都是好事，那么这个人基本就是一个好人。好人和坏人是通过事情来表现的，而不是他的心的好坏。

我们每天都扪心自问：我是否又耍小聪明了？一点要坚信：耍小聪明损人不利己，降低自己的人格，有百害而无一益。

水至清则无鱼？那要看是什么鱼！无论有多少鱼喜欢污泥浊水，但不能否认的是还有许多高级的鱼只能生活在清水里，并且是清澈的山泉水里，如三文鱼、虹鳟鱼。水清则无鱼那是堕落的灵魂的无耻的借口。

世间万物都在变化，只有爱是永恒的。你只有爱别人才有可能唤醒别人、从某种意义上讲，爱更像是一种肥料，接收了你的爱的人就像植物吸收了肥料，你能看到它开出美丽的花朵，闻到花的芬芳，这就是接受爱的人对你最好的回报。

爱不仅仅是让你爱别人，还有一个就是你要感激别人对你的帮助，感激也是对别人的一种爱。

专家研究表明：人的心灵都有一块空地，与其让这块空地长出真实的杂草，滋生荆棘，还不如趁早人为地种上爱和美好的种子。尽管这样做有点唯心，但总比那种可耻的真实要好。

人要在心里模拟死亡才不会恐惧死亡，因为在灾难到来时要面对死亡。你是否问过自己，当子弹打来时你是否愿意用胸膛为妇女儿童挡住。我原来也不敢，但通过多次模拟，也变得坦然了。仔细想一想，一个车祸不是在瞬间就可以夺取人们的生命吗？为何那么恐惧？如果真遇到这种情况，我懂得怎样做一个男人。当然，我也非常珍惜这生命，这两者并不矛盾。

赚钱难，那是艰辛，是汗水付出以后才有的收获，是初级的难；花钱难，那是困惑，是智慧、胸怀和社会责任的综合，是更高级别的难。要把赚来的钱花得对己、对家人、对社会、对国家都有意义，那是极其不容易的。花钱的时候能做到和品德、爱心共同提高，那才叫有水平。

不要以为政府里才有官僚主义，大多数公司里都有严重的官僚主义。有不少公司就是被官僚主义毁掉的，反官僚是每一家公司要长抓不懈的工作。

许多管理人员只强调“管”字的权利而忽视了“理”字的实干。

什么是庸才？兽医当医生是庸才，医生当兽医也是庸才。权利是官僚主义的动力，官僚主义是庸才的化妆品。

一个人有权利之后，首先要考虑哪些事不能做。

——来源于《德胜员工守则》

后记

21 世纪是一个变革的时代，各种科技迅速迭代，社会日新月异。传统的生活方式，传统的理念，传统的价值观，都在发生剧烈的改变。在这样的快节奏下，很多人都在不断地追赶、突破和创新。艺术教育领域，这风气也已经渗透进去了，其实，对教育行业来说，真正重要的，并不是外在的技术和模式。

曾读一份国外对可汗学院的研究报告，其中有一句话让我非常感动，作者肯定了可汗学院的模式，但他认为，可汗学院的成功，离不开创始人可汗对教育抱有的情怀，这才能够促使他长年累月地以公益之心去经营。没有这种情怀，也就没有可汗学院的今天了。

在商业界，情怀其实是被嘲笑的，人们更多的是谈论商业模式、快速复制、盈利变现等。情怀就如同塞万提斯笔下的那个堂吉诃德，他冲入羊群厮杀、与风车决斗，引来的只是各种哄笑。可如今再去看堂吉诃德呢？我们被他的精神感动了，忽然发现，一直被嘲笑的堂吉诃德，才是伟大的。

在今天也是一样，当我们以先进的理念和商业模式去考量艺术教育的时候，最终我们会发现，艺术教育一定要有一个核心，那就是对教育抱有的追求、理想和热爱。我采访了近百位民营艺术教育机构的校长，他们也都说到了这一点。事实上他们的回答惊人地一致：他们的成功来源于对艺术教育本身的热爱。

科技正在不断迭代，模式正在花样创新，但我相信，未来办校的校长们，如果想要成功，一定离不开对教育的热爱与坚持。成功之路很遥远、很艰难，如果无法真正地热爱与坚持，达到目标才能收获喜悦，那么这条路走起来就太累了，或许中途就会放弃，只有把行走本身当作快乐，路上的每一处风景都让你喜悦，才能在这条路上走出更远的路。

乐文城

乐文城，慢条斯理（上海）文化传播有限公司CEO，青年作家，鲁迅文学院学员，已出版《抑郁君，我们分手吧》、《佛是你心中的一朵莲花：释迦牟尼佛传》、《王小波传》等8部作品。